JN095084

各種動産抵当に関する登記

船舶・建設機械・農業用動産

五十嵐 徹 著

日本加除出版株式会社

はしがき

　民法上の抵当権は，不動産（土地・建物）を担保とするものであり，そのほかの抵当物件は，すべて民法以外の特別法により設けられています。次のとおりです。

① 各種財団の抵当権としては，工場・鉱業・漁業・港湾運送事業・道路交通事業・鉄道・軌道・運河があり，

② 各種動産の抵当権としては，船舶・建設機械・農業用動産・自動車・航空機があります。

　①については，「工場抵当及び工場財団に関する登記」及び「各種財団に関する登記」として採り上げましたので，今回は，②のうち法務省主管である船舶・建設機械・農業用動産の登記について採り上げることにしました。

　ところで，法務省による平成30年の登記統計によると，船舶の登記の申請件数は2,260件，建設機械は177件，農業用動産は615件で合計3,052件にすぎません。法務局の配置定員は，8,894人（平成31年4月1日現在）ですから，職員がこれらの事件を取り扱う機会は少ないでしょう。これは，司法書士（22,632人）や海事代理士でもそうでしょう。

　しかし，法務局職員のみならず司法書士や海事代理士は，いざ，これらの事件に直面したときに登記の専門家として「分かりません。」とはいえません。そのためには，本書のような解説書は，必携といえるでしょう。

　私自身，現職時にこれらの事件を取り扱った経験は，東京法務局において船舶の登記を数件担当した程度にすぎません。執筆に当たっては，関係する法令の多さ・細かさと旧規定，経過規定と現行規定の見極めなど，複雑に入り組んでいることに戸惑いました。正直なところ，これらを100パーセント整理し切れているか自信はありません。読者の皆様には，些細なことでもお気付きの点があれば，御指摘いただければ幸いです。

　なお，香川保一氏の「新訂不動産登記書式精義上・下」については，前著に引き続き，多くの御示唆をいただきました。

　また，登記申請書，登記原因証明情報及び委任状などの書式は，掲載を省略しましたので，「不動産登記の書式と解説第3編・日本加除出版」を参照してください。

　本書の執筆に当たって，日本加除出版の宮崎貴之部長には，前著に引き続き，内容のチェックのほか関係資料の検索・作成等に協力していただきました。有り難うございました。

　　令和2年3月

　　　　　　　　　　　　　　　　　　五十嵐　徹

【本書の記述方法】

1　見出しを4段階に細分化し，その箇所には，どういうことが書いてあるかを明らかにしました。

2　文章は，次の公用文及び法令に関する通達等に従いました。ただし，法令を引用する場合は，原則として，そのまま表記しました。

　　a　公用文作成の要領（昭27.4.4内閣甲第16号，昭56.10.1改訂）

　　b　公用文における漢字使用等について（平22.11.30内閣訓令第1号）

　　c　法令における漢字使用等について（平22.11.30内閣法制局総総第208号）

3　疑問を生じそうなところ又は本文の補足説明などについては，（注）により，説明しました。

4　関係する通達・回答は，主として，法務省民事局のものを引用しました。

5　索引は，ページではなく，項目ごとに区分し，利用しやすいようにしました。

6　引用条文については，次の各法令規則は，不動産登記法，不動産登記令及び不動産登記規則を準用しているので，原則として，引用条文を省略しました。例えば，「船舶登記令35条・不動産登記法○条」と表記すべきところを単に「不登法○条」としています。

　　a　船舶登記令35条，船舶登記規則49条

　　b　建設機械登記令16条，建設機械登記規則35条

　　c　農業用動産抵当登記令18条，農業用動産抵当登記規則40条

7　条文の引用は，次のとおり表記しました。

　　a　1条，2条→1条又は2条　　1条及び2条

　　b　8条・1条，2条→8条が準用する1条及び（又は）2条

　　c　8条；1条→8条又は1条　　8条及び1条8条が準用する1条

8　申請書記載例は省略し，登記記録例は，ごく一部のみ掲載しました。

9　用語の使い方

Ⅳ

① 「とき」と「時」と「場合」

   a 「時」は，「仮定的条件」を表す場合には，使えないため，「時」を「とき」と記すのは問題ありませんが，「とき」を「時」を記すことはできません。

   b 「場合」と「とき」は，どちらも「仮定的条件」を表すことができる用語です。「仮定的条件」の意味でこれらの言葉を使う場合，どちらを優先的に使わなければならないという決まりはありませんが，法律の文章において，これら2つの用語を同時に使用するときには，決まったルールがあります。

      すなわち，大小2つの「仮定的条件」を，重ねて表す場合は，大きな「仮定的条件」に「場合」を用い，次の小さな「仮定的条件」に「とき」を用います。

   c 用例

     ◦   ○○の場合において，△△したときは……

     ◦   □□の場合，☆☆であるときは～，★★であるときは～

     ◦   ○○の場合において，△△したときは，☆☆ときに限り，……

② 「及び」と「並びに」及び「者」「物」「もの」の使い分けに注意する。

③ 文語体と口語体

  法令には，現在なお文語体又は文語調を使用している文章が目につきます。また，「ヒト」を「モノ」で表記している文章も気になります。

  次のように見直すべきでしょう。

   a 「思料する」（不登法 23 条など）→考える

   b 「主たる債務者」（民法 377 条など）→主債務者

   c 「主たる根拠地」（農登令 2 条 1 項など）→主な根拠地

   d 「…する者があるとき」（民法 374 条，不登法 68 条など）→「…する者がいるとき」

     「第三者がない場合」（不登法 66 条など）→「第三者がいない場合」

【凡　例】

○　**法令略称**

国税法：国税通則法

登税法：登録免許税法

登税令：登録免許税法施行令

登税規則：登録免許税法施行規則

租特法：租税特別措置法

租特令：租税特別措置法施行令

租特規則：租税特別措置法施行規則

国徴法：国税徴収法

地税法：地方税法

民法

民法施行法：民施法

住基法：住民基本台帳法

動産特例法：動産及び債権の譲渡の対抗要件に関する民法の特例等に関する法律

動産登令：動産・債権譲渡登記令

動産登規則：動産・債権譲渡登記規則

仮担法：仮登記担保契約に関する法律

不登法：不動産登記法

不登令：不動産登記令

不登規則：不動産登記規則

不登準則：不動産登記事務取扱手続準則

整備法：不動産登記及び不動産登記法の施行に伴う関係法律の整備等に関する法律

整備令：不動産登記法及び不動産登記法の施行に伴う関係法律の整備等に
　関する法律の施行に伴う関係政令の整備等に関する政令
整備省令：不動産登記法及び不動産登記法の施行に伴う関係法律の整備等
　に関する法律の施行に伴う法務省関係省令の整備等に関する省令

商法
会社法

民訴法：民事訴訟法
民訴規則：民事訴訟規則
非訟法：非訟事件手続法
民執法：民事執行法
民執令：民事執行法施行令
民執規則：民事執行規則
民保法：民事保全法
民保規則：民事保全規則

信託法
社債，株式等の振替に関する法律
公益信託ニ関スル法律
担保附社債信託法
通則法：法の運用に関する通則法

船舶法
船舶細則：船舶法施行細則
船舶トン数法：船舶のトン数の測度に関する法律
船舶トン数規則：船舶のトン数の測度に関する法律施行規則
漁船法

小型船舶登録法：小型船舶の登録等に関する法律

小型船舶登録令

小型船舶登録規則

小型船舶船籍令：小型船舶の船籍及び積量の測度に関する政令

小型船舶船籍積量省令：小型船舶の船籍及び積量の測度に関する省令

小型船舶船籍総トン数令：小型船舶の船籍及び総トン数の測度に関する政令

小型漁船令：小型漁船の総トン数の測度に関する政令

臨船建法：臨時船舶建造調整法

臨船建令：臨時船舶建造調整法施行令

臨船建規則：臨時船舶建造調整法施行規則

船舶安全法

自衛隊法

海上運送法

船舶管轄省令：船籍港の所在地を管轄する登記所が２以上ある船舶の管轄登記所を指定する省令

船登令：船舶登記令

船登規則：船舶登記規則

建設業法

道運法：道路運送車両法

建抵法：建設機械抵当法

建抵令：建設機械抵当法施行令

建抵規則：建設機械抵当法施行規則

建登令：建設機械登記令

建登規則：建設機械登記規則

農信法：農業動産信用法

農信令：農業動産信用法施行令

農業用動産抵当権実行令

農登令：農業用動産抵当登記令

農登規則：農業用動産抵当登記規則

農協法：農業協同組合法

水協法：水産業協同組合法

罰金等臨時措置法

自抵法：自動車抵当法

自動車登録令

航空法

航抵法：航空機抵当法

産業競争力強化法

○　**参考文献**（ゴシックは，引用例）

書不：不動産登記の書式と解説② 昭 28.4 日本加除出版

我妻：新訂 担保物権法 昭 43.11 岩波書店

農業動産信用法（**宮崎**）・自動車抵当法（**酒井**）・建設機械抵当法（**酒井**）・航空機抵当法（**田中**）・船舶抵当（**平野**）昭 47.12 第一法規

米倉明ほか 金融担保法講座Ⅱ 昭 61.1 筑摩書房

注民：新版注釈民法(1)〜(28) 平 3〜 有斐閣

精義：新訂不動産登記書式精義上・下 平 6.4，平 10.4 テイハン

社団法人 日本海事代理士会 船舶法及び関係法律の解説 平 9 日本財団図書館（電子図書館）

藤部：藤部富美男 新不動産登記講座 各論Ⅳ 船舶登記 平 10.8 日本評論社

松田・杉浦：平成 16 年改正不動産登記法と登記実務（解説編）7 船舶登

記等の関係政省令の整備についての解説　平17.11　テイハン

山野目：山野目章夫　不動産登記法　平21.8　商事法務

信託登記：第三版　信託登記の実務　信託登記実務研究会　平21.11　日本加除出版

佐藤歳二ほか編　新担保・執行法講座　民事法研究会

(第3巻) 抵当権の目的物，抵当権の処分等，根抵当権　平22.5

(第4巻) 動産担保・債権担保等，法定担保権　平21.4

第2版　不動産・商業等の登記に関する登録免許税の実務　平27.5　日本加除出版

山田：山田猛司　抵当権・根抵当権に関する登記と実務　平28.8　日本加除出版

Q&A 権利に関する登記の実務XV　平28.11 日本加除出版

新注民7：新注釈民法(7)物権(4)（森田ほか）令1.11　有斐閣

○　**主な通達**

建抵基本通達（昭30.1.24民事甲106号民事局長通達）

農業用動産の抵当権の登記事務の取扱いについて（昭44.3.1民事甲388号民事局長通達）

登録免許税の課税標準たる船舶の価額の認定基準（昭50.5.30民㈢2820号民事局長通達）

担保物権及び民事執行制度の改善のための民法等の一部を改正する法律の施行に伴う関係政令の整備に関する政令の施行に伴う不動産登記等の事務の取扱いについて（平16.3.25民二864号民事局長通達）

不登法施行通達：不登法の施行に伴う登記事務の取扱いについて（平17.2.25民二第457号通達）

信託法等の施行に伴う不動産登記事務の取扱いについて（平19.9.28民二2048号民事局長通達）

不動産登記令等の一部を改正する政令等の施行に伴う不動産登記事務等の
取扱いについて（平 27.10.23 民二 512 号民事局長通達 5 (3)(4)イ ウ(5)ウ）

記録例：不動産登記記録例集（平 28. 6 .8 民二 386 号民事局長通達）

【詳細目次】

1　動産抵当制度

1：1　企業施設としての動産

①　動産質権の設定者が公示方法として目的物の占有を移転するというのは不便であるということから，占有に代わる公示方法として考案された制度が，企業施設を構成する動産の登記又は登録である。これには，3つの方法がある。

　第一は，企業施設の基礎となっている個々の不動産（土地・建物）を基盤とし，それに附属する動産を一体として，不動産の運命に従わせるものである（従物理論の進展）。工場抵当がその例である。

　第二は，特定の企業施設を構成する多くの不動産と動産を1個の不動産ないし物とみて，抵当権の客体とするものである（集合物理論の進展）。財団抵当がその例である。

　第三は，個々の動産について登記又は登録の制度を設けて，抵当権の設定を可能とするものである（動産の不動産化）。一定の農業用動産についてその途が開かれ，その後，自動車，航空機，建設機械と拡張された。

　ただし，個々の動産の担保化のために登記を公示方法とする制度を設けただけで，動産から成る企業施設を一体として把握する制度は，実現していない。企業担保法に基づく企業担保権及び動産及び債権の譲渡の対抗要件に関する民法の特例等に関する法律に基づく動産譲渡登記などは，これをカバーする制度ではあるが，

②　運行の用に供する自動車及び日本国籍を有する航空機は，質権の目的とすることを禁じられている（自動車抵当法20条，航空機抵当法23条）。これは，運行の用に供されている自動車と日本国籍を有する航空機は，すべて登録しなければならないとし，運行者・管理者の責任を明らかにしようとする趣旨である。質権者による運行や管理を禁じようとする広い意味での政策的配慮に基づくものであることは，登記船舶などと同様である。

③　生産用具である動産を質権者に引き渡して質権を設定してしまうと，生産者は生産することができなくなる。生産用具を担保化して流動資本を得ようとする場合には，質権は無力である。ここに抵当権の制度が求められるのである（我妻・新訂担保物権法109）。

　しかし，従来は，動産が特殊な財団に取り込まれる場合にだけ，特別法によって財団抵当権の目的とすることが認められたにすぎず，農業用動産又は中小商工業者の動産的生産用具を抵当権の目的とする途は閉ざされていた。そこで，昭和8年に農業動産信用法が制定され，一定の農業用動産の上に抵当権を設定することが可能となったのである。

④　このようにして，特殊のものとはいえ，生産設備の重要なものについて，留置的効力に頼らない担保化の途が開かれたことは，注目すべきことである。しかし，このこととは別に，中小企業者の動産の集合からなる企業設備を一体として把握し，これを抵当化する途は，中小企業者が金融を得る手段として，その必要性が強調されているにもかかわらず，なお実現されていない。また，自動車・航空機などの特殊の動産は，その抵当化を図ると共に質権設定の途を閉ざされていることは前述した。

⑤　動産抵当制度を広く一般に認めるためには，特殊の登記・登録又は公正証書の作成による保管などの制度を創設して，公示を完全にし（登録質），又はその抵当権の追及力に一定の制限を認めて第三者を保護する必要がある（我妻・前著555）。

1：2　動産抵当の概要

　我が国において動産抵当といえるものは，戦前は，商法上の船舶抵当（商法847条）と農業動産信用法（以下「農信法」という。）上の農業用動産抵当権（農信法12条～17条）の2種類にすぎなかった。戦後それに加えて，自動車抵当（自動車抵当法），航空機抵当（航空機抵当法）及び建設機械抵当（建設機械抵当法（以下「建抵法」という。））の3種の動産抵当法が成立した。さらに，企業用動産の抵当化として，動産債権譲渡登記（動産及び債権の譲

渡の対抗要件に関する民法の特例等に関する法律）が成立した。

1:2:1　自動車抵当

　自動車抵当法（昭26法律187号。以下「自抵法」という。）で認められた自動車抵当権は，戦後の自動車産業の躍進に応じ，自動車運送事業の発達と自動車輸送の振興を計る目的から，自動車の所有者，とりわけ自動車運送業者に金融の便を得させるために創設されたものである（自抵法1条）。

① 　目的物となる自動車は，道路運送車両法（昭26法律185号。以下「動運法」という。）によって自動車登録原簿に登録された自動車である。ただし，軽自動車，小型特殊自動車，二輪・小型自動車並びに建抵法2条の建設機械に該当する大型特殊自動車を除く（自抵法2条，3条）。

② 　この抵当権には，次のように民法上の抵当権と同じ制度が数多く規定されている。

　　a 　抵当権の内容（自抵法4条，民法369条1項）

　　b 　対抗要件（自抵法5条，民法177条）

　　c 　効力の及ぶ範囲（自抵法6条，民法370条）

　　d 　不可分性（自抵法7条，民法372条・296条）

　　e 　物上代位（自抵法8条，民法372条・304条1項）

　　f 　物上保証人の求償権（自抵法9条，民法372条・351条）

　　g 　抵当権の順位（自抵法10条，民法373条）

　　h 　先取特権との順位（自抵法11条；民法330条1項）

　　i 　被担保債権の範囲（自抵法12条，民法375条（1項ただし書を除く））

　　j 　代価弁済（自抵法13条，民法378条）

　　k 　第三取得者の費用償還請求権（自抵法14条，民法391条）

　　l 　一般財産からの弁済（自抵法15条，民法394条）

　　m 　時効による消滅（自抵法18条，民法396条）

　　n 　目的物の時効取得による抵当権の消滅（自抵法19条，民法397条）

③ 　抵当権の得喪変更は，自動車登録令の定めに従い，自動車登録原簿に登録を受けなければ，第三者に対抗することができない（ b ）。したがって，

数個の債権を担保するため同一の自動車の上に複数の抵当権が設定されたときには，それらの間の順位は，この登録の前後によって決まる。

④　同一の自動車について抵当権と先取特権とが競合する場合は，抵当権は，民法330条1項の第1順位の先取特権と同順位となる（自抵法11条）。

⑤　この抵当権には，抵当権実行の開始について，特殊な事由が規定されている。すなわち，登録自動車の所有者は，その自動車を運行の用に供することをやめたときは，一時抹消登録の申請をすることができる（道運法16条1項）が，国土交通大臣がこの申請を受理すると遅滞なくこれを抵当権者に通知し，抵当権者は，直ちにその自動車に対して抵当権を実行することができるのである（自抵法16条，17条）。

⑥　本法は，抵当権消滅請求の制度（民法379条～386条）を採用していない。

⑦　自動車は，質権の目的とすることができない（自抵法20条）。質権は，債権者による継続占有が対抗要件となるため，設定者が使用しながら担保化することができないからである。

【判例】

　道運法による登録を受けていない自動車は，自抵法により所有権の得喪並びに抵当権の得喪及び変更について登録を対抗要件とするものではなく，また，質権の設定を禁じられるものではないから，取引保護の要請により，一般の動産として民法192条の適用を受けるべきものと解するのを相当とする。自動車が抹消登録を受けた場合も同様である（最二小判昭45.12.4民集24-13-1987）。

1：2：2　航空機抵当

　航空機抵当法（昭28法律66号。以下「航抵法」という。）による航空機抵当制度は，航空機運輸の復活・伸展に伴い，民間航空企業における高価な航空機の購入資金など，経営に必要な資金の調達に金融の便を与えて，航空輸

送の健全な発達を図るということにある（航抵法1条）。

①　抵当権の目的となる航空機は，航空法（昭27法律231号）により航空機登録原簿に登録された飛行機及び回転翼航空機だけである（航抵法2条，3条）。

②　航空機抵当の内容は，自動車抵当と大差なく，したがって，その目的物の差異によるものなどの点を除けば，自動車抵当と同様，航空機抵当権の内容（航抵法4条）をはじめ，ほとんどが，民法上の不動産抵当と同じである。

③　民法上の抵当権と同じであって，自動車抵当にないものには，抵当権の処分とその対抗要件（航抵法13条，14条，民法376条，377条）及び共同抵当の代価の配当（航抵法17条，民法392条，393条）がある。

④　民法上の抵当権と異なり自動車抵当と同じものとしては，抵当権の得喪変更における対抗要件（航抵法5条，自抵法5条，民法177条では登記が対抗要件），抵当権相互間の順位（航抵法10条，自抵法10条，民法373条では登記の前後による），抵当権と先取特権の優先順位（航抵法11条，自抵法11条），抵当権実行の特殊な事由（航抵法19条，20条，自抵法16条，17条），航空機上の質権設定の禁止（航抵法23条，自抵法20条）などがある。

1：2：3　船舶抵当

商法（847条）により認められた船舶抵当権は，船舶所有者が重要な固定資産である船舶を自ら使用しながら，同時に担保として利用できるよう設けられた制度である。その代わりに船舶の質入れは禁止されている（同法849条）。

①　抵当の目的となり得る船舶は，登記した船舶（商法847条1項）と将来登記ができる製造中の船舶（同法850条）に限られる。

②　船舶（動産である）の抵当権には，不動産の抵当権に関する規定が準用される（商法847条3項）から，その性質・設定・対抗要件・効力・処分・消滅など，ほとんどが民法上の抵当権と同様である。ただし，抵当権の効力が船舶の属具に及ぶこと（同条2項），船舶の先取特権と競合した場合にはそれに優先される（同法848条1項）という特則がある。

1：2：4　建設機械抵当

　建設機械は，建設機械抵当法（昭29法律97号，以下「建抵法」という。）によってその抵当化が認められた。戦後復興の域から発展段階における各種土木・建築の質量両面にわたる拡大につれて建設工事の機械化の促進が望まれ，建設業者に金融の便を得させるためのものである（建抵法1条）。

① 　建設機械とは，建設業法2条1項の土木建築工事の用に供される一定範囲の機械類をいう（建抵法2条）が，そのうち，抵当権の目的となり得るものは，特定性確保のために国土交通大臣又はその委任により都道府県知事の行う記号の打刻を受けた後，建設機械登記簿に所有権の保存登記をしたものに限られる（同法3条～5条）。この所有権の保存登記を申請できる者は，建設業法による登録を受けた建設業者に限られている（同法3条1項）から，目的となる建設機械は，建設業者が所有するものに限られ，また，抵当権設定者も建設業者に限られることになる。

② 　建設機械抵当制度の内容も，自動車及び航空機のそれとほとんど変わりなく，したがって，多くの点で民法上の不動産抵当制度に帰納する。民法上のそれと異なる点は，前2者と同様に，次のようなものである。すなわち，抵当権と先取特権の優先順位（建抵法15条），既登記建設機械上の質権設定の禁止（同法25条）及び抵当権の消滅請求（民法379条～386条）の不採用などである。

③ 　抵当権の実行については，民事執行規則（98条）により，自動車に対する強制執行の規定（同規則86条～97条）を準用している。

1：2：5　農業用動産抵当

　農業用動産抵当権は，農業動産信用法（昭8法律30号。以下「農信法」という。）によって認められたものである。民法が認めなかった動産抵当を，農業用動産について認めるに至った理由は，昭和初期の不景気時代における農業金融の行きづまりを打開することにあったという。

① 　抵当権の設定者も権利者も目的物もすべて法令で一定し，この抵当権が特殊な関係にある者における特殊の金融の媒介者であることを示している。

すなわち,

a 　抵当権設定者は, 農業をする者又は農業協同組合その他農業動産信用法施行令（以下「農信令」という。）に定める法人に限る（農信法12条1項）。

b 　抵当権者は, 設定者の所属する農業協同組合, 信用組合その他農信令（2条）をもって定める法人に限る（農信法12条1項）。

c 　目的物は, 農業用動産（農業経営の用に供する動産）であって, 農信令（1条）の定める範囲に属するものに限り（農信法2条）, 個々の動産が目的物となり, 一体としての動産が目的物となるものではない。

② 　抵当権の得喪及び変更は, 農業用動産抵当登記令（以下「農抵令」という。）により登記をしなければ, 善意の第三者に対抗することができない（農信法13条1項, 3項）。

民法の抵当権と異なるのは, 悪意の第三者に対しては登記がなくとも対抗できること（農信法13条1項の反対解釈）と, 登記後でも民法の即時取得の規定（192条〜194条）の適用があること（農信法13条2項）である。これは, 動産の登記が例外に属し, したがって, 登記に注意しないで取引するのが普通であるところから, 善意の第三者を保護するための措置である。本法は, この動産登記の公示力の薄弱さを補うために, 抵当物の所有者がこれを譲渡したり, 又は他の債務の担保に供したりしようとする揚合は, それが既に抵当物件であることを相手方に告知させることとし（同法14条）, 同時に, この告知をした旨を遅滞なく抵当権者にも告知しなければならないとしている（同法15条1項）。また, 抵当物について第三者が差押えをした場合も, 所有者は, 遅滞なく, その旨を抵当権者に告知しなければならない（同条2項）。

③ 　抵当権と先取特権が競合する場合は, 抵当権者は, 民法330条に掲げる第1順位の先取特権と同一の権利を有する（農信法16条）。

④ 　抵当権には, 不動産の抵当権に関する規定が準用される（農信法12条2項本文）が, 抵当権の消滅請求に関する規定（民法379条〜386条）は準用し

ていない（農信法 12 条 2 項ただし書）。抵当権の実行に関しては，農業用動産抵当権実行令が特則（競売の委任）を定めている（農信法 17 条）。

1：3　登記令の改正

　船舶の登記，農業用動産の抵当権に関する登記，建設機械の登記，鉱害賠償の登録及び企業担保権の登記（以下「動産登記等」という。）については，それぞれの根拠法令に基づく政令において，不動産登記法（平 16 法律 123 号。以下「不登法」という。）による改正前の不動産登記法（明 32 法律 24 号）の規定を準用するなど，不動産登記にならって申請手続等が定められていた。

　新不登法が平成 16 年 6 月 18 日に公布され，また，新不登法の委任規定に基づき不動産登記の申請の手続等について定める「不動産登記令」（平 16 政令 379 号。以下「不登令」という。）が平成 16 年 12 月 1 日に公布され，不動産登記に関する法令の規定や申請手続は大きく変更された。次のとおりである。

①　船舶登記令（平 17 政令 11 号。以下「船登令」という。）

　　旧船舶登記規則の全部を改正するものである（平 17.1 .26 公布）。

②　農業用動産抵当登記令（平 17 政令 25 号。以下「農登令」という。）

　　農業用動産抵当登記令の全部を改正するものである（平 17.2 .18 公布）。

③　不動産登記法及び不動産登記法の施行に伴う関係法律の整備等に関する法律の施行に伴う関係政令の整備等に関する政令（平 17 政令 24 号）

　　建設機械登記令（以下「建登令」という。），鉱害賠償登録令及び企業担保登記登録令等の一部を改正するものである（平 17.2 .18 公布）。

　全部改正となった船登令及び農登令はもとより，整備政令によりその一部が改正された建登令についても規定の大半が改正され，また，鉱害賠償登録令及び企業担保登記登録令についても，形式面を含めて大幅な改正がされた。

　これらの関係政令の改正を受けて，関係省令についても，次のとおり改正されている。

①　船舶登記規則（平 17 法務省令 27 号。以下「船登規則」という。）

船舶登記取扱手続の全部を改正するものである。
② 農業用動産抵当登記規則（平17法務省令29号。以下「農登規則」という。）
　農業用動産抵当登記取扱手続の全部を改正するものである。
③ 建設機械登記規則（平17法務省令30号。以下「建登規則」という。）
　建設機械登記規則の全部を改正するものである。
④ 不動産登記法及び不動産登記法の施行に伴う関係法律の整備等に関する法律の施行に伴う法務省関係省令の整備等に関する省令（平17法務省令31号）
　鉱害賠償登録規則，企業担保登記規則の一部を改正するものである。
　これらの省令は，平成17年2月28日公布され，いずれも同年3月7日から施行された。

（注）　引用の省略
　　　船舶及び製造中の船舶に関する登記については，船登令35条1項及び2項により不登法及び不動産登記令（以下「不登令」という。）の条文を準用し，船登規則49条により不動産登記規則（以下「不登規則」という。）の条文を準用している。
　　　これら不登法等の条文を引用する場合は，原則として，船登令及び船登規則の準用する旨の表示を省略する。建登令16条及び建登規則35条並びに農登令18条及び農登規則40条についても同様である。

1：4　租税特別措置法による登録免許税の軽減

　租税特別措置法（以下「租特法」という。）は，国の特定の政策目的を実現するために，登録免許税を軽減する措置を講じている。
① 税率の軽減をした結果，登録免許税法（以下「登税法」という。）の最低税率（登税法19条）を下回ったときは，税額は，1,000円となる。

②　軽減措置規定があるにもかかわらず，通常の税額を納付した場合，登記の申請時において軽減が認められる要件を充足していることの特段の証明を要しないときは，申請人が，登録免許税の軽減に関する事項を申請情報の内容とすることを失念していた，あるいは軽減措置のあることを知らなかったということにかかわらず，登録免許税の還付を受けることができる（昭 31. 3 .30 民事甲 704 号民事局長回答）。

③　軽減が認められる要件を充足していることについて登記の申請時において一定の証明を添付情報として提出しなければならない場合は，納付した登録免許税の還付を受けることはできない（昭 42. 7 .22 民事甲 2121 号民事局長通達）。

1：4：1　勧告等によってする登記

次の事項について登記をする場合に，その事項が，日本経済の健全な発展に資するため緊急に必要なものとして行政機関の法令の規定に基づく勧告又は指示によってされたものであるときは，登録免許税の税率は，政令で定めるところにより，勧告又は指示があった日から 1 年以内に登記を受けるものに限り，登税法 9 条の規定にかかわらず，次に定める割合とする（租特法 79 条 1 項 4 号（a），5 号（b））。

　　a　法人の設立，資本金若しくは出資金の額の増加又は事業に必要な資産の譲受けの場合における不動産又は船舶の所有権の取得（e を除く。）については，イ又はロに掲げる事項の区分に応じ，イ又はロに定める割合

　　　イ　不動産の所有権の取得　　1000 分の 16

　　　ロ　船舶の所有権の取得　　1000 分の 23

　　b　合併による法人の設立又は資本金若しくは出資金の額の増加の場合における不動産又は船舶の所有権の取得については，イ又はロに掲げる事項の区分に応じ，イ又はロに定める割合

　　　イ　不動産の所有権の取得　　1000 分の 3

　　　ロ　船舶の所有権の取得　　1000 分の 3

1：4：2　認定事業再編計画等によってする登記

　次の事項について登記をする場合に，その事項が，産業競争力強化法24条2項の認定事業再編計画（同法2条11項の事業再編のうち政令で定めるものについて記載があるものに限る。）に係る同法23条1項若しくは24条1項の認定又は同法26条2項の認定特別事業再編計画に係る同法25条1項若しくは26条1項の認定に係るものであって平成32年3月31日までの間にされたこれらの認定に係るものであるときは，登録免許税の税率は，財務省令で定めるところにより，これらの認定の日から1年以内に登記をするものに限り，登税法9条にかかわらず，次に定める割合とする（租特法80条4号〜6号（a〜c））。

　a　法人の設立，資本金若しくは出資金の額の増加又は事業に必要な資産の譲受けの場合における不動産又は船舶の所有権の取得（b，cを除く。）については，イ又はロに掲げる事項の区分に応じ，イ又はロに定める割合

　　イ　不動産の所有権の取得　1000分の16

　　ロ　船舶の所有権の取得　1000分の23

　b　合併による法人の設立又は資本金若しくは出資金の額の増加の場合における不動産又は船舶の所有権の取得については，イ又はロに掲げる事項の区分に応じ，イ又はロに定める割合

　　イ　不動産の所有権の取得　1000分の2

　　ロ　船舶の所有権の取得　1000分の3

　c　分割による法人の設立又は資本金若しくは出資金の額の増加の場合における不動産又は船舶の所有権の取得については，イ又はロに掲げる事項の区分に応じ，イ又はロに定める割合

　　イ　不動産の所有権の取得　1000分の4

　　ロ　船舶の所有権の取得　1000分の23

1：4：3　特定国際船舶の所有権の保存登記等

①　海上運送業を営む者で政令で定めるもの（以下「海上運送事業者」とい

う。）が平成 32 年 3 月 31 日までの間に「特定国際船舶」（海上運送法 44 条
の 2 の国際船舶のうち特に輸送能力の高いものとして政令で定めるもの。）
を建造した場合又は海上運送事業者が期間内に外国法人（2 条 1 項 2 号）か
ら特定国際船舶を取得した場合に，これらの海上運送事業者が，建造した
特定国際船舶で事業の用に供したことのないもの又は取得した特定国際船
舶で航行の安全が確保されているものとして政令で定めるものについて所
有権の保存登記をするときの登録免許税の税率は，財務省令で定めるとこ
ろにより，期間内に登記をするものに限り，登録免許税法 9 条にかかわら
ず，1000 分の 3.5 とする（租特法 82 条 1 項）。

② ①の期間内に，海上運送事業者が建造し，又は取得する特定国際船舶の
建造又は取得のための資金の貸付け（貸付けに係る債務の保証を含む。）
が行われる場合又はこれらの特定国際船舶の対価の支払方法が延払いによ
る場合において，その貸付け又は延払いに係る債権（保証に係る求償権を
含む。）を担保するために受けるこれらの特定国際船舶を目的とする抵当
権の設定登記に係る登録免許税の税率は，財務省令で定めるところにより，
期間内に登記をするものに限り，1000 分の 3.5 とする（同条 2 項）。

1：5　登記記録と登記用紙

　船登令は，「登記は，登記官が登記簿に登記事項を記録することによって
行う（6 条）」，「登記記録（2 条 6 号）は，表題部，権利部及び船舶管理人部
に区分して作成する（7 条）。」と規定する。農登令も同様である（3 条，4 条）。
これは，改正不登法（平 16 法律 123 号）が電磁的記録として「登記記録」（2
条 5 号）という用語を用いたことによる。それまでは，「登記用紙（旧法 6 条 2
項など）」と表記していた。なお，登記記録が記録される帳簿であって，磁気
ディスクで調整するものを「登記簿」という（2 条 9 号）。

　これに対して，建登令は，「登記は，登記官が登記簿に登記事項を記載す
ることによって行う（2 条）。」，「登記簿に備える登記用紙は，表題部及び権
利部に区分する。（3 条）」と規定し，不登法改正に伴う改正をしていない

（建抵法8条，建登規則1条，2条）。その理由は不明である。

2　船舶に関する登記

2：1　総説

2：1：1　船舶登記令の改正

　船舶の登記については，船舶法34条1項の委任を受けた勅令として，旧船舶登記規則が定められていた。

　船舶登記令は，船舶法の委任を受けた政令であるという船舶の登記制度そのものの基本は維持しつつ，不登法の全面改正等に伴い，規定の見直し，整理等を行うとともに，片仮名の規定を現代語化して平易な表現ぶりとするなど，具体的な規定を全面的に改め，旧船舶登記規則を全面改正している。

　また，「規則」の用語については，政令で，その題名中に用いているものは極めてまれであり（皇室会議議員及び予備議員互選規則（昭22政令164号）の例が見受けられるにすぎない。），むしろ，府省令の題名に用いられることが多いことから，全面改正にあたり，題名を「船舶登記令」（以下「船登令」という。）としている。

2：1：2　船登令改正の基本方針

　船登令の制定にあたっての基本方針は，次のとおりである。

①　オンラインによる申請の導入に合わせた規定の表現

　船舶の登記及び製造中の船舶の登記についても，船登令附則5条1項で準用する不登法附則6条1項の指定を受けた登記手続については，オンラインによる申請の方法を可能とした（船登令35条1項，2項・不登法18条1号）。

　このため，申請のために登記所に提供する媒体を書面に限定しない規定ぶり（「申請情報」，「添付情報」等）としている。

②　電子情報処理組織により登記事務を取り扱う旨の規定の廃止

　旧船登規則では，旧不登法中の電子情報処理組織による登記事務の取扱いに関する規定（旧不登法151条ノ2）を準用する（旧船登規則1条）とともに，

必要な読替えをしている（旧船登規則39条）が，船舶の登記については，当面，電子情報処理組織により船舶の登記の事務を取り扱う予定はないことから，船登令には，電子情報処理組織による登記事務の取扱いに関する規定は置いていない。

　したがって，不登法と異なり，登記記録を備える登記簿による事務処理を前提とした規定となっている（船登令6条等）。

③　登記簿の記載方法等に関する規定の省令委任

　不登法等と同様に，登記簿の記載方法の詳細や登記所間の書類の移送，通知等の内部手続に関する事項については，船登規則で定めている（船登令37条）。

④　船舶の登記手続に関する規定と製造中の船舶の登記手続に関する規定の別の明確化

　製造中の船舶については，商法第3編第8章が準用される（商法850条）が，その登記手続に関しては，製造中の船舶の特殊性から，船舶の登記手続とは異なる点が多い。

　そこで，船登令は，製造中の船舶の登記手続について第5章で規定し，両者に共通する事項以外は，船舶と製造中の船舶とで各別に規定を設けている。

　旧船登規則中には，「船舶」の語が「製造中の船舶」を含む意味で用いられている規定もあったが，船登令は，「船舶」は，完成後の船舶のみを指す語として用い（2条1号），「製造中の船舶」は，別に定義している（同条4号）。

2：1：3　登録と登記

　我が国は，一定規模以上の船舶については，登記及び登録の二重の手続を必要とする二元制度を採用し，登録は，公法上の必要から，管海官庁（船舶法5条）である地方運輸局等（船舶細則3条ノ2）が管掌しており，船舶の所有権の保存登記には船舶件名書を添付情報とすること（船登令別表一・七ハ），船舶登記の表題部の変更の登録をしたとき（同令23条1項）及び船舶の抹消の

登録をしたとき（同令24条）は，管海官庁は，各登記を嘱託しなければならないことなど，船舶の登記は，船舶の登録制度と結合されている。**(注)**

また，船舶管理人に関する登記（商法699条，船登令第四章第三節）及び製造中の船舶の抵当権の設定登記等（商法851条，船登令第五章），不動産に関する登記にはない登記も含まれている。

なお，船舶の先取特権は，抵当権に優先し（商法848条，2:1:5），質権の設定は禁止されている（商法849条，2:1:4②）。

(注) 総トン数20トン以上の船舶の登記をしたときは，所有者は，船籍港を管轄する地方運輸局（神戸運輸監理部，沖縄総合事務局を含む。）又は運輸支局へ登記事項証明書を添付して「船舶登録・船舶国籍証書書換等申請書」によりその登録を申請する（船舶法5条）。

2:1:4 登記をすることができる船舶

① 「船舶」とは，総トン数20トン以上の船舶（端舟その他のろかいのみをもって運転し，又は主としてろかいをもって運転する舟を除く。）であって，航海の用に供するものをいう（船登令2条1号）。したがって，製造中の船舶（同条4号，商法850条）は「船舶」ではなく，進水後に初めて船舶となる。なお「端舟」とは，艀（河用・港湾などで大形船と陸との間を往復して貨物や乗客を運ぶ小舟）等を指す。

② 船舶は，すべて登記することができるわけではない。船舶のうち「端舟その他ろかいのみをもって運転し又は主としてろかいをもって運転する舟」（商法684条）及び「総トン数20トン未満の船舶」（商法686条2項）は，登記することができず，これらの船舶以外の船舶が登記することができる（船舶法20条）。

③ 日本船舶でなければ，登記することができない。日本船舶とは，次の船舶をいう（船舶法1条）。

a 日本ノ官庁又ハ公署ノ所有ニ属スル船舶（1号）**(注1)**

　b　日本国民ノ所有ニ属スル船舶（2号）

　c　日本ノ法令ニ依リ設立シタル会社ニシテ其代表者ノ全員及ビ業務ヲ執
　　　行スル役員ノ3分2以上ガ日本国民ナルモノノ所有ニ属スル船舶（3号）

　d　cニ掲ゲタル法人以外ノ法人ニシテ日本ノ法令ニ依リ設立シ其代表者
　　　ノ全員が日本国民ナルモノノ所有ニ属スル船舶（4号）（注2）

④　「商行為をする目的で航海の用に供する」船舶（商法684条）は登記でき
　　るが，商行為をする目的をもっていなくても，「航海の用に供する船舶」
　　も，商法第三編の規定が準用され（船舶法35条），登記をすることができる。

⑤　登記した日本船舶が「滅失若クハ沈没シタルトキ，解撤セラレタルトキ
　　又ハ日本ノ国籍ヲ喪失シ」（船舶法14条1項），又は船舶法20条の船舶と
　　なったときは，管海官庁の嘱託により，その船舶の登記は抹消される（船
　　登令24条）。

（注1）　海上自衛隊（防衛大学校を含む。）の使用する船舶には，船舶法は適用され
　　　　ない。船舶安全法，船舶のトン数の測度に関する法律（以下「船舶トン数法」
　　　　という。）及び小型船舶の登録等に関する法律（以下「小型船舶登録法」とい
　　　　う。）も同様である。ただし，船舶安全法28条中，危険及び気象の通報その他
　　　　船舶航行上の危険防止に関する部分は，海上自衛隊の政令で定める船舶につい
　　　　ては，適用がある（自衛隊法109条2項）。

　　　　＊船舶トン数法は，船舶のトン数の測度の基準及び国際トン数証書の交付に関
　　　　　して必要な事項を定めている。

　　　　＊小型船舶とは，総トン数20トン未満の船舶のうち，日本船舶（船舶法1条）
　　　　　又は日本船舶以外の船舶（本邦の各港間又は湖，川若しくは港のみを航行す
　　　　　る船舶に限る。）であって，漁船法2条1項の漁船及びろかい又は主として
　　　　　ろかいをもって運転する舟等をいう（小型船舶登録法2条，【参考】）。

（注2）　株式会社等が所有する船舶についての日本船舶の要件は，平成11年に役員
　　　　全員が日本人であることから，役員の3分の2以上に改正された（法律67号）。

【参考：総トン数 20 トン未満の船舶】

① 　総トン数 20 トン以上の船舶（船登令 2 条 1 号）は，登記することができ，これに基づき抵当権等の担保権の設定ができる。

　しかし，例えば，総トン数が 20 トン未満のプレジャーボートなどの登録は「小型船舶の登録等に関する法律」を根拠とし，これを担保とする場合は「譲渡担保」や「所有権留保」など民法に規定のない非典型的な契約等によって手続をする必要がある。

② 　船舶が土砂を運搬するような作業台船は，「船舶法」に定める船舶とはされず，これを担保に供するためには，建設機械として建抵法に基づき所有権の保存登記をすることになる（同法 3 条，建抵令別表十二船舶）。

③ 　総トン数 20 トン未満の「漁船」については，国土交通省が所轄する日本小型船舶検査機構（JCI）における小型船舶登録（小型船舶登録法 3 条）と農林水産省が所轄する漁船登録がある。

　これらの登録は，二つ同時に登録することはできない。漁船をやめてプレジャーボートなどとして使うのであれば，漁船登録を抹消し，小型船舶登録法に基づく船舶登録をする必要があるし，逆もまた同様である。

④ 　総トン数 20 トン未満の漁船は，農業用動産として抵当権を設定することができる。農信令 1 条は，農業用動産の範囲を定め，9 号で「総トン数 20 トン未満の漁船。ただし，総トン数 5 トン未満の漁船については発動機の備え付けがあるもの又は長さ 7 メートル以上のもの」としている。

　農信法 3 条は，「農業用動産の抵当権を取得することができる者は，農業協同組合及び信用組合及び勅令で定める法人に限る」とし，具体的には，農信令 2 条 2 項で定めている。

　そして，農業用動産である「漁船」は，漁業従事者が，農業協同組合等に対して負担する債務を担保する場合に限り，抵当権を設定することができる（同法 12 条）。

2：1：5　登記をすることができる権利又は事項

① 　船舶について登記をすることのできる権利は，所有権，抵当権及び賃借権である（船登令3条1項）。地上権，永小作権，地役権及び採石権は，性質上，土地にのみ認められる権利であり，先取特権は，その登記を認める法令上の根拠はない。

② 　質権は，登記した船舶に設定することはできないとされている（商法849条）。ただし，登記船舶以外の船舶である総トン数20トン未満の船舶及び端舟その他ろかいのみで運転し，又は主としてろかいで運転する舟は，動産質（民法352条～355条）として，質権の目的とすることができる。もっとも，譲渡担保の方法が多く利用されているとのことである（平野25）。

③ 　製造中の船舶については，商法第3編第8章（船舶債権者）の規定（船舶の先取特権及び抵当権に関する規定）が準用される（商法850条）ので，登記することのできる権利としては，抵当権のみである。

④ 　登記する事項は，共有船舶についての船舶管理人の選任，船舶管理人の更迭の登記及び代理権の消滅（船舶管理人に関する事項）の登記及び船舶の表示に関する登記である。

2：1：6　船舶先取特権の抵当権に対する優先

① 　「船舶先取特権は，船舶の抵当権に優先する」（商法848条1項）。

　　船舶抵当権は船舶先取特権に優先される。抵当船舶は，先取特権を伴う債権によってその価値を保存することができたと考えるべきであり，また，約定担保権であるが，船舶抵当権を船舶先取特権に優先させると船舶先取特権を規定した趣旨が没却されることを配慮して立法された規定である。

② 　「船舶先取特権」は，船舶に関する特定の債権についてその船舶，属具及び未受領の運送賃に対して認められる特殊の先取特権である。

　　船舶に関する特定の債権とは，次の債権である（商法842条各号）。

　a 　船舶の運航に直接関連して生じた人の生命又は身体の侵害による損害賠償請求権

　b 　救助料に係る債権又は船舶の負担に属する共同海損の分担に基づく債

　　権

　　c　国税徴収法若しくは国税徴収の例によって徴収することのできる請求
　　　権であって船舶の入港，港湾の利用その他船舶の航海に関して生じたも
　　　の又は水先料若しくは引き船料に係る債権
　　d　航海を継続するために必要な費用に係る債権
　　e　雇用契約によって生じた船長その他の船員の債権
③　船舶先取特権も民法のそれと同様に目的物について競売権及び優先弁済
　を受ける権利がある（民法 303 条）。
④　船舶先取特権は，その発生後 1 年を経過したときは，消滅する。
⑤　船舶先取特権は，他の先取特権（民法 306 条）に優先する（商法 844 条）ば
　かりでなく，船舶抵当権にも優先するが，これは，船舶抵当権にとってそ
　の担保価値を減少させることになり，船舶金融を困難にする一因になって
　いる。

2：1：7　登記船舶の質入禁止

　登記した船舶は，質権の目的とすることができない（商法 849 条）。ただし，
登記船舶以外の船舶，すなわち，総トン数 20 トン未満の船舶及び端舟その
他ろかいのみで運転し，又は主としてろかいで運転する舟は，質権の目的と
することができる。これらの船舶は，動産であるから，動産質（民法 342 条
〜）の規定が適用される。

2：1：8　管轄登記所

①　船舶登記の事務は，原則として，「船籍港の所在地」を管轄する「法務
　局若しくは地方法務局若しくはこれらの支局又はこれらの出張所」（登記
　所）がつかさどる（船登令 4 条 1 項）。船籍港の所在地を管轄する登記所が
　2 以上ある船舶の登記事務をつかさどる登記所は，「船籍港の所在地を管
　轄する登記所が 2 以上ある船舶の管轄登記所を指定する省令（平 17 法務省
　令 28 号）」で定めている（同条 2 項，2：1：6③）。
②　製造中の船舶についての抵当権の設定登記及び抵当権の登記をした船舶
　の所有権の保存登記の管轄登記所は，その製造地を管轄する登記所である

（船登令5条）。製造中の船舶が製造地と異なる土地で完成した場合でも，変更前の製造地を管轄する登記所に所有権の保存登記を申請する（同令32条2項）。

　登記所は，所有権の保存登記をしたときは，遅滞なく，船籍港を管轄する登記所に船舶の登記記録及び登記簿の附属書類又は謄本を移送しなければならない（船登規則44条3項）。

③　造船所の所在地（「造船地」（船舶法施行細則（以下「船舶細則」という。）17条ノ2第14号））は，その住所により定まり，所在地を管轄する登記所が2以上ある場合は通常考えられないので，船登令4条2項と同様の規定は置いていない。

2:1:9　船籍港

2:1:9:1　船籍港の定め

①　船籍港は，船舶の所有者が定めるが（船舶法4条1項），船籍港は「横浜市」，「千葉市」のように市町村の名称をもって定められる（ただし，東京都特別区の場合は，「東京都」（船舶細則3条1項））から，登記の対象となる船舶ごとに，法務大臣又は法務局若しくは地方法務局の長が管轄登記所を指定する（不登法6条2項）とする必要はなく，あらかじめ法務省令で管轄登記所を定めておくことが可能である。したがって，旧船登規則2条2項の「指定」の方法から，「法務省令で定める」方法に変更し，不登法6条3項と同様の規定は置いていない。

②　船籍港は，原則として，航行可能な水面に接した市町村に限られるが（大元.9.18民事346号民事局長回答），船舶所有者の住所が，船舶が航行できる水面に接した市町村以外の地にあるときは，最寄りの市町村に定め，住所が日本にない場合その他やむを得ない理由があるときは，国土交通大臣の置籍認可を受けて，適宜の市町村を船籍港とすることができる（船舶細則3条3項ただし書）。

③　これを受けて，船籍港が数箇の登記所の管轄地に跨がる船舶の管轄登記所を指定する省令（昭41法務省令41号）の全部を改正して船籍港の所在地

を管轄する登記所が2以上ある船舶の管轄登記所を指定する省令（平17法務省令28号）が定められ，東京都の区のある地域を船籍港と定めた船舶の登記の事務は，東京法務局が取り扱うこと等とされた。次のとおりである。

　　a　東京都の区のある地域を船籍港と定めた船舶の登記事務は，東京法務局が取り扱う（1条1項）。

　　b　神奈川県川崎市の区域を船籍港と定めた船舶の登記事務は，横浜地方法務局川崎支局が取り扱う（同条2項）。

　　c　abの場合を除くほか，船籍港の所在地を管轄する登記所が2以上あるときは，その船舶の登記事務は，商業登記につき事務の委任を受けた登記所が取り扱う（2条）。

④　製造中の船舶の登記事務は，原則として，「製造地を管轄する登記所」がつかさどる（船登令5条）。ただし，製造中の船舶の製造地変更により管轄する登記所が変更した場合の製造地の変更登記の申請は，変更前の製造地を管轄する登記所にしなければならない（同令32条1項）。

⑤　共有船舶の船籍港は，共有者中持分が最も多い者の住所を船舶所有者の住所とみなして定める。持分が最も多い者が2人以上の場合は，共有者の希望により，それらの者の一人の住所をもって船籍港とする（昭26.6.23船登510号運輸省船舶局長回答）。

2:1:9:2　船籍港の変更

船籍港の変更登記の事務は，変更前の船籍港の所在地を管轄する登記所がつかさどり（船登令23条3項），製造中に抵当権の登記がされた船舶についてする所有権の保存登記の事務は，抵当権の登記をした登記所がつかさどる（同令30条2項）。

① 　管海官庁への変更登録

　　船舶所有者は，船籍港を変更する場合は，管海官庁に船籍港の変更の登録を申請しなければならない（船舶細則20条1項）。

② 　変更登記の嘱託

　　a　管海官庁は，船籍港（船登令11条3号）について変更の登録（船舶法10

24

条）をしたときは，遅滞なく，その変更登記を変更前の船籍港の所在地を管轄する登記所に嘱託しなければならない（船登令23条1項）。

b　船籍港の変更により船籍港の所在地を管轄する登記所が変更した場合は，変更前の船籍港の所在地を管轄する登記所に嘱託しなければならない（同条2項）。**(注1)**

c　管海官庁は，船籍港の登記に錯誤又は遺漏（登記官の過誤によるものを除く。）があることを発見したときは，遅滞なく，その更正登記を登記所に嘱託しなければならない（同条5項）。**(注2)**

(注1)　旧船登規則（21条）は，船舶の表示（船登令11条1号〜8号）に変更が生じた場合，船舶の所有権の登記名義人は，遅滞なく，その変更登記を申請しなければならないとしていた。

(注2)　したがって，船舶の所有者が自ら船籍港の更正登記をする（書不8489）必要はない。ただし，所有者が船舶原簿の登録事項証明書を添付して，更正登記を申請することは差し支えないものと考える。

2：1：10　登記の意義及び効力

日本船舶の所有者は，登記をした後，船籍港を管轄する管海官庁に備えた船舶原簿に登録をし，「船舶国籍証書」（船舶細則30条第3号様式）の交付を受けなければ（船舶法5条），航行させることができない（同法6条，商法686条1項）。

①　登記をすることができる船舶でも，未登記のものは，純然たる動産であり，その所有権移転の対抗要件は，引渡しであって（民法178条），不動産のように所有権の保存登記が承継取得の第三者対抗要件となるものではない。

しかし，所有権の保存登記がされた船舶は，法律上，不動産的な取扱いを受け，その権利の得喪変更は，登記をしなければ第三者に対抗することができない（所有権について商法687条，抵当権について同法847条，賃借

権について同法701条)。

② 　登記した船舶は，抵当権の目的とすることができるが (商法847条1項)，質権の目的とすることはできず (同法849条)，また，登記することができる船舶で製造中のものは，抵当権の目的とすることはできるが，質権の目的とすることはできない (同法850条・849条)(注)。

③ 　登記した船舶は，債務者の財産として，先取特権により担保される債権が発生，成立すれば，法律上当然に先取特権が登記した船舶にも成立するが，先取特権はすべて登記できない。

　　船舶の先取特権としては，一般の先取特権 (民法306条)，動産の保存の先取特権 (同法311条4号)，動産の売買の先取特権 (同条5号) 及び船舶先取特権 (商法842条) がある。船舶の先取特権は，抵当権に優先する (同法848条1項)。

(注)　製造中の登記することができる船舶が完成し，その登記が未了の間は，動産として動産質権の目的とすることができるようにも解されるが，商法849条の「登記した船舶」の意義は，「登記する」ことが船舶の趣旨であり，「登記できる」船舶であっても「登記していない」船舶は，質権を設定することはできないと解する。なぜなら，未登記の船舶を目的とする質権が設定されても，その船舶が登記されることにより当然質権が失効するという不合理をきたすからである (精義2203)。

26

【船舶国籍証書】（船舶細則 30 条第 3 号書式）

第三号書式（第三十条関係）（甲）

紋章

船 舶 国 籍 証 書
Certificate of Vessel's Nationality

番　号 Official Number		信号符字 Signal Letters		証書番号 Certificate Number	
船　名 Name of Vessel		船籍港 Port of Registry			
種　類 Type of Vessel		総トン数 Gross Register Tonnage			トン Tons
船　質 Material of Hull		造船地 Where Built			
帆船の帆装 Rigging(if a Sailing Vessel)		造船者 Name of Builders			
機関の種類及び数 Engines					
推進器の種類及び数 Propellers		進水の年月 Date of Launch			

船舶法施行細則第17条ノ2第8号の長さ　Register Length	船舶法施行細則第17条ノ2第9号の幅　Register Breadth	船舶法施行細則第17条ノ2第10号の深さ　Register Depth
メートル Metres	メートル Metres	メートル Metres

所有者
Owners

この証書に記載された事項はいずれも正確であり、本船舶は日本国の国籍を有することを証明する。
This is to certify by the authority of the Japanese government that the items mentioned in this certificate is correct in all respects and that the above-mentioned vessel is granted the right to fly the Japanese flag.

　　　年　　月　　日交付
Date of Issue ....

Authority
管海官庁の長の名称の英訳
Japanese Government

交付官庁
日　本　国
　　管海官庁の長の名称　印

（日本産業規格A列4番）

（乙）

所有者 Owners	
その他 Others	

検認欄／Verification of this certificate			
検認を行った年月日 Date of verification	船舶国籍証書検認申請期間／Date of application		管海官庁印 Seal
	法定期間満了日翌日から	船舶国籍証書検認期限 Date of next verification	
1　　年　　月　　日	年　　月　　日から	年　　月　　日	
2　　年　　月　　日	年　　月　　日から	年　　月　　日	
3　　年　　月　　日	年　　月　　日から	年　　月　　日	
4　　年　　月　　日	年　　月　　日から	年　　月　　日	
5　　年　　月　　日	年　　月　　日から	年　　月　　日	
6　　年　　月　　日	年　　月　　日から	年　　月　　日	
7　　年　　月　　日	年　　月　　日から	年　　月　　日	
8　　年　　月　　日	年　　月　　日から	年　　月　　日	

注　意／船舶国籍証書検認期限又は船舶法第５条ノ２第３項の規定により延期された期日までに、この船舶国籍
　　　　証書の検認を受けない場合には、船舶法第５条ノ２第４項の規定により、この船舶国籍証書は効力を失う
　　　　とともに、船籍港を管轄する管海官庁の職権により抹消登録を行う。
Caution／This certificate shall lose its validity, and the maritime authority shall make the entry
　　　　of deletion in the registry, in accordance with Paragraph 4 of Article 5-2 of the Ships Law,
　　　　in cases where this certificate is not verified by the date of next verification or by the date
　　　　postponed in accordance with Paragraph 3 of Article 5-2 of the Ships Law.
備　考　　1　船舶国籍証書の検認の申請は、法定期間満了日翌日以降に行うことを原則とする。
　　　　　2　「法定期間満了日翌日」とは、船舶法第５条ノ２第２項の期間の満了した日の翌日をいう。
　　　　　3　「船舶国籍証書検認期限」とは、船舶法施行細則第30条ノ２の規定により指定した次回に船舶国籍証
　　　　　　書の検認を受けなければならない期日をいう。
　　　　　4　（丙）船舶国籍証書付属書Ⅰ（船舶国籍証書検認期限指定書）の交付は、この証書の検認欄に検認を
　　　　　　行った年月日及び船舶国籍証書検認期限を記載したものとみなす。

（日本産業規格Ａ列４番）

2:1:11　船舶登記簿

　登記は，登記官が，登記簿に登記事項を記録することによって行う（船登令6条）。

　船舶の登記記録は，表題部，権利部及び船舶管理人部に区分して作成する（同令7条1項）。

　製造中の船舶の登記記録は，表題部及び権利部に区分して作成する（同条2項）。

　具体的な記録方法については，船登規則2条等で次のとおり定めている。

① 　船舶の登記記録の表題部には船舶の表示を記録し，製造中の船舶の表題部には製造中の船舶の表示を記録する（1項）。

② 　船舶の登記記録の権利部は，甲区（所有権に関する事項（2項）），乙区（抵当権及び賃借権に関する事項（同項））及び丙区（船舶管理人に関する事項（3項））からなる。

③ 　製造中の船舶の登記記録の権利部は，甲区（船舶の所有者となるべき者に関する登記事項（2項））及び乙区（抵当権及び賃借権に関する事項（同項））からなる。

④ 　①②③の各区には，登記事項を記録した番号（以下「順位番号」という。）を記録し，同順位である2以上の権利に関する登記をするときは，順位番号に登記を識別するための符号を付する（4項）。

⑤ 　登記官は，船舶又は製造中の船舶の登記記録に動産番号を記録することができる（5項）。

2:1:12　登録免許税の課税標準及び軽減税率

2:1:12:1　登録免許税を納付する場合の申請情報等

① 　次の登記の申請については，課税標準の金額を申請情報の内容とする（船登規則48条1項，登税法別表第一・二）。

　　a 　所有権の保存登記㈠

　　b 　所有権の移転登記㈡

　　c 　委付の登記㈢

　　d　賃借権の設定登記等㈣

　　e　抵当権の設定登記等㈤

　　f　抵当権の移転登記㈥

　　g　根抵当権の一部譲渡等による移転登記㈦

　　h　信託の登記㈩

　　i　所有権の移転の仮登記等㈩イ

②　①のf，g以外の登記については，次に掲げる事項を証する造船者が作成した情報「船舶明細書」をその申請情報と併せて提供する（船登規則48条2項）。

　　a　船舶の種別（1号）

　　b　船舶の製造年月（2号）

　　c　漁船（木船を除く。）については，その用途（3号）

　　　造船者等による記載事項は真正である旨の証明が付されている必要がある（昭32.3.27民事甲598号民事局長通達）。

③　このほか，「登録免許税の課税標準たる船舶の価格の認定について」（昭50.5.30民三2820号民事局長通達）の別表1（船舶の価額の算出表）及び別表2（船舶価残存率表）に基づき，船舶の船質（木製，鋼製等の別），種類（客船，貨物船，貨客船，漁船等の用途による種別），積量（トン数の区分），製造の年月等を資料として次のとおり算定する。

　　a　船舶の価額の算定方法

　　　船舶の価額は，別表2に基づき算出した額にその種類及び取得時期に応ずる別表2の船価残存率を乗じて得た額とする。

　　b　取得時期

　　　取得時期とは，船舶の製造（竣工）の年月とする。製造の年月が明らかでない場合は，船舶の進水の月から3か月後の月をもって製造の月とする。

　　c　陳腐化による補正

　　　著しく陳腐化していると認められる船舶については，船舶の実情によ

り，aによって算定した額からその2割に相当する額を限度として控除
した額をもって船舶の価額とすることができる。

2:1:12:2　登録免許税の課税標準及び軽減税率

① 船舶の価額

　船舶の登記（登税法別表第一・七）の課税標準である船舶の価額は，登記
の時における船舶の価額による。

　船舶の上に所有権以外の権利その他処分の制限が存するときは，その権
利その他処分の制限がないものとした場合の価額による（登税法10条1項）。
この場合に，船舶の所有権の持分の取得に係るものであるときは，船舶の
価額は，船舶の価額に持分の割合を乗じて計算した金額とする（同条2項）。
所有権以外の権利の持分の取得に係る登記についての課税標準の額の計算
についても同様である（同条3項）。

② 一定の債権金額がない場合

　債権金額を課税標準として登録免許税を課する場合（登税法別表第一・二
㈤）に，一定の債権金額がないときは，登記の時における債権の価額又は
処分の制限の目的となる船舶の価額を債権金額とみなす（登税法11条1項）。
船舶の権利の価額についても同様である（同条2項）。

③ 債権金額等の増額に係る変更登記の場合

　抵当権の債権金額又は極度金額を増加する登記は，その増加する部分の
債権金額又は極度金額についての抵当権の設定登記とみなして，登税法を
適用する（登税法12条）。

④ 共同担保の登記等の場合

　一の登記官署等において，同時の申請（官庁又は公署の嘱託を含む。）
により同一の債権のために数隻の船舶に関する権利を目的とする抵当権の
保存若しくは設定，移転又は信託の登記（以下「抵当権の設定登記等」と
いう。）をする場合は，これらの抵当権の設定登記等を一の抵当権等の設
定登記等とみなして，登税法を適用する。抵当権の設定登記等に係る船舶
に関する権利の種類の別により別表第一に掲げる税率が異なるときは，そ

のうち最も低い税率をもって，その抵当権の設定登記等の登録免許税の税率とする（登税法13条1項）。

　同一の債権のために数隻の船舶に関する権利を目的とする抵当権の設定登記等をする場合に，その申請が最初の申請以外のものであるときの課税標準及び税率は，抵当権の設定登記等がこの規定に該当するものであることを証する財務省令で定める書類を添付して申請するものに限り，1件について1,500円とする（同条2項）。

⑤　課税標準の金額の端数計算

　課税標準の金額を計算する場合に，その全額が1,000円に満たないときは，これを1,000円とする（登税法15条）。これは，国通法が1,000円に満たない場合は，この金額を切り捨てるとしている（同法18条）のと異なる。

⑥　仮登記等のある不動産等の移転登記の税率の特例

　所有権移転の仮登記又は所有権の移転請求権保全の仮登記がされている船舶について，これらの仮登記に基づいて所有権の移転登記をする場合の登録免許税の税率は，別表第一・二の税率欄に掲げる割合から1000分の4を控除した割合とする（登税法17条2項）。

⑦　数隻の船舶の登記をする場合の課税標準

　同一の申請書により数隻の船舶について別表第一・二の登記をする場合に，登録免許税が船舶の価額を課税標準とするものであるときは，課税標準の額は，登記に係る船舶の価額の合計額とする（登税令7条）。

2:1:12:3　租税特別措置法による登録免許税の軽減税率

①　勧告等によつてする登記の税率の軽減（1:4:1）

②　認定事業再編計画等に基づき行う登記の税率の軽減（1:4:2）

③　特定国際船舶の所有権の保存登記等の税率の軽減（1:4:3）

2：2　船舶の所有権に関する登記

2：2：1　所有権の保存登記

①　登記をすることができる船舶（2:1:4）について初めてされる登記は

所有権の保存登記であるが，その登記がされるまでの未登記船舶は，純然たる動産であって，引渡しが所有権の譲渡の第三者対抗要件である（民法178条）。したがって，未登記船舶の所有権を譲り受けた者が引渡しを受けずに所有権の保存登記をしても，その承継取得を第三者に対抗することはできない。所有権の保存登記がされて初めて船舶の所有権の得喪変更は，その登記が第三者対抗要件となる。

　もっとも，所有権の移転については，登記をしただけでは第三者に所有権の取得を対抗することができず，登記と船舶国籍証書（船舶細則30条）に所有権の移転を記載しなければ，第三者に対抗することができない（商法687条）。ただし，船舶所有権の差押えその他の処分制限は，登記（所有権に関する登記の一で，変更に該当する。）をすれば，第三者に対抗することができる。

② 　登記することができる船舶は，所有権の保存登記を受けた後，船籍港を管轄する管海官庁に備えられた船舶原簿の登録を受け，船舶国籍証書の交付を受けて，初めて船舶を航行させることができる（船舶法5条，6条，商法686条1項）。

③ 　船舶に特有な原始取得の原因としては，国が船舶法（22条，22条ノ2，23条）又は関税法（118条）違反により没収した場合がある（昭22.6.23民事甲558号民事局長通達）。

2:2:1:1　積量測度の申請

　船舶の所有権の保存登記を申請する前提として，船舶の船籍港を定めて，船籍港を管轄する管海官庁に船舶の積量測度を申請し，管海官庁又はその嘱託による製造地の管海官庁の積量測度を受けなければならない（船舶法4条）。すなわち，所有権の保存登記を申請する場合は，船舶件名書の内容を証する情報を添付しなければならない（登税法別表第一・七ハ）。船舶件名書は，積量の測度（臨検）を受けたときに総トン数計算書とともに交付される（船舶細則12条ノ2第1項）。

【船舶件名書】（船舶細則12条ノ2第2号書式）

第二号書式（第十二条関係）

船　舶　件　名　書	
船 舶 の 種 類	
船　　　　　名	
船　　籍　　港	
船　　　　　質	
帆 船 の 帆 装	
総　ト　ン　数	トン
機 関 の 種 類 及 び 数	箇
推 進 器 の 種 類 及 び 数	箇
進 水 の 年 月	年　　　　月
臨 検 年 月 日	年　　　月　　　日
臨　　検　　地	

年　　月　　日

所属官庁
船舶測度官　氏　　名 ㊞

（日本産業規格Ａ列4番）

備考　1　船質の欄には、「鋼」、「強化プラスチック」、「アルミニウム合金」等を記
　　　　載すること。
　　　2　帆船の帆装の欄には、「三檣バーク」、「二檣トツプスルスクーナー」、「二
　　　　檣スクーナー」、「一檣スループ」等を記載すること。
　　　3　機関の種類及び数の欄に記入する機関の種類は、「ディーゼル機関」、「電動
　　　　機」、「ガスタービン」、「タービン汽機」、「往復動汽機」等を記載すること。
　　　4　推進器の種類及び数の欄に記入する推進器の種類は、「ら旋推進器」、「ジェ
　　　　ット推進器」、「シュナイダー推進器」、「外車」、「空中プロペラ」等を記載
　　　　すること。
　　　5　進水の年月の欄には、外国において製造した船舶については西暦により記載す
　　　　ること。

2:2:1:2 申請人

① 不登法74条は，所有権の保存登記を申請することができる者を掲げているが，船舶の登記では，登記官は，所有権の保存登記をする場合は，職権で船舶の表示の登記をする仕組みとなっていること（船登令15条），また，船舶は収用の対象とならないことから，所有権の保存登記を申請することができる者は，船舶の所有者（所有権を有することが確定判決によって確認された者（不登法74条1項2号）を含む。）に限られる（船登令14条1項）。原始取得の場合はもちろん，承継取得による場合も，その船舶について自己が所有者であることを証する情報をもって申請する（登税法別表第一・七イ）。したがって，未登記船舶を買い受け又は相続により所有権を取得した者も，直接自己名義に所有権保存の登記を申請することができる。

② 船舶が共有の場合は，船舶管理人の選任の登記（2:4:4:1）を併せ申請することから（商法697条1項），共有者全員が共同して申請しなければならない（船登令14条2項）。（注1）

　　不動産登記の実務では，共有者の一人又は数人は，民法252条ただし書により，共有物の全部について所有権保存の登記を申請することができると解されている（明33.12.18民刑1661号民刑局長回答）が，共有の船舶について所有権の保存登記を申請する場合は，船舶管理人の「氏名又は名称及び住所」（注2）を申請情報の内容としなければならない（船登令12条7号）から，不登法65条の共有物分割禁止の定めの登記等と同様のいわゆる合同申請の考え方により，船舶管理人の選任の真正を担保するために，共有者全員によって申請しなければならないとするものである。

③ 製造中の船舶について抵当権の設定登記をした場合は，登記官が職権で権利部に「所有者となるべき者」の表示を記録する（船登規則38条）。

　　その後，その船舶について所有権の移転があった場合，新所有者が直接自己名義に所有権の保存登記を申請することができるかどうかであるが，登記義務者からの所有権の承継を証する書面等の所有権を証する情報の添付がある限り，これを積極的に解すべきである（精義2206）。

（注1）　2人以上の者が登記権利者となる所有権の移転登記の申請については，当然
　　　　に，登記権利者である共有者全員が申請人となるから，本2項と同様の規定を
　　　　設ける必要はない。

（注2）　「……人の氏名又は名称及び住所」は，以下「……人の表示」と略記する。

2:2:1:3　船舶の表題部の登記

　船舶の登記については，不動産登記の表題登記（不登法2条20号）に相当する種類の登記はなく，所有者が管海官庁に測度の申請をし（船舶法4条），その結果を明らかにした船舶件名書（2:2:1:1）の交付を受けた後，所有権の保存登記の申請をすることによって初めて登記簿に記録される。

　このため登記官は，所有権の保存登記をする場合は，職権で表題部に船舶の表示について登記しなければならない（船登令15条）。

　登記官は，船舶の表示について登記をするときは，表題部に申請の受付年月日を記録しなければならない（船登規則22条）。

2:2:1:4　申請情報の内容

　登記の申請は，船舶を「識別するために必要な事項，申請人の氏名又は名称，登記の目的その他の登記の申請に必要な事項として政令で定める情報（申請情報）を登記所に提供してしなければならない」（船登令35条1項・不登法18条）。次のとおりである（船登令12条）。

① 　申請人の表示（1号）

　　共有の場合には，一般的に共有者の一人が保存行為（民法252条ただし書）として申請することができるが，船舶の共有の場合は，併せて船舶管理人の選任の登記を申請することになるので（商法697条1項），選任の真正を証する意味で，共有者全員が申請すべきものと解する（⑥参照）。

② 　申請人が法人であるときは，代表者の氏名（2号）

③ 　代理人によって申請するときは，代理人の表示（3号）

④ 　民法423条その他の法令の規定により他人に代わって登記を申請すると

きは，申請人が代位者である旨，他人の表示並びに代位原因（4号）

⑤　会社のすべての代表者その他の業務を執行するすべての役員及び会社以
外の法人のすべての代表者の氏名（8号（イ）（ロ））

　　船舶の登記は，日本船舶を対象とするから，代表者については全員が，
また，その他の業務を執行する役員についてはそれらの者の3分の2以上
が日本人であることが日本船舶の要件となっている（船舶法1条3号，4号）。

⑥　所有者が2名以上であるときは，その者ごとの持分（船登令35条1項・不
登令3条9号）

⑦　申請人が相続人その他の一般承継人（不登法62条）であるときは，その
旨（不登令3条11号ロ）

⑧　船舶が2人以上の者の共有に属するときは，船舶管理人の表示（7号）

　　共有者のうちの一人が持分を譲渡する等により，共有者の一部を異にす
ることになる場合にも，新たに共有者となった者を含めた共有者全員で改
めて船舶代理人を選任する必要があるから，譲渡の前後で同一人が船舶管
理人となる場合も含め，持分の譲渡等に係る「所有権の登記」の申請の際
には，船舶管理人のを申請情報の内容としなければならない。

　　この場合に提供すべき登記原因を証する情報は，船舶管理人の選任に関
する事項も内容とする必要がある。

⑨　⑧の場合で，船舶管理人が共有者以外の者で，代理権を制限するときは，
代理権の制限事項

　　船舶管理人の代理権に加えた代理権の制限は，善意の第三者に対抗する
ことはできない（商法698条2項）。しかし，商法697条3項の「代理権の
消滅」には，代理権の一部消滅，すなわち，代理権の制限も含まれている
と解するべきであるから，その登記手続規定は存在しないが，代理権の一
部消滅，すなわち，代理権の制限として登記することができると解する
（精義2261）。

⑩　登記の目的（5号）

⑪　添付情報の表示（不登規則34条1項6号）

⑫　登記の申請年月日及び登記所の表示（同条7号，8号）

⑬　船舶の表示（船登令11条）

　a　船名（1号）

　　旧船登規則は「名称」としていたが，船舶登録のほか，船舶の保存登記の申請の際に添付される船舶件名書も「船名」（船舶細則12条3号）と記載していることから，「船名」に変更している。**（注1）**

　b　船舶の種類（帆船又は汽船の別をいう。2号）

　　旧船登規則は，「船舶ノ種類」とのみ規定し，具体的にいかなる基準による種類をいうか明確でないこと（農業用動産については，動力漁船又は無動力漁船の別を登記する取扱いとなっている。）から，括弧書で帆船又は汽船の別をいう旨を明確にしている。汽船・帆船の別は，必ずしも推進機関の有無の別とは一致しない（船舶細則1条）。

　c　船籍港（3号）

　　「横浜市」，「千葉市」のような市町村の名称（東京都特別区の場合は，「東京都」）をいう（船舶細則3条）。**（注2）**

　d　船質（4号）

　　鋼，強化プラスチック，アルミニウム合金等の船舶を構成する材料による分類をいう（船舶細則12条2号書式備考1）。

　e　総トン数（5号）**（注3）**

　f　推進機関があるときは，その種類及び数（6号）

　　旧船登規則は「機関」としていたが，最近の用例に合わせて「推進機関」に変更している。ディーゼル機関，電動機等，推進のための機関を指す。

　g　推進器があるときは，その種類及び数（7号）

　　推進器とは，原動機により駆動され，航空機・船舶などに推進力を与える装置である。具体的には，ら旋推進器，ジェット推進器，シュナイダー推進器，外車，空中プロペラ等と記載する（船舶細則12条2号書式備考4）。

h 帆船の帆装（8号）

　具体的には，三檣（帆柱）パーク，二檣トップスルスクーナー，二檣スクーナー，一檣スループ等と記載する（船舶細則 12 条 2 号書式備考 2）。

i 進水の年月（9号）

j 国籍取得の年月日（日本において船舶を製造した場合を除く。10号）

　日本船舶となることにより，日本船舶として登記の対象となることから，国籍取得の年月日が登記事項とされている。

（注1）　船舶の名称は，日本文字を使用するが，外国文字であっても日本国内において一般的に慣用されている外国語を用いることは差し支えない（昭 25.11.21 民事甲 3026 号民事局長通達）。

（注2）　船籍港は，船舶が航行することができる水面に接した市町村に限られる（大元 . 9 .18 民事 346 号民事局長回答）。

（注3）　トン数は，10 トン以上の場合は小数点以下を切り捨て，10 トン未満の場合は，小数点以下 2 位を切り捨てる（船舶トン数法 5 条，同規則 4 条 3 項）。

2:2:1:5　添付情報

　船舶の登記の申請をする場合に申請情報と併せて登記所に提供しなければならない添付情報は，次のとおりである（船登令 13 条）。

　なお，船登令附則 5 条の電子情報処理組織の指定を受けていない登記所（非オンライン登記所）に申請する場合で，登記済証を希望するときは，申請書の写し 1 通を添付するとしている（船登規則附則（平 17.3 .7 施行）3 条 6 項）。

① 申請人が法人であるときは，次の事項（1号）

　a 会社法人等番号（商登法 7 条）（イ）

　b a 以外の法人にあっては，法人の代表者の資格を証する情報（ロ）

　ただし，申請人が代表者の資格を証する登記事項証明書（不登規則 36 条 1 項 1 号）又は支配人等によって登記の申請をする場合にその権限を証す

る登記事項証明書（同項2号）を提供したときは，会社法人等番号を提供
する必要はない。これらの登記事項証明書は，作成後1月以内のものでな
ければならない（同条2項）。

　申請人が会社法人等番号を有しない法人の場合は，作成後3月以内の資
格証明情報（例えば，都道府県知事が作成した代表者の資格証明書）を提
供しなければならない（不登令7条1項1号ロ，17条1項）。

　なお，申請人の会社法人等番号を提供するときは，「申請人の名称」（不
登令3条1号）に続けて記載して差し支えない。

② 　代理人によって申請するときは，代理権限を証する情報（2号）

　申請人が代理人によって申請する場合は，保存登記の申請を代理してす
る権限があることを証する委任状等を提供する。司法書士法人などの法人
が代理人として申請する場合は，代理人の権限を証する情報として，作成
後3月以内の登記事項証明書を提供する（不登令7条1項2号，17条1項）。
ただし，法人の会社法人等番号の提供をもって，代理人の代表者の資格証
明情報の提供に代えることができる（不登規則37条の2）。

　支配人等が法人を代理して登記の申請をする場合は，支配人等の権限を
証する情報として，作成後1月以内の登記事項証明書（同規則36条1項2号，
同条2項）を提供する。ただし，法人の会社法人等番号の提供をもって，
これに代えることができる（同条3項）。

③ 　民法423条その他の法令の規定により他人に代わって登記を申請すると
きは，代位原因を証する情報（3号）

④ 　住所を証する情報（登税法別表第一・七添付情報ニ）

　申請人（所有者）の住所を証する情報（以下「住所証明情報」という。）
として，登記事項証明書を提供する。この登記事項証明書は，作成後1月
以内のものでなければならない（不登規則36条2項）。

　申請人が，申請情報と併せて住民票コード（住基法7条13号）又は会社
法人等番号（商登法7条）を提供したときは，住所証明情報を提供する必要
はない（不登令9条，不登規則36条4項）。

登記官は，会社法人等番号を用いて登記記録を確認することで，法人の代表者資格だけではなく，法人の住所及びその変更等に係る情報についても審査できるので，会社法人等番号を提供した場合は，住所証明情報の提供は不要としたのである。

2:2:1:6　所有権の保存等の登記の添付情報の特則（船登令 13 条 1 項 4 号）

⑤　所有権の登記名義人となる者が日本人であることを証する情報（イ）

所有者個人，会社のすべての代表者及び業務を執行する役員の 3 分の 2 以上の者又は会社以外の法人のすべての代表者が日本人であることを証する情報の提供を求める理由は，船舶の登記は日本船舶を対象としており，船舶法上，所有者個人又は会社のすべての代表者及び業務を執行する役員の 3 分の 2 以上が日本人であること等が日本船舶の要件となっているからである（船舶法 1 条）。具体的には，住民票の写し，戸籍謄本，会社その他の法人の登記事項証明書等がこれに該当する。

なお，申請人が株式会社の場合は，代表取締役から，代表取締役以外の取締役（会社登記簿には住所の記載がない。）について書面に掲げられた者がその住民票の写し又は戸籍謄本に記載してある者と同一人である旨を疎明する書面をも併せ添付すべきものとしているが（昭 38. 5 .30 民事甲 1574 号民事局長通達），他の法人である場合も，同様の取扱いをすべきであろう。

⑥　所有権の登記名義人となる者が会社であるとき（法務省令で定める場合を除く。）は次の情報（ロ）

a　会社法人等番号を有する法人にあっては，会社の会社法人等番号(1)

b　a の会社以外の会社にあっては，会社の全ての代表者その他業務を執行するすべての役員の資格を証する情報(2)

⑦　所有権の登記名義人となる者が会社であるときは，会社のすべての代表者及び業務執行役員の 3 分の 2 以上の者が日本人であることを証する情報（ハ）

⑧　所有権の登記名義人となる者が会社であるとき（法務省令で定める場合を除く。）であるときは，次の情報（ニ）

　a　会社法人等番号を有する法人にあっては，会社の会社法人等番号⑴

　b　aの法人以外の法人にあっては，法人のすべての代表者（aを除く。）
の資格を証する情報⑵

　なお，⑥（ロ）及び⑧（ニ）により代表者等の資格を証する情報を提供
すべき場合の例外として「法務省令で定める場合」とは，「申請を受ける
登記所が当該法人の登記を受けた登記所と同一であり，かつ，法務大臣が
指定した登記所以外のものである場合」（船登規則21条1項）の登記所の指
定である。

2:2:1:7　特に添付すべき情報（船登令別表一・七，不登令別表二十八）

⑨　船舶の所有者を証する情報（イ）

　船舶の所有権の保存登記は，所有者以外の者は，申請することができな
いから（船登令14条1項），船舶が申請人の所有に属することを証する次の
情報を必要とする。

　a　日本で製造し，直接原始的に所有権を取得した場合は，その造船者
　　（又は造船所の技師長）の証明書（印鑑証明書付）

　b　承継取得の場合は，譲渡人の所有であったことの証明書（造船者等の
　　証明書）と譲渡を証する書面（印鑑証明書付）

　c　不登簿船が登簿船となった場合は，積量改測によるものは，船舶国籍
　　証書（船舶法5条2項）の謄本，改造によるものは，造船所等の改造証明
　　書（印鑑証明書付）及び小型船舶登録原簿（小型船舶登録法3条）

　d　沈没船引揚げの場合は，改装又は改造した造船所等の証明書等（印鑑
　　証明書付）（注1）

　　　造船者自らが所有権の保存登記を申請する場合は，自己証明でも差し
　　支えない（精義2210）。

　e　外国で製造された船舶の場合は，外国の造船業者の造船証明書及び造
　　船地の最寄りの日本領事館等の在外公館による船舶受渡し証明書など

　f　外国船舶を譲り受けた場合は，譲渡人が所有者であったことの造船者
　　等の証明書及び譲渡証明書並びに船舶国籍証書（船舶法5条2項）

g　総トン数が20トン未満の小型船舶が改測によって，登記・登録を必
要とする船舶になった場合は，総トン数計算書（船舶細則12条ノ2）の謄
本

⑩　製造中の船舶の登記がないことを証する情報（製造地を管轄する登記所
以外の登記所に申請する場合）（ロ）

製造地を管轄する登記所の登記簿に製造中の船舶の登記がされていると
きは，船舶の所有権の保存登記の申請は，製造地を管轄する登記所（船登
令5条）にしなければならないから（同令30条1項），製造地を管轄する登
記所と船籍港を管轄する登記所で二重登記されることを防止するためであ
る。

ただし，外国で製造した船舶については，添付する必要はない。

⑪　船舶件名書の内容を証する情報（ハ）

船舶の存在及びその表示事項を確認するため，船籍港を管轄する管海官
庁から交付を受けた船舶件名書（2：2：1：1）の謄本を添付する。すなわ
ち，船舶の所有権の保存登記を申請しようとするとき（船舶の新造，外国
船の購入，改造等による不登簿船（登記できない船舶）から登簿船（登記
できる船舶）への編入があったとき）は，船舶の積量測度の申請をし，管
海官庁が臨検測度したときは，その結果に基づき，船舶の表示として申請
情報に掲げる事項を記載した船舶件名書を作成するが，その謄本の交付を
受けて申請書に添付する。

なお，添付情報については，船舶登記令35条1項で不登令7条から9
条までのうち関係する部分を準用している。

⑫　貨物船，コンテナー船等の別，船舶の製造の年月及び漁船の用途等を証
する造船者が作成した情報（船登規則48条2項）（注2）

船舶の価額を登録免許税の課税標準とする場合等に，申請情報と併せて
提供しなければならない。

なお，国の機関の所管に属する権利について官庁・公署の指定職員が登
記を嘱託する場合は，代表者の資格を証する情報（船登令27条1項1号）及

び代理人の権限を証する情報（同項2号）を提供する必要はない（同条2項）。

　申請情報を記載した書面を登記所に提出する方法により登記を申請する場合に日本船舶の要件を満たすことを証する情報（同条1項4号）として提出する戸籍謄本，登記事項証明書等の公務員が職務上作成した書面は，作成後3月以内のものでなければならない（船登令13条3項）。

⑬　製造地の管轄登記所の未登記証明書（ロ）

　製造中の船舶は，抵当権の目的とすることができ（船登令第5章），抵当権の登記は，製造地を管轄する登記所においてされるので，製造中の船舶の抵当権の登記をそのままにして，二重に登記されることを防止するため，製造地の管轄登記所と異なる登記所において完成した船舶の所有権の保存登記を申請する場合は，製造地の管轄登記所において製造中の船舶の登記がされていないことを証する情報（登記官作成の証明書）を添付しなければならない。この証明書は，作成後3月以内のものに限る。

　もっとも，登記官は，製造中に抵当権の登記がされた船舶について所有権の保存登記をするときは，抵当権の登記をした登記記録に登記事項を記録しなければならない（船登規則44条1項）。登記官は，所有権の保存登記をした場合にその登記に係る船舶の船籍港の所在地が他の登記所の管轄に属するときは，遅滞なく，船籍港を管轄する登記所にその船舶についての登記記録及び登記簿の附属書類又はその謄本を移送しなければならない（同条3項）。

⑭　船舶明細書（船登規則48条2項，2：1：12：1②）

　造船者が死亡し，又は法人が消滅したため，証明を得られない場合には，申請人において作成した船舶明細書にその旨を付記し，造船者の死亡等を証する書面を添付するほか，造船地又は造船者不詳の旨の記載がされている船舶原簿の謄（抄）本を添付する（昭33.2.22民事甲424号民事局長心得通達）。

　（注1）　①　沈没によって登記を抹消された船舶を浮揚させて使用するときなど，船舶の存否が3箇月以上不分明により登記を抹消された船舶（船登令24条）の

存在が判明したときは，抹消した登記の回復を申請するべきではなく，改めて所有権の保存登記を申請する。これは，管海官庁の船舶原簿は既に抹消されており，船舶所有者は，所有権の保存登記をした後，登記事項証明書を管海官庁に提出して，船籍原簿に登録し，船舶国籍証書の交付を受けることになるからである。

　② 沈没船を引き上げて改装又は改造をしているときは，修繕費等を担保するために抵当権を設定することができる（昭 25.9.22 民事甲 2546 号民事局長通達）。この抵当権の登記は，改装又は改造地を管轄する登記所の登記簿に記録される。

　このような船舶の所有権の保存登記を申請する場合，船籍港がＡ登記所の管轄に属するときは問題ない。しかし，その登記に係る船舶の船籍港の所在地がＢ登記所の管轄に属するときは，遅滞なく，Ｂ登記所にその船舶の登記記録及び登記簿の付属書類又はその謄本を移送しなければならない（船登規則 44 条）。

（注２） この添付書面は，不登規則 55 条 1 項の「当該申請のためにのみ作成された書面」として取り扱うことは適当ではないので，原本還付をして差し支えない（令元.5.22 民事二発 18 号民事局第二課長通知）。したがって，同書面をその後の所有権の移転登記等を申請するときに提出することができる。

2:2:1:8　登録免許税

　船舶の所有権保存の登記の登録免許税の額は，登記申請時における船舶の価額を課税標準の価格とし（登税法 10 条 1 項），その 1000 分の 4 の税率により算定した金額である（登税法別表第一・二㈠船登規則 48 条，2:1:12:1）。**(注)**

① 数人の共有に属する船舶の場合，共有者は，船舶管理人を選任してその登記をするので（商法 697 条 1 項，3 項），船舶管理人の選任の登記の登録免許税（申請件数 1 件につき 3 万円）を納付しなければならない（登税法別表第一・三十㈠）。したがって，共有にかかる船舶の所有権の保存登記の申請については，所有権の保存登記についての登録免許税（定率課税）と，船舶管理人の選任の登記についての登録免許税（定額課税）を併せて納付

することになる。

(注)　一定期間内に新造した外航船舶の所有権の保存登記の登録免許税の軽減措置に
　　　関しては，租特法79条（1：4：1）を，特定国際船舶（海上運送法44条の2）
　　　の所有権の保存登記の登録免許税の軽減措置に関しては，租特法82条（1：4：
　　　3）を参照。

2:2:1:9　船舶の表示についての登記

　船舶の登記については，不動産登記の表題登記（不登法2条20号）に相当
する登記はなく，所有者が管海官庁に測度の申請をし（船舶法4条），その結
果を明らかにした船舶件名書の交付を受けた後，所有権の保存登記の申請を
することによって初めて登記簿に記録される。

　このため登記官は，所有権の保存登記をする場合は，職権で表題部に船舶
の表示について登記しなければならない（船登令15条）。

　登記官は，船舶の表示について登記をするときは，表題部に申請の受付年
月日を記録しなければならない（船登規則22条）。

2:2:1:10　登記がない船舶について所有権の処分制限の登記

　登記がない船舶について所有権の処分制限の登記をするときは，その前提
として登記官は，職権で表題部の登記事項を登記するとともに，所有権の保
存登記をしなければならない（船登令16条）。

① 　嘱託情報の内容

　　船名，船舶の種類等（船登令12条9号・11条1号〜5号）のほか，登記原因
　　及びその日付などである（同条6号〜10号，同令別表一・九）。

② 　添付情報

　　登税法別表一・七（イロハ）の情報は，裁判所があらかじめ確認をして
　　いるから（注），嘱託情報と併せて登記所に提供する必要はない。

　　代表者全員が日本人であることを証する情報（船登令13条1項4号）は，
　　日本船舶かどうかを証するために必要な情報であり，嘱託時に登記官が，

作成後3月以内（同条3項）の情報によって日本船舶であるか否かを確認する必要があるので，原則どおり嘱託情報と併せて登記所に提供する必要がある。

③ 登録免許税

仮処分の登記の場合は，債権金額がないから，船舶の価額を課税標準とし，その1000分の4とする（登税法別表第一・二㈤）。なお，差押え又は仮差押の登記の場合は，申立債権金額を課税標準とする。

④ 登記手続

登記官は，所有権の保存登記をするときは，権利部に，次の事項を記録しなければならない（船登規則23条1項）。

a 所有者の表示（1号）

b 所有者が2人以上のときは，各所有者の持分（2号）

c 処分の制限の登記の嘱託により所有権の登記をする旨（3号）

(注) 民事執行規則（以下「民執規則」という。）74条は，船舶執行の申立書には，同規則21条各号の事項のほか，船舶の所在する場所並びに船長の氏名及び現在する場所を記載し，執行力のある債務名義の正本のほか，「登記がされていない日本船舶については，船登令13条1項4号イからホまでに掲げる情報を記載した書面，同令別表一・七添付情報欄ロ及びハに掲げる情報を記載した書面及びその船舶が債務者の所有に属することを証する文書を添付しなければならない。」としている。

2：2：2 船舶の所有権の移転登記（船登令別表一・八，不登令別表三十）

① 船舶の所有権の移転登記（船登令3条1項1号）は，既登記の船舶について相続，売買その他の原因により所有権が移転した場合に，相続による場合の特例を別として，所有権の移転を第三者に対抗するためにする。すなわち，既登記船舶の所有権の移転は，登記をし，かつ，所有権が移転した日から2週間以内に船舶国籍証書（船舶法5条2項，2：1：10）に所有権の移

転を記録しなければ，第三者に対抗することができない（商法687条）。そして，船舶国籍証書の書換えの申請をした後でなければ，新所有者は，原則として，船舶を航行させることができない（船舶法6条ノ2）。この意味では，船舶の所有権の移転登記は強制されているといえる。

② 　船舶の所有権の移転登記は，船舶登記簿の権利部に登記された登記名義人（船登規則2条2項）である登記義務者（不登法2条13号）と，新所有者である登記権利者（同条12号）が共同で申請（同法60条）し，所有権の移転登記後に，その船舶の登記簿謄本，抄本（登記事項証明書）又は登記済証（登記識別情報）を添付して（船舶細則25条1項），管海官庁に対して，船舶国籍証書の書換えの申請（船舶法11条）をする。

③ 　船舶国籍証書の書換えは，船舶原簿の変更登録の申請と同時にしなければならないが（船舶細則31条），変更登録の申請書には，船舶の所有者に関する変更に係る新旧事項の事実なることを証する登記事項証明書を提供することとされている（同細則25条1項）。したがって，所有者の変更登録及び船舶国籍証書の書替えをするには，その前提手続として，船舶の所有権の移転登記をしなければならないのであり，船舶の所有権の移転登記は，事実上強制されているといえる。

④ 　船舶の所有者が死亡して，船舶が相続人の共有となるときなどは，所有権の移転登記と船舶管理人の選任の登記を併せ一の申請情報で申請しなければならない（商法697条，船登令12条7号）。

⑤ 　共有者のうちの一人が持分を譲渡する等により共有者の一部を異にすることになる場合にも新たに共有者となった者を含めた共有者全員で改めて船舶管理人を選任する必要がある。

　　したがって，譲渡の前後で同一人が船舶管理人となる場合も含め，持分の譲渡等に係る「所有権の登記」の申請の際には，船舶管理人の表示を申請情報の内容としなければならない。この場合に提供すべき登記原因を証する情報は，船舶管理人の選任に関する事項を内容とする。

2:2:2:1　申請人

　船舶の所有権の移転登記の申請人は，原則として，登記権利者（所有権を取得した者）と，登記義務者（登記簿上の所有権の登記名義人）との共同申請によるが（不登法60条），相続又は判決による登記については，登記権利者のみで申請することができる（同法63条）。

　なお，所有権を取得した登記権利者が数人の場合，一般的には，保存行為（民法252条ただし書）として共有者の一人が登記権利者として申請することができるが，併せて船舶管理人の選任登記を申請する必要があるので，選任の真正を証するため，全員が登記権利者として申請すべきものと解する。

　すなわち，登記権利者が数人の場合，船舶は共有となるから，所有権の移転登記の申請情報として，共有者が選任した船舶管理人の表示をして，船舶管理人の選任登記も併せ申請すべきである。ただし，判決による登記を数人の登記権利者が単独で申請する場合は，所有権の移転登記の申請を命ずるだけで，船舶管理人の選任登記の申請について触れることがないのは当然である。船舶管理人の選任の登記は，登記義務者には申請義務がないからである。

2:2:2:2　申請情報の内容

　船舶の所有権の移転登記の申請情報の内容は，次のとおりである（船登令12条）。

① 　申請人の表示（1号）

　　申請人として，登記権利者（所有権の全部又は一部を取得する者）及び登記義務者（所有権の全部又は一部を失う者）を表示する。相続による場合は，相続により船舶（又はその共有持分）を取得した者を表示し，被相続人の氏名を冠記する。

　　判決により登記権利者のみで申請するときは（不登法63条1項），申請人として登記権利者を表示し，登記義務者の表示を別記する。

　　相続又は法人の合併による登記は，登記権利者が単独で申請することができる（同条2項）。

　　登記権利者が2名以上のときは，共有者の各持分を記載すべきであるが

（船登令35条・不登法59条4号），この持分の記載は，登記権利者である各共有者の表示に冠記するのが相当である。

② 申請人が法人であるときは，代表者の氏名（2号）

③ 代理人によって登記を申請するときは，代理人の表示並びに代理人が法人であるときは代表者の氏名（3号）

④ 民法423条その他の法令の規定により他人に代わって登記を申請するときは，申請人が代位者である旨，他人の表示並びに代位原因（4号）

⑤ 会社のすべての代表者その他の業務を執行するすべての役員及び会社以外の法人のすべての代表者の氏名（及び住所）（8号（イ）（ロ））

　所有権の移転登記の権利者が会社等の法人であるときは，株式会社については取締役又は代表取締役（会社法349条），持分会社（合名会社，合資会社及び合同会社）については社員（同法590条）又は業務執行社員（同法591条），その他の法人については理事の氏名（及び住所）を記載する。

　船舶の登記は，日本船舶（船舶法1条）を対象とし，代表者については全員が，また，その他の業務を執行する役員については，それらの者の3分の2以上が日本人であること（同条3号，4号）が日本船舶の要件となっているからである（昭37.5.14民事甲1350号民事局長通達）。

⑥ 所有者が2名以上であるときは，その者ごとの持分（不登令3条9号）

⑦ 申請人が相続人その他の一般承継人（不登法62条）であるときは，その旨（不登令3条11号ロ）

⑧ 船舶が2人以上の者の共有に属するときは，船舶管理人の表示（7号）

⑨ 登記の目的（5号）

　「所有権移転」と記載する。ただし，次のとおり記載する。

　a 単有名義の所有権の一部の移転登記の場合（例えば，甲の所有権の一部を乙に移転して甲乙の共有とする場合）は「所有権一部移転」

　b 共有持分の全部移転の場合（例えば，甲乙共有の船舶につき，乙の持分を甲又は丙に移転する場合）は「何某持分全部移転」

　c 共有持分の一部移転の場合は「何某持分一部移転」

 d　共有者の各持分の一部移転の場合は「何某持分何分の何，何某持分何分の何移転」

 e　共有名義を単有名義とする移転の場合は「共有者全員持分全部移転」

　なお，単有の船舶が共有となる場合又は共有船舶の共有者が変動する場合は，船舶管理人の選任の登記を一の申請情報で申請することを要するので（⑪），登記の目的として「所有権移転」のほか，「船舶管理人選任」又は「船舶管理人変更」の旨を併せて記載する。船舶管理人が従前どおり選任される場合でも，改めて船舶管理人の選任の登記を併せて申請しなければならない（昭 29.12.28 民事甲 2763 号民事局長回答）。

⑩　登記原因及びその日付（6 号）

　「売買」又は「相続」等のように，船舶の所有権の移転の原因である法律行為又は法律事実（時効取得等）と成立の日付を記載する。併せて船舶管理人の登記を申請する場合は，登記原因及び日付を記載する必要はない。

⑪　船舶が共有の場合の船舶管理人の表示（7 号）

　船舶が共有となる場合，共有者は，共有者の多数決により船舶管理人を選任する必要があり，共有者でない第三者を船舶管理人とするには，共有者全員の同意を必要とする（商法 697 条 1 項，2 項）。

　船舶管理人の選任は，登記しなければならず（同条 3 項），共有となる船舶の所有権の移転登記と一の申請情報により申請する。

　なお，甲単有の船舶を甲乙又は乙丙の共有とする場合のみならず，甲乙共有の船舶について乙の持分を丙に移転する場合又は甲乙の持分をすべて丙丁に移転する場合のように，従前の共有者と移転の登記後の共有者の全部又は一部が同一でない場合は，改めて船舶管理人を選任すべきであり，仮に従前の船舶管理人と同一人が新たに船舶管理人に選任された場合にも，改めて，船舶管理人の選任の登記を申請しなければならない。

⑫　登記の申請年月日及び管轄登記所の表示（不登規則 34 条 1 項 7 号，8 号）

⑬　課税標準及び登録免許税額（船登規則 48 条，登税法別表第一・二㈡，2：1：12：1）

　　登録免許税額は，移転の原因により異なり，船舶の価額の 1000 分の 4
（イ），20（ロ），28（ハ）である。

　　なお，所有権の移転により，単有の船舶が共有となる場合又は共有船舶
の共有者が変動する場合は，船舶管理人の選任の登記を所有権の移転登記
と併せて一の申請情報で申請する必要があるが（⑪），この場合には，船
舶管理人の選任の登記の登録免許税 3 万円（登税法別表第一・三十㈠）を併せ
て納付しなければならない。

⑭　添付情報の表示（不登規則 34 条 1 項 6 号）

⑮　船舶の表示（船登令 11 条，2：2：1：4⑫）

　　所有権の移転登記を申請する船舶を表示するが，その表示としては，a
船舶の種類及び名称，b 船籍港，c 船質，d 総トン数を記載する。

　　これらの事項に変更が生じ，又は登記簿上の記録事項に誤りがあるため，
登記簿上の記録事項と符合しないときは，所有権の移転登記の申請をする
前提として，船舶の表示の変更更正登記を申請する必要がある。

2：2：2：3　添付情報

①　登記原因を証する情報（船登令別表一・八添付情報イ）

　　船舶の所有権の移転原因が生じたことを証する書面，例えば，売買契約
書を添付する。判決による登記申請の場合は判決正本（確定証明付）を，
相続による場合などのように書面がない場合は申請書の写しを添付する。

②　相続又は法人の合併を証する情報（船登令別表一・一）

　　相続又は法人の合併を証する市町村長，登記官その他の公務員が職務上
作成した情報（公務員が職務上作成した情報がない場合は，これに代わる
べき情報）及びその他の登記原因を証する情報を添付する。（**注 1**）

③　登記義務者の登記識別情報（不登法 22 条）又は登記済証（船登令附則 6 条・
不登法附則 6 条 3 項）

④　登記権利者の住所を証する情報（船登令別表一・八添付情報ロ）

　　登記名義人となる者の住所を証する市町村長，登記官その他の公務員が
職務上作成した情報（公務員が職務上作成した情報がない場合は，これに

代わるべき情報），登記権利者が自然人であればその者の住民票の写し又
は戸籍の附票，会社等の法人であれば登記事項証明書を添付する。

⑤　登記権利者が会社であるときは，会社のすべての代表者及び業務執行役
員の３分の２以上が日本人であることを証する情報（船登令13条１項４号ハ）

　　船舶の所有権の移転又は所有権の一部移転登記を申請する場合は，登記
権利者（所有権又はその一部を取得した者）（登記権利者が船舶法１条３
号又は４号の会社等の法人であるときは，同条第３号又は４号に掲げる者
の全員）が日本人であることを証する情報を添付する。(注２)

　　この情報としては，住民票の写し又は戸籍簿の抄本等を添付し，株式会
社の場合は，代表取締役から，代表取締役以外の取締役について申請情報
に掲げられた者がその謄本等に記載してある者と同一人である旨の疎明の
書面を併せ添付するが（昭38.5.30民事甲1574号民事局長通達），他の法人に
ついても，同様の取扱いをすべきであろう。

　　なお，登記権利者が個人の場合に，住民票の写しを添付したときは，④
の住所を証する情報（住所証明書）に兼ねさせて差し支えなく，また，日
本の官庁又は公署が登記権利者であるときは，この情報を添付する必要は
ない。

⑥　登記義務者の印鑑証明書（不登令16条２項）

　　相続（又は一般承継）又は判決による登記申請の場合を除き，所有権の
移転登記は，所有権の登記名義人が登記義務者として申請するから，その
者の印鑑証明書を添付する。所有権の登記名義人が会社等の法人の場合は，
代表者が登記所の証明を得た印鑑を提出すべきである。この印鑑証明書は，
作成後３月以内のものでなければならない（船登令13条３項）。

　　もっとも，所有権の登記名義人が会社等の法人であり，所有権の移転登
記を申請する登記所が代表者の印鑑を提出してある登記所と同一であって，
法務大臣が指定した登記所以外のものである場合などは，印鑑証明書を提
出する必要はない（不登規則48条１項１号）。

⑦　船舶明細書（船登規則48条２項，2:1:12:1②）

　　船舶の所有権の移転登記の登録免許税の課税標準（船舶の価額）が適正であることを審査するために，船登規則 48 条 2 項各号の事項を記載した書面を添付する。この書面には，造船者等の記載事項に相違ない旨の証明が付されている必要がある。

⑧　代理権限を証する情報（船登令 13 条 1 項 2 号）

　　登記権利者又は登記義務者が代理人によって申請する場合は，代理人の代理権限を証する書面（委任状等）を添付する。

　　会社その他の法人が登記権利者又は登記義務者である場合は，代表（代理）権限を証する書面として，会社登記簿，法人登記簿の抄本等を添付しなければならない。

（注 1 ）「及びその他の登記原因を証する情報」と規定しているが（登税法別表第二・三及び不登令別表二十二も同じ），「又は」と表記すべきであろう。イ及びロの情報が必要という趣旨ではない。

　　　　　　もっとも，所有権の移転登記（登税法別表第一・一㈡）には「その他の登記原因を証する情報」という記述自体がない。

（注 2 ）　判決による登記については，登記権利者は，その訴訟において船舶の所有権を取得した者が日本人であること，登記権利者が法人の場合は，役員全員が日本人であることを主張，立証すべきであって（船舶が日本船舶でないときは，所有権の移転登記を請求することができない。），そのことが肯認されて，はじめて判決による所有権の移転登記の申請を命ずるのであるから，日本人であることを証する情報（船登令 13 条 1 項 4 号）の添付は必要でないと考える（精義 2220）。

2:2:2:4　登録免許税

①　船舶の所有権の移転登記の登録免許税は，それぞれの登記原因により，船舶の価額の 1000 分の 4,20 又は 28 である（登税法別表第一・二㈡イロハ）。

②　課税標準の価格である船舶の価額（2:1:12:1）は，登記の時の価額で

あり（登税法10条1項），所有権の一部移転のときは，移転する持分に相当する船舶の価額を課税標準とする（同条2項）。

③　船舶の所有権の移転により，単有の船舶が共有となる場合又は共有船舶の共有者が変動する場合は，船舶管理人の選任登記を所有権の移転登記と併せて同一の申請情報により申請しなければならないので（2：2：2：2⑪），船舶管理人の選任登記の登録免許税（3万円）を併せて納付する（登税法別表第一・三十㈠）。

すなわち，単有船舶が共有となる場合の登記の申請については，船舶管理人の選任の登記の登録免許税（申請件数1件として，3万円）を納付する。

共有船舶の共有者が変動する場合の登記の申請については，船舶管理人の選任及び従前の船舶管理人の代理権の消滅の登記の登録免許税（申請件数2件として，6万円）（登税法18条，昭42.7.26民事三発794号民事局第三課長依命通知）を納付し，この場合の所有権の移転登記については，所有権の移転登記の登録免許税（定率課税）と，船舶管理人に関する登記の登録免許税（定額課税）を併せて納付する。

④　所有権の移転の仮登記又は所有権の移転請求権の保全のために仮登記がされている登税法別表第一・二に掲げる船舶については，これらの仮登記に基づき所有権の移転登記を受ける場合，登録免許税の税率は，同号㈡の税率欄に掲げる割合から1000分の4を控除した割合とする（登税法17条2項）。

⑤　同一の申請書により数隻の船舶について登税法別表第一・二に掲げる登記をする場合に，登録免許税が船舶の価額を課税標準とするものであるときは，課税標準の額は，その船舶の価額の合計額とする（登税令7条）。

2：2：2：5　管海官庁への通知

所有権の移転登記等をしたときは，船舶登録の登録事項である所有者に変更が生ずるから，登記官は，船籍港を管轄する管海官庁にその旨を通知しなければならない（船登令17条，船登規則24条）(注)。登録事項が変更したとき

は，別途，船舶の所有者がその事実を知った日から２週間以内に変更の登録
をすることによってされる（船舶法10条）。また，船舶所有者は，２週間以内
に船舶の登記事項証明書を添付して（船舶細則25条），船舶国籍証書の書換え
を申請しなければならない（船舶法11条）。

(**注**)　管海官庁は，この通知により所有者の変更登録がされることを知り，また，前
　　　所有者による所有者以外の登録事項の変更があった場合において，その登録の適
　　　否の審査を容易にすることができる。したがって，この通知は，遅延しないよう
　　　厳に留意しなければならない（昭40.3.27民事甲659号民事局長通達）。
　　　　なお，旧船登規則3条は，通知すべき場合を「所有権移転ノ登記ヲ為シタルト
　　　キ」としていたが，それ以外の所有権の登記（所有権の保存登記を除く。）をし
　　　た場合にも船舶登録の登録事項である所有者に変更が生ずるため，通知すべき場
　　　合を「船舶について所有権の保存の登記以外の所有権の登記をしたとき」に変更
　　　している（船登令17条）。

2：3　船舶の表題部の変更更正の登記

2：3：1　船舶の表題部及び船舶原簿

① 　船舶の表題部の登記

　　船舶の表示として，「船名，船舶の種類，船籍港，船質，総トン数，機
関の種類及び数，推進器の種類及び数，帆装」のほか，進水の年月，国籍
取得の年月日（及び申請の受付年月日（船登規則22条）が記録されるが（船
登令11条）），これらの表題部の登記は，所有権の保存登記をする場合に，
登記官が職権で登記する（同令15条）。

② 　船舶原簿の変更登録

　　①のうち「　　」の表示事項に変更が生じたとき並びに総トン数に変更を
生じたと認めたとき（総トン数の測度の変更，船舶法9条，船舶細則8条ノ
2）及び船籍港を変更するとき（同細則20条）は，船舶の所有者は，その

事実を知った日から2週間以内に，船籍港を管轄する管海官庁に対し，船舶原簿の変更登録を申請しなければならない（船舶法10条）。

③ 表題部の変更登記

　管海官庁は，船舶原簿の変更登録をした場合は，遅滞なく，表題部の変更登記を従前の船籍港の所在地を管轄する登記所に嘱託しなければならない（船登令23条1項〜3項）（注）。嘱託に基づく登記の事務は，変更前の登記所（申請を受けた登記所）がつかさどる。船登令4条による管轄登記所の例外規定である。

④ 表題部の更正登記

a　管海官庁は，嘱託した登記事項に関する登記に錯誤又は遺漏（登記官の過誤によるものを除く。）があることを発見したときは，遅滞なく，更正登記を登記所に嘱託しなければならない（船登令23条5項）。

b　所有権の登記名義人は，登記官が職権で表題部にした登記に錯誤又は遺漏があるとき（登記官の過誤によるものを除く。）は，遅滞なく，更正登記を登記所に申請しなければならない（同条4項）。

c　bの場合，一義的には，所有者が更正登記を申請すべきであるが，管海官庁が更正すべき登記事項があることを把握している場合は，登記の公示制度としての正確性を確保し，取引の安全を期するために，所有者の申請を待たずに，更正登記を嘱託することができると考える（改正不登法と登記実務559）。

⑤ 船籍港の変更の登録申請及び登記の嘱託

a　船籍港の所在地が他の登記所の管轄地内に移転したときは，船舶の所有者は，2週間以内に船籍港を管轄する管海官庁に対し，変更の登録申請をしなければならない（船舶法10条，船舶細則20条1項）。

b　管海官庁は，旧船籍港の管轄登記所に船籍港の変更登記を嘱託し（船登令23条2項），登記所は，船籍港の変更登記をしたうえで，新船籍港の所在地を管轄する登記所に船舶の登記記録及び登記簿の附属書類又はその謄本を移送しなければならない（船登規則37条）。船舶の所有権の移転

登記がされているため，船籍港を異にするときは，船籍港の変更登記を申請する必要がある。

(注)　旧船登規則（21条）は，表題部の登記事項に変更を生じた場合は，船舶の登記名義人が遅滞なく変更登記を申請しなければならないとしていた。

2：3：2　表題部の変更登記の嘱託手続

船籍原簿変更に基づく変更登記手続は，次のとおりである。

2:3:2:1　嘱託情報の内容（船登令12条，36条）

① 嘱託者

「○○運輸局長　国土交通事務官（技官）　何某」

② 登記の目的（船登令12条5号）

「船舶表示変更（又は更正）」と記載し，登記の目的の一部として，変更（又は更正）後の事項を別記する。

③ 登記原因及びその日付（6号）

登記原因及びその日付として，変更の原因である事実行為又は法律事実（a）並びに変更後の事項（b）と変更を生じた日を記載する。次のとおりである。更正登記の場合は，登記原因を「錯誤（又は遺漏)」と記載し，日付を記載する必要はない。

	原因	変更後の事項
a	改造	推進機関の種類及び数　発動機何個 船舶の種類　帆船
b	船名変更	船舶の種類及び名称　汽船何丸（注1）
c	船籍港変更	船籍港　何県何市
d	改測	総トン数　何トン（注2）
e	改装	機関の種類及び数　発動機何個
f	帆装撤去	船舶の種類　汽船

④ 登記の嘱託年月日及び登記所の表示（不登規則34条1項7号，8号）

⑤　添付情報の表示（不登規則34条1項6号）

⑥　課税標準及び登録免許税額（登税法別表第一・二㈣）

　　船舶の表示の変更更正登記の登録免許税は，船舶1隻につき1,000円である。

⑦　船舶の表示（船登令11条，2：2：1：4⑫）

　　船舶の表示として，変更（又は更正）前の船舶の表示をする。

（注1）　従来，船舶の名称の変更については運輸局長の許可が必要であったが（平成6年法律第97号による改正前の船舶法8条，平成6年運輸省令第51号による改正前の船舶法施行細則18条・19条），規制緩和の一環として許可を要しないこととされた。

　　　　なお，「CP8」という船名の登記の申請があった場合は，かな文字又は漢字に引き直すことなく，そのまま登記簿に記載して差し支えないとの先例があるが（昭25.11.21民事甲3026号民事局長通達），船名は国字を用いるのが原則である。

（注2）　船舶の所有者が船舶を修繕した場合において，その総トン数に変更が生じたと認めるときは，船籍港を管轄する管海官庁に総トン数の改測を申請しなければならない（船舶法9条）。船舶測度官は，その申請に基づき，臨検（実測のため船舶に立ち入ること）して，船舶件名書及び総トン数計算書を作成する（船舶細則12条）。

　　　　ところで，船舶のトン数の測度に関する法律の施行（昭和57年7月18日）前は，船舶の大きさを表わす指標として「総トン数及び純トン数」が用いられ，登記事項とされていたが，上記法律の施行後は，総トン数に一元化され，「純トン数」は登記事項ではなくなった。そこで，総トン数の変更登記の申請に基づき登記をしたときは，変更前の総トン数の表示とともに，純トン数の表示をも朱抹し，また，既登記船舶について登記事項を移記するときは，純トン数は移記しないことになった（昭57.8.19民事三発5159号民事局第三課長通知）。

2:3:2:2　添付情報

① （嘱託書の写し）

② 船舶原簿の登録事項証明書

　　船舶原簿の登録事項証明書を添付することを定めた規定はないが，登記事項の正確性を担保するため同証明書を添付するのが相当である。

③ （代理権限を証する情報）

2:3:2:3　登記手続

① 登記官が，表題部の変更更正登記をするときは，表題部に，申請の受付年月日及び変更更正後の登記事項を記録し，かつ，変更更正前の登記事項を抹消する記号を記録しなければならない（船登規則36条）。

② 登記官は，船籍港の変更登記をしたときは，変更後の船籍港の所在地を管轄する登記所にその登記に係る船舶についての登記記録及び登記簿の附属書類又はその謄本（送付すべき登記嘱託書に他の船舶に係る記載がされているため，嘱託書原本を送付できない場合などに）を移送しなければならない（船登規則37条）。

2:3:3　表題部の更正登記の申請手続

① 所有権の保存登記の申請の錯誤又は遺漏のため，表題部の登記事項に錯誤又は遺漏が生じているときは，登記官の過誤による場合を除き，所有権の登記名義人は，更正登記を登記所に申請しなければならない（船登令23条4項）。

　　この場合は，一義的には，所有者が更正登記を申請すべきであるが，管海官庁が更正すべき登記事項があることを把握している場合は，登記の公示制度としての正確性を確保し，取引の安全を期するため，所有者の申請を待たず，更正登記を嘱託しなければならないとしている（同条5項）。

② 管海官庁は，船舶の変更登録をした場合に，変更に係る事項が船舶の表題部の登記事項である場合は，変更登記を登記所に嘱託しなければならないが（船登令23条1項，2項，2:3:1③），これにより変更登記を嘱託した表題部の登記事項について管海官庁が錯誤又は遺漏を発見したときは，登

記官の過誤による場合を除き，更正登記を嘱託しなければならない（同条5項）。

③　登記手続は，2：3：2：3①参照。

　登記官は，表題部の変更更正の登記をするときは，表題部に，申請の受付年月日及び変更更正後の登記事項を記録し，かつ，変更更正前の登記事項を抹消する記号を記録しなければならない（船登規則36条）。

2：4　船舶管理人に関する登記

2：4：1　船舶管理人

　登記をすることのできる船舶が共有である場合，共有者は，共有者の一人又は共有者でない第三者を船舶管理人として選任しなければならない（商法697条1項）。

　船舶管理人は，原則として，共有者全員に代わって船舶の利用に関する一切の裁判上又は裁判外の行為をする権限を有する。ただし，船舶の譲渡若しくは賃貸又は抵当権の設定，船舶を保険に付すこと，新たに航海をすること，船舶の大修繕，借財をすることの権限はない（同法698条1項）。船舶管理人の代理権の制限は，その登記をしない限り，善意の第三者に対抗することができない（同条2項）。

2：4：2　船舶管理人の選任

　共有船舶については，船舶管理人を選任しなければならないから，船舶が原始的に共有である場合及び単有船舶が共有となった場合は，船舶管理人を選任する。

　共有者を船舶管理人とする場合は，共有者の持分の価格に従い，その過半数をもって決し（商法692条），共有者でない者を船舶管理人とする場合は，共有者全員の同意を必要とする（同法697条2項）。

　甲乙が共有する船舶について共有者の一人（甲又は乙）が船舶管理人である場合において，甲又は乙の共有持分の全部又は一部を丙又は丙，丁に譲渡し，船舶の共有者の全部又は一部を異にするに至ったときは，従前の船舶管

理人甲又は乙の代理権は当然に消滅し，甲若しくは乙，丙又は甲，乙，丙，
丁等の共有者又は共有者でない第三者を新ためて船舶管理人に選任する必要
がある。従前の船舶管理人である甲又は乙を船舶管理人とするときも，改め
てその選任をする必要がある。

2：4：3　共有船舶の法律関係

①　船舶管理人を選任する前の共有船舶について，船舶の利用に関する事項
　は，各共有者の持分の価格に従い，その過半数をもって決し（商法692条），
　船舶管理人の選任後は，船舶管理人が権限を有する（同法698条1項）。

②　船舶の利用について生じた債務は，各共有者の持分の価格に応じて分担
　し，弁済の責めを負う（商法695条）。船舶共有者が新たに航海をし，又は
　船舶の大修繕をすることを決議した場合に，その決議に異議のある者は，
　他の共有者に対して，相当の代価で自己の持分を買い取ることを請求する
　ことができる（同法694条1項）。

③　船舶共有者は，組合関係にある場合でも，他の共有者の承諾を得ないで，
　持分の全部又は一部を他人に譲渡することができる。ただし，船舶管理人
　である共有者は，共有持分の全部又は一部を他人に譲渡するときは，他の
　共有者の承諾を必要とする（商法696条）。

2：4：4　船舶管理人に関する登記

①　船舶を数人で共有する場合，所有権の保存登記は，共有者全員で申請し
　なければならない（船登令14条2項）。

　　不動産登記の実務においては，共有者の一人又は数人は，民法252条た
　だし書により，共有物の全部について所有権の保存登記を申請することが
　できると解されている（明33.12.18民刑1661号民刑局長回答）が，共有の船
　舶について所有権の保存登記を申請する場合は，船舶管理人の表示を申請
　情報の内容としなければならない（船登令12条7号）から，不登法65条の
　共有物分割禁止の定めの登記等と同様のいわゆる合同申請の考え方により，
　船舶管理人の選任の真正を担保するために，共有者全員によって申請しな
　ければならないとしている。

　なお，２人以上の者が登記権利者となる所有権の移転登記の申請については，当然に，登記権利者である共有者全員が申請人となることから，本項と同様の規定を設ける必要はない。

②　①の場合は，船舶管理人を選任しなければならない（商法697条1項）。船舶管理人は，原則として，共有者のうちから選任する（同条2項）。

③　船舶管理人の選任及びその代理権の消滅は，登記をしなければならない（商法697条3項）。

④　船舶管理人に関する登記としては，船舶管理人の選任の登記，船舶管理人の変更登記，船舶管理人の抹消登記のほか，船舶管理人の表示の変更更正登記がある。

2:4:4:1　船舶管理人の選任の登記申請手続

①　共有船舶について所有権の保存登記を申請する場合及び既登記の船舶について共有名義となる所有権の移転登記又はその他の所有権に関する登記を申請する場合は，同時に船舶管理人選任の登記を申請しなければならないから，船舶管理人の表示を申請情報の内容とする（船登令12条7号）。この申請情報に基づき所有権の登記をする場合は，船舶管理人の選任登記をしなければならない（同令19条）。

　船舶が共有の場合，共有者は，船舶管理人の選任及びその登記の義務を負い，しかも，その登記は，可及的速やかにされることが望ましい。そこで，船登令は，選任の登記の申請手続を簡易化するため，同令19条において，共有関係となる「所有権の登記」をする場合は，船舶管理人の選任の登記をしなければならないとしている。（注1）

　この場合の「所有権の登記」とは，所有権の保存登記，所有権の移転登記のほか，所有権の登記の抹消，抹消された所有権の登記の回復及び所有権の登記の更正を含むと解する。

②　船舶管理人の氏名等が申請情報の内容となっているとき（共有船舶についての所有権の保存登記の申請等）は，登記官は，申請に係る所有権の保存登記等をする際に，船舶管理人の選任の登記をしなければならない。こ

の場合，申請の受付年月日及び受付番号（船登令18条2号）は，所有権の保存登記の申請等の受付の年月日及び受付番号を登記する。

　すなわち，次の場合には，船舶の共有の所有権の登記がされるので，申請情報の内容として，選任された船舶管理人を表示し，船舶管理人の選任の登記を申請しなければならない。船舶の共有者が従前の船舶管理人と同一人を船舶管理人に選任したときでも，改めて船舶管理人とする選任の登記を申請すべきである。

a　所有権の保存登記を数人の共有名義で申請するとき

b　甲名義の所有権の登記について，所有権の一部の移転登記を申請するとき

c　甲乙共有の登記について，甲又は乙の持分の一部を丙に移転する登記を申請するとき

d　甲乙共有の登記の各持分の全部を丙に移転して丙の単有となった所有権の登記を抹消する登記（甲乙の共有となる。）を申請するとき

e　甲乙共有の所有権の登記が抹消され，丙単有の所有権の登記となった後，抹消された甲乙の所有権の登記を回復する登記を申請するとき

f　甲単有の所有権の登記を更正して甲乙共有とする登記を申請するとき

③　船舶管理人の代理権の制限

　船舶管理人の代理権に加えた制限（商法698条2項）は，制限の登記がされないときは，善意の第三者に対抗できない。しかし，商法697条3項の「代理権の消滅」には，代理権の一部の消滅，すなわち，代理権の制限が含まれていると解すべきであり，その代理権の制限を登記する手続規定は明文上存在しないが，代理権の制限を登記することができると解する。例えば，「船舶管理人の代理権制限　裁判上の行為はすることができない。」とする見解がある（書不2261）。

④　船舶管理人の定めがある甲，乙共有の船舶について所有権を丙，丁に移転したが，前の船舶管理人が引き続きその船舶の管理人となった場合にも，代理権は消滅するので，選任の登記をすべきである（昭29.12.28民事甲2763

号民事局長回答）。

⑤　船舶管理人の登記の登記事項は，次のとおりであり（船登令18条），船舶管理人部（登記記録の丙区）に記録する（船登規則2条3項）。

　　a　登記の目的（船登令18条1号）

　　b　申請の受付年月日及び受付番号（2号）

　　c　船舶管理人の氏名又は名称及び住所（以下「船舶管理人の表示」という。）表示（3号）

⑥　船舶管理人の選任についての登録免許税は，3万円である（登税法別表第一・三十㈠）。**（注2）**

　（注1）　船登令19条の趣旨は，共有関係となる「所有権の登記」と船舶管理人の選任の登記の2つの登記を一の申請情報で申請するべきとするのではなく，共有となる「所有権の登記」により当然必要とされる船舶管理人の表示を付随的に申請情報の内容とし，それに基づいて登記官が職権による登記に準じて，船舶管理人の選任の登記をするという趣旨であると解するのが相当であろう（精義2231）。

　（注2）　船舶管理人の登記の登録免許税は，登税法別表第一の「二　船舶の登記」ではなく，「三十　船舶の管理人の登記㈠㈡」で規定されているので，注意が必要である。

2:4:4:2　船舶管理人の氏名等の変更更正登記

　船舶管理人の氏名等の変更更正登記は，船舶管理人が申請しなければならない（船登令20条，同令別表一・十）。

①　申請情報

　　変更後又は更正後の船舶管理人の表示

②　添付情報

　　船舶管理人の表示についての変更又は錯誤若しくは遺漏があったことを証する市町村長，登記官その他の公務員が職務上作成した情報。公務員が

職務上作成した情報がない場合は，その公務員に代わるべき者が作成した情報

③　登録免許税

　　1件について6千円である（登税法別表第一・三十㈡）。

④　登記手続

　　この登記は，付記登記によってする（船登規則34条）。

2:4:4:3　船舶管理人の変更登記

　船舶管理人の変更登記は，船舶の共有者であるすべての登記名義人が共同で申請しなければならない（船登令21条，同令別表一・十一）。船登令14条2項（2:4:4）と同趣旨の規定である。

①　申請情報

　　新たに選任された船舶管理人の表示

②　添付情報

　　登記原因証明情報がある。各申請人においてその事実を証する情報を提供すべきであるが，船登令（別表一・十一の添付情報欄）には，規定されていない。

③　登録免許税

　　1件について3万円である（登税法別表第一・三十㈠）。（注1）

④　登記手続

　　船舶管理人の変更登記は，付記登記によってする（船登規則35条）。（注2）

（注1）　船舶管理人の更迭登記の登録免許税は，旧船舶管理人の代理権の消滅の登記と新船舶管理人の選任登記の各登録免許税合計6万円を納付すべきものとされているが（昭42.7.26民三794号民事局第三課長依命通知一・4ハ），代理権の消滅登記は，登記官の職権によるから，選任登記の登録免許税のみを納付すれば足りると解すべきであろう（精義2233）。

（注2）　旧船登規則（35条1項）は，「船舶管理人の更迭の登記は，付記登記によっ

てするものとする」とし，この場合の申請人が所有権（共有権）の登記名義人（全員）であることから，この登記は，船舶の「所有権の登記」を申請する場合に併せて申請される船舶管理人の選任の登記と異なり，船舶の共有者が先に選任した船舶管理人を解任し，又は船舶管理人が死亡して新たに船舶管理人を選任した場合の登記を指称するとしていた。しかし，船舶管理人の変更登記（35条）と別に定める理由はないことから，船登規則の全面改正（平20省令69号）により削除されたようである。

2:4:4:4　船舶管理人の登記の抹消

① 船舶管理人は，船舶の所有関係が共有の場合に選任される（商法697条1項）から，船舶の所有者が一人になったときは，船舶管理人の権限は消滅する。すなわち，所有権の移転登記，所有権の一部の移転登記の抹消又は所有権の更正登記により，船舶の所有権の登記名義人が一人になったときは，登記官は，職権でこれを抹消しなければならない（船登令22条）。

② これにより，従前の船舶管理人の代理権は消滅するから，代理権の消滅登記（商法697条3項）が必要となる。しかし，この代理権の消滅登記は，「所有権の登記」及び「船舶管理人の選任の登記」と併せて申請すべきかであるが，登記官が職権で従前の船舶管理人の記録の抹消登記をしなければならないとされているから（昭29.12.28民事甲2763号民事局長回答），代理権の消滅登記の申請をする必要はない。

③ 甲（持分3分の2），乙（持分3分の1）が共有する船舶について，甲の持分の一部を乙に移転する登記により，甲の持分3分の1，乙の持分3分の2となる場合，共有者には変更がないから，従前の船舶管理人の代理権は消滅することなく船舶管理人であり続けるか。それとも，船舶管理人の選任は，共有者を選任するときは，共有者の持分の価格に従い，その過半数をもって決するから（民法252条本文），共有者間の持分の譲渡により過半数の関係に変更が生じたときは，共有者である従前の船舶管理人の代理権は消滅し，改めて船舶管理人の選任をしなければならないか。

　　船舶管理人の権限とその選任が共有者に義務付けられていることを考えれば，選任の根拠となる法律関係の変更（共有者の変更はもちろん，その共有持分の変更）が生じたときは，従前の船舶管理人の代理権は消滅し，改めて選任をしなければならないと解すべきである。ただし，共有者に変更がない場合に，共有者でない第三者が船舶管理人であるときは，その代理権は消滅しない。

2：5　船舶の抵当権又は根抵当権に関する登記

①　船舶について登記することができる権利は，所有権，抵当権（根抵当権を含む。）及び賃借権であり，これらの権利の保存，設定，移転，変更，処分の制限及び消滅について登記する（船登令3条1項）。

　　船舶は，製造し，又は購入するために高額な費用を要するほか，船舶の艤装や運行にも多額の費用を要する。そこで，これらの費用の調達方法等を考慮して，船舶は動産ではあるが，登記された船舶を目的として，抵当権を設定することができるとしているのである（商法847条1項）。

②　船舶が共有の場合は，共有者の一人又は第三者を船舶管理人として選任しなければならないが（商法697条1項，2項），船舶の各共有者は，共有が組合関係にある場合でも，他の共有者の承諾を得ないで，持分の全部又は一部を他に譲渡することができるから（同法696条1項），船舶の各共有者は，その持分について抵当権を設定することもできる。

　　しかし，船舶管理人である共有者は，持分の全部又は一部を他に譲渡するときは，他の共有者の承諾を必要とするとされ（同条2項），また，船舶管理人が自己の持分に抵当権を設定し，その登記を申請する場合は，他の共有者の承諾書を提供しなければならないと解する（昭41.5.25民事三発484号民事局第三課長回答，不登令7条1項5号ハ）。

③　船舶の抵当権には，不動産の抵当権に関する規定を準用している（商法847条3項本文）。そこで，同一債権を担保するために不動産と船舶について抵当権を設定した場合に，民法392条の適用があるかという問題がある。

　民法392条の共同抵当権とは,「同一の債権」の担保として「数個の不動産」の上に設定された抵当権のことをいい,「数個の不動産」とは,土地及び建物のほか,法律上一個の不動産とみなされる立木法にいう立木,工場財団その他の財団をいう。これに対して,登記船舶,鉄道財団及び自動車抵当権については共同抵当関係は成立しないのである（我妻・新訂担保物権法429）。同一債権のために登記船舶と不動産の上に抵当権が設定されても,後順位抵当権者との利害の調整が図られていないわけである。

　もっとも,同一債権を担保するため,不動産と船舶に抵当権の設定登記をする場合に,同時に申請すれば,1個の抵当権の設定登記とみなされ,債権金額の1000分の4の登録免許税を納付すれば足りる（登税法13条1項）。ただし,根抵当権については,「設定と同時に同一の債権の担保として数個の不動産の上に根抵当権が設定された旨を登記した場合に限り」,共同根抵当として取り扱うことができるため（民法398条の16）,不動産と船舶の場合は,共同根抵当権が成立する余地がなく,登税法13条1項を適用する余地はない。

④　不動産について抵当権設定登記後,同一の債権を担保するため,船舶を追加担保として抵当権を設定した場合は,前述③のとおり,共同抵当関係は成立しないから,追加登記の申請情報には,前の登記を表示する事項（不登令別表五十五ハ）は記載すべきではなく,また,登記の目的及び登記原因についても「追加担保」の旨を記載することはない。ただし,登録免許税については,登税法13条2項が適用され,1件について1,500円を納付すれば足りる（登研482-181）。

⑤　登記した船舶については,登記の一般原則に従って,抵当権（根抵当権）設定の仮登記をすることもできる（商法847条3項本文・不登法105条）。

⑥　抵当権の効力についての詳細は,3：8：1を参照。

2：5：1　製造中の船舶の抵当権又は根抵当権の設定登記

2：5：1：1　製造中の船舶

①　製造中の船舶は,どの程度のものになったときに「製造中の船舶」とな

るか。単に工事に着手したのみでは足らず，その建造物が，他の船舶の構成部分に転用できない段階，例えば，竜骨を備えるか又はこれと同視することができる状態になったときに製造中の船舶となったといえる。

② 製造中の船舶に対する抵当権の設定は，船舶の完成を停止条件とするものではなく，製造中の船舶そのものに抵当権が成立し，船舶が完成したときはその同一性をもって存続するのである。

　また，抵当権設定予約に基づく抵当権設定請求権保全仮登記又は停止条件付抵当権設定契約に基づく仮登記をすることができ（昭 33.9.17 民事三発701 号民事局第三課長心得回答），根抵当権設定の仮登記もすることができる（登研 424-223）。

③ 不登簿船から登簿船に改造中の船舶について抵当権を設定することはできるが（昭 23.9.22 民事甲 2546 号民事局長通達），独航機能撤去により抹消登記された船舶は，製造中の船舶にあたらないので，抵当権を設定することはできない。

④ 造船事業者が，総トン数 2,500 トン以上又は長さ 90 メートル以上の鋼製の船舶であって，船舶安全法により遠洋区域又は近海区域の航行区域を定めることのできる構造を有するもののうち政令で定めるものの建造（重要な改造を含む。）をしようとするときは，建造着手前に国土交通大臣の許可を受けなければならない（臨船建法2条）。

2:5:1:2　管轄登記所

　製造中の船舶の抵当権又は根抵当権の設定登記は，製造地を管轄する登記所に申請する（船登令5条）。船舶が完成した場合の所有権の保存登記は，抵当権又は根抵当権の登記をした登記所に申請する（同令 30 条1項）。

　この登記の申請に基づく登記の事務は，製造中に抵当権の登記をした登記所がつかさどる（同条2項）。管轄登記所を定めた船登令4条の例外規定である。

2:5:1:3　登記義務者

　抵当権の設定登記は，登記権利者と登記義務者との共同申請によるが（不

登法60条)，製造中の船舶については，所有権の登記がされないため，「権利に関する登記をすることにより，登記上，直接に不利益を受ける登記名義人」(不登法2条13号) は存在しないことから，製造中の船舶についてする抵当権の登記については，船舶完成時に所有者となるべき者を登記義務者とみなして申請する (船登令28条)。

　登記義務者とみなされる「所有者となるべき者」は「所有権の登記名義人」ではないため，同人が登記識別情報を提供することは不可能であるから，製造中の船舶についてする抵当権の登記の申請においては，船登令35条2項で準用する不登法22条本文 (登記識別情報の提供義務) は適用されない (不登法22条ただし書)。

2:5:1:4　申請情報の内容

　申請情報の内容は，製造中の船舶の表示を除き，他の事項は，すべて船舶の抵当権又は根抵当権の設定登記と同様である (船登令26条各号，2:5:2:1)。

① 製造中の船舶の表示としては，次の事項を記載する (船登令25条)。

a　船舶の種類及び船質並びに製造番号があるときはその番号 (1号，2号，7号) (注1)

b　計画の船舶の長さ，幅及び深さ (3号) (注2)

c　計画の総トン数 (4号)

d　計画の機関の種類及び数 (5号)

e　計画の推進器の種類及び数 (6号)

f　製造地 (8号)

g　造船事業者の表示 (9号)

　このほか，申請情報の内容については，船登令35条2項において不登令3条9号 (表題登記及び表題部所有者に係る部分を除く。)，11号 (同号へを除く。) 及び12号を準用しているほか，船登令別表二で各登記ごとにとりまとめているが，添付情報とともに船舶の登記に関する別表一とほとんど同一である。

（注１）　①の製造番号は，総トン数 2,500 トン以上又は長さ 90 メートル以上の鋼製
　　　　　の船舶（製造着手前に国土交通大臣の許可を必要とするもの。）についてのみ，
　　　　　造船者ごとに（製造地ごとに）各別に付されるのであって（臨船建法２条，同
　　　　　法施行令１条，規則１条１項３号㈢），これ以外の船舶については記載する必
　　　　　要はない。

（注２）　旧船登規則 33 条２号では，「竜骨」又は「航_{かわら}」が登記事項とされていた。
　　　　　「竜骨」（キール）とは，船底の中心を船首から船尾にかけて通した材で，船
　　　　　体構成の基礎となるものをいうが，近年の船舶には，竜骨又はキールがないも
　　　　　のも多い。このため，登記実務上は，計画における船舶の長さを登記している
　　　　　例もあるようである。また，「航_{かわら}」とは，小型の和船の船底材をいうが，20 ト
　　　　　ン以上の船舶で「航」を用いているものは極めて稀である。このため，船登令
　　　　　は，「竜骨」又は「航」に代えて，「計画における船舶の長さ」という表現を用
　　　　　いている（松田・杉浦 560）。

【参考：臨時船舶建造調整法令】

○臨船建法

第２条　造船事業者が，総トン数 2,500 トン以上又は長さ 90 メートル以上の鋼製
の船舶であつて，船舶安全法の規定により遠洋区域又は近海区域の航行区域を定め
ることのできる構造を有するもののうち政令で定めるものの建造（政令で定める重
要な改造を含む。以下同じ。）をしようとするときは，その建造の着手前に国土交
通大臣の許可を受けなければならない。

○臨船建令

第１条　法２条の政令で定める船舶は，次に掲げる船舶とする。ただし，貨車航送
船，海底電線敷設船その他国土交通省令で定める船舶を除く。

一　船舶安全法の規定により遠洋区域又は近海区域において 12 人をこえる旅客を
　　運搬することができる構造を有する船舶

二　貨物の運搬を主要な業務とすることができる構造を有する船舶（もつぱら漁場から漁獲物又はその製品を運搬する船舶を含む。）

三　母船式漁業における母船としての業務に従事することができる構造を有する船舶

（許可を受けなければならない改造）

第2条　法2条の政令で定める重要な改造は，船舶につき，次の各号に掲げる事項のいずれかに変更を生ずる改造とする。ただし，二号又は三号に掲げる事項に変更を生ずる改造にあつては，国土交通省令で定めるトン数以上の総トン数又は載荷重量トン数の変更を生ずる場合に限る。

一　国土交通省令で定める用途の別

二　総トン数

三　載荷重量トン数

四　主機関の種類，数又は連続最大出力

五　速力

六　航行区域

○臨船建規則

（建造の許可を要しない船舶）

第1条　施行令第1条の国土交通省令で定める船舶は，次に掲げる船舶とする。

一　国からの注文に係る船舶

二　施行令第1条第1号に掲げる船舶であって貨客船以外のもの

三　パイプ敷設船

四　しゅんせつ船

2:5:1:5　添付情報

　製造中の船舶の抵当権又は根抵当権の設定登記の申請情報に添付すべき情報は，登記識別情報を必要としないことを除き，通常の船舶の抵当権又は根抵当権の設定登記（船登令13条）と同様である（船登令27条1項各号）。次のと

おりである。ただし，国の機関の所管に属する権利について官庁・公署の指定職員が登記の嘱託をする場合は，ａ及びｂの情報を提供する必要はない（同条2項）。

 ａ　申請人が法人であるときは，会社法人等番号又は法人の代表者の資格を証する情報（船登令13条1号）

 ｂ　代理人の権限を証する情報（2号）

 ｃ　代位原因を証する情報（3号）

 ｄ　製造中の船舶の表示を証する造船事業者が作成した情報（4号・船登令別表二・一添付情報ロ）

また，船舶登記令35条2項において，不登令7条から9条までのうち関係する部分を準用している。

なお，国の機関の所管に属する権利について官庁・公署の指定職員が登記の嘱託をする場合は，代表者の資格を証する情報（船登令27条1項1号）及び代理人の権限を証する情報（同項2号）を提供する必要はない（同条2項）。

2:5:1:6　登録免許税

登録免許税を納付する場合は，登録免許税額（一定の場合には登録免許税額及び課税標準の金額）を申請情報の内容としなければならない（船登規則48条1項）。

この場合は，船舶明細書（2:1:12:1②）も提供しなければならない（同条2項）。

登録免許税は，課税標準となる債権金額の1000分の4である（登税法別表第一・二㈤）。

2:5:1:7　所有者となるべき者の登記

船舶について初めて抵当権の設定登記をする場合，登記官は職権で，表題部の登記事項及び「所有者となるべき者」（船登令28条）を登記しなければならない（同令29条）。

所有者となるべき者の表示の登記は，権利部（甲区）にする。登記官は，その登記をするときは，抵当権の登記の申請により登記をする旨を記録しな

ければならない（船登規則38条）。

2:5:1:8 所有者となるべき者の変更更正登記

「船舶の所有者となるべき者」の氏名等についての変更更正登記の申請は，船舶の所有者となるべき者が単独ですることができる（船登令31条，別表二・八）。

旧船登規則では，製造中の船舶の登記簿の甲区に登記がされている登記義務者（所有者となるべき者）の表示の変更更正登記の手続について特段の規定はなく，したがって，共同申請によるべきものとされていた。しかし，公的な証明情報又はこれに準ずる証明情報を提供した場合は，不登法64条2項と同様に，単独申請を認めても差し支えないと考えられることから，共同申請の原則を維持しつつ，船登令別表二・八添付情報欄に掲げる情報（②）を提供した場合は，例外的に単独申請を認めるものとした。

① 申請情報

変更後又は更正後の当該船舶の所有者となるべき者の表示

② 添付情報

船舶の所有者となるべき者の表示についての変更又は錯誤若しくは遺漏があったことを証する市町村長，登記官その他の公務員が職務上作成した情報（公務員が職務上作成した情報がない場合は，これに代わるべき情報）

③ 登録免許税

登録免許税は，船舶1隻について1,000円である（登税法別表第一・二㈪）。

2:5:1:9 製造中に抵当権の登記がされた船舶の所有権の保存登記

① 登記の申請

製造中に抵当権の登記がされた船舶についてする所有権の保存登記の申請は，抵当権の登記をした登記所にしなければならない（船登令30条1項）。

この申請に基づく登記の事務は，製造中に抵当権の登記をした登記所がつかさどる（同条2項）。船舶登記令4条の例外規定である。**(注)**

② 登録免許税

　登録免許税は，課税標準である船舶の価額の 1000 分の 4 である（船登規則 48 条 1 項，2 項，登税法別表第一・二㈠）。

③　登記手続

　登記官は，製造中に抵当権の登記がされた船舶について所有権の保存登記をするときは，抵当権の登記をした登記記録に登記事項を記録し，表題部に記録した製造中の船舶の表示及び権利部に記録した所有者となるべき者の表示並びに④による記録を抹消する記号を記録しなければならない（船登規則 44 条 1 項，2 項）。

④　移送手続

　③の登記に係る船舶の船籍港の所在地が他の登記所の管轄に属するときは，登記の処理をしたうえで，遅滞なく，船籍港を管轄する登記所に船舶についての登記記録及び登記簿の附属書類又はその謄本を移送しなければならない（船登規則 44 条 3 項）。管轄登記所の特則である。

(注)　抵当権が設定された製造中の船舶が譲渡された後に完成したときは，譲渡人による船舶所有権の保存登記の後に所有権の移転登記をすることになる（大審判大 10.3.24 民録 27-687・別冊ジュリスト「海事判例百選」15-24・昭 42.11）。

　なお，製造中の船舶に抵当権の設定登記がされた登記記録は，「抵当権登記簿」にすぎないから，その登記記録には，製造中の船舶に対する所有権の移転，差押え，競売申立て等の登記をすることはできない。

2:5:1:10　製造地変更による変更登記

①　登記の申請

　製造中の船舶の製造地が変更したことにより管轄登記所が変更した場合の変更登記の申請は，変更前の製造地を管轄する登記所にしなければならない（船登令 32 条 1 項）。この申請に基づく登記の事務は，変更前の製造地を管轄する登記所がつかさどる（同条 2 項）。船登令 5 条の例外規定である。

②　移送手続

　登記官は，製造地の変更による変更登記をしたときは，変更後の製造地を管轄する登記所に製造中の船舶についての登記記録及び登記簿の附属書類又はその謄本を移送しなければならない（船登規則43条）。

③　登録免許税

　　船舶1隻について1,000円である（登税法別表第一・二㈣）。

2:5:1:11　製造中の船舶の所有権移転

　製造中の船舶の抵当権の設定登記後，登記義務者がその製造中の船舶を第三者に譲渡した場合，甲区にされている登記は所有権の登記ではないから，所有権の移転登記をすることはできない。製造中の船舶の抵当権は，その追求効との関係上，譲受人に対する抵当権に変更されるので，抵当権の登記を抹消し，改めて譲受人を抵当権の登記義務者とする製造中の船舶の抵当権の登記をすることになる。譲受人は，船舶が完成後に，所有権の承継を証する情報を添付して所有権の保存登記を申請することができる。

2:5:2　船舶の抵当権の設定登記（船登令別表一・十五）

2:5:2:1　申請情報の内容

①　登記の目的（船登令12条5号）

　　「抵当権設定」と記載する。共有持分を目的とする場合は，「何某持分の抵当権設定」と記載する。

②　登記原因及びその日付（同条6号）

　　抵当権の設定契約及びその成立の日付のほか，抵当権によって担保される債権の発生原因である債権契約とその成立の日付又は債権を特定するに足りる事項を記載する。

③　債権額（船登令12条10号・別表一・十五申請情報イ・不登法83条1項1号）

④　利息及び損害金等に関する定め（船登令別表一・十五申請情報ロ・不登法88条1項各号）

⑤　抵当権の追加設定をする場合は，前の登記に係る事項（船登令別表一・十五ハ）及び共同担保目録の記号及び目録番号（船登規則25条）

⑥　債務者の表示（船登令別表一・十五申請情報ロ，不登法83条1項2号）

⑦　申請人の表示（船登令 12 条 1 号，2 号）

　　登記権利者である抵当権者と登記義務者である設定者（目的である船舶の所有権の登記名義人）を表示する。

　　代位申請（民法 423 条その他）をするときは，申請人が代位者である旨，その者の表示並びに代位原因

⑧　添付情報の表示（不登規則 34 条 1 項 6 号）

⑨　申請年月日及び登記所の表示（不登規則 34 条 1 項 7 号，8 号）

⑩　代理人の表示（船登令 12 条 3 号，不登令 16 条各項）

⑪　課税標準の金額及び登録免許税額（船登規則 48 条 1 項，2：1：12：1 ①）

　　船舶の抵当権の設定の登記の登録免許税の額は，債権金額を課税標準とし，その 1000 分の 4 の税率により算定した金額である（登税法別表第一・二㈤）。

⑫　船舶の表示（船登令 12 条 9 号・11 条 1 号ないし 5 号）

⑬　共同抵当の場合の他の船舶の表示（船登令別表一・十五申請情報イ・不登法 83 条 1 項 4 号，2：6：1）

　　同一の債権を担保するため，数個の船舶に抵当権（共同抵当）を設定した場合に，その船舶がすべて同一の登記所の管轄内にあるときは，一の申請情報でその数個の船舶についての共同抵当権の設定登記を申請することができるので，船舶の全部を記載する。

　　他の登記所の管轄区域内に船籍港の所在地がある船舶に関するものがある場合は，その船舶についての船舶の表示に関する事項（船登令 11 条 1 号 〜 5 号）を，他の登記所の管轄区域内に製造地がある製造中の船舶に関するものがある場合は，製造中の船舶の表示を含む。

⑭　追加担保の場合の既登記の抵当権の表示（船登令別表一・十五申請情報ハ，2：6：2）

　　既にある船舶について抵当権の設定登記をした後，同一の債権を担保するために他の船舶について抵当権の設定登記を申請するときは，前の登記に係る次の事項（申請を受ける登記所に前の登記に係る共同担保目録がある場合は，共同担保目録の記号及び目録番号）を記載する（船登規則 25 条）。

(1) 船舶については，船名，種類及び船籍港

(2) 製造中の船舶については，製造中の船舶の表示

(3) 順位事項

2:5:2:2　添付情報

① 登記識別情報（不登法22条）

② 登記原因を証する情報（船登令別表一・十五）

③ 資格を証する情報（船登令13条1項1号）

④ 代理権限を証する情報（同項2号）

⑤ 代位申請をするときは，代位原因を証する情報（同項3号）

⑥ 登記義務者の印鑑証明書（不登令16条2項）

⑦ 登記原因について第三者の許可，同意又は承諾を要するときの許可等を証する情報（不登令7条1項5号ハ）

　　船舶の共有者の一人である船舶管理人が，同人の持分について抵当権を設定するときは，他の共有者の承諾書を添付する（昭41.5.25民事三発484号民事局第三課長回答）。

⑧ 共同担保目録（船登令別表一・十五申請情報ハ）

　　申請する登記所に前に登記した登記の共同担保目録があるときは，その記号及び番号を記載することで足りる（船登規則25条）。

⑨ 船舶明細書（船登規則48条2項，2:1:12:1②）

2：6　製造中の船舶及び船舶の抵当権に関するその他の登記

① 製造中の船舶及び船舶の抵当権に関する設定登記以外のその他の登記については，船舶の表示を除き，不動産（土地，建物）を目的とする抵当権の場合と同じである。

② 不登法の準用規定（35条）は，船舶の登記が1項で，製造中の船舶が2項で，申請情報及び添付情報は，船舶の登記が船登令別表一で，製造中の船舶が別表二で，それぞれ別に規定しているが，その内容は，「船舶」と「製造中の船舶」という用語の違いにすぎず，ほとんど同一である。ここ

では，違いがある場合を除き，「船舶」と表記する。

③　抵当権と根抵当権が同一の取扱いである場合は，「抵当権」とのみ表記する。

2：6：1　共同抵当登記（船登令別表一・十五申請情報イ，別表二・二申請情報イ・不登法83条1項4号）

同一の債権の担保として数隻の船舶について抵当権が設定された場合（民法392条1項），登記の目的，登記原因及びその日付が同一であるときは（不登令4条），一の申請情報で申請できる。

①　申請情報

　　登記原因及びその日付又は設定者を異にするときは，各船舶の表示の末尾にそれぞれの登記原因及びその日付又は設定者（登記義務者）を記載する。

②　添付情報

　　共同担保目録（不登法83条2項，不登規則166条，167条）

③　登録免許税

　　課税標準である債権金額の1000分の4である（登税法別表第一・二㈤）。

2：6：2　抵当権の追加設定登記（船登令別表一・十五申請情報ハ，別表二・二申請情報ハ，不登令別表五十五申請情報ハ）

船舶について抵当権の設定登記を受けた後，同一の債権の担保として他の1又は2以上の船舶についての抵当権の設定登記を申請するときである。

①　申請情報

　　前の登記の表示（船舶の名称等及び順位事項）のほか，共同担保目録が既にあるときは共同担保目録の記号及び番号を記載する（船登規則25条）。

②　添付情報

　　登記原因を証する情報（抵当権追加設定契約書など）

③　登録免許税

　　「金1,500円　登録免許税法第13条2項」と記載する。

2：6：3　抵当権の移転登記

2：6：3：1　**抵当権の移転登記**(1)（船登令別表一・一，別表二・三，不登令別表二十二）

　相続又は法人の合併による抵当権の移転登記である。

① 申請情報

　a　登記の目的　何番船舶抵当権移転

　b　原因及びその日付　年月日相続（又は合併）

② 添付情報

　相続又は法人の合併を証する市町村長，登記官その他の公務員が職務上作成した情報（公務員が職務上作成した情報がない場合は，これに代わるべき情報）及びその他の登記原因を証する情報

③ 登録免許税

　債権額を課税標準とし，その1000分の1である（船登規則48条1項，登税法別表第一・二㈥イ）。

2：6：3：2　**抵当権の移転登記**(2)

　抵当権の被担保債権の全部が譲渡された場合は，抵当権は被担保債権とともに譲受人に移転する。ただし，当事者間において随伴させない旨の特別の意思表示があれば，抵当権は移転しないで消滅する。

　債権の譲渡は，譲渡人が債務者に通知をし，又は債務者が承諾しなければ，債務者その他の第三者に対抗することができない（民法467条1項）。

① 申請情報

　a　登記の目的　何番抵当権移転

　b　原因及びその日付　年月日債権譲渡

　c　権利者　債権（抵当権）の譲受人

　d　義務者　抵当権者（債権の譲渡人）

② 添付情報

　登記原因を証する情報

③ 登録免許税

課税標準である債権金額の 1000 分の 2 である（船登規則 48 条 1 項，登税法
別表第一・二㈥ロ）。

2:6:3:3　抵当権の移転登記(3)（船登令別表一・十七，別表二・四，不登令別表五十七）

債権の一部について譲渡又は代位弁済がされた場合における抵当権の移転
登記である。

なお，債権譲渡の対抗要件として譲渡人から債務者への通知又は承諾が必
要である（民法 467 条 1 項）。

① 申請情報

　　a　登記の目的　何番船舶抵当権一部移転

　　b　原因及びその日付　年月日債権譲渡

　　c　譲渡又は代位弁済の目的である債権の額

② 添付情報

　　登記原因を証する情報

③ 登録免許税

　　債権金額を課税標準とし，その 1000 分の 2 である（船登規則 48 条 1 項，
登税法別表第一・二㈥ロ）。

2:6:4　抵当権の処分登記（船登令別表一・十八，別表二・五，不登令別表五十八）

民法 376 条 1 項により（根）抵当権を他の債権の担保（転抵当）とし，又
は抵当権若しくはその順位を譲渡し，若しくは放棄する場合の登記である。

① 乙の有する抵当権を他の債権の担保として抵当権上に甲の抵当権（転抵
　当権）を設定する場合

　　転抵当権は，原抵当権が有する範囲内においての優先弁済権であるから，
　転抵当権の債権額は，原抵当権の債権額よりも多くても差し支えない。

　　a　登記の目的　何番抵当権移転

　　b　原因及びその日付　年月日金銭消費貸借同日設定年月日転抵当

② 乙の有する先順位抵当権の優先弁済権を債権者甲（後順位抵当権者）の

利益のために譲渡又は放棄をする場合

　甲の債権は，乙に優先して弁済を受け，又は乙と甲は同順位の抵当権者となり，債権額に比例して配当を受けることになる。

　a　登記の目的　何番抵当権の何番抵当権への順位譲渡（又は放棄）

　b　原因及びその日付　年月日順位譲渡（又は放棄）

③　抵当権のみを譲渡又は放棄する場合

　無担保の債権者が抵当権のみの譲渡を受け，債権額を限度として優先弁済を受けることになる。放棄を受けた債権者は，抵当権者と同順位で，債権額に按分比例して優先弁済を受けることになる。

　a　登記の目的　何番抵当権譲渡（又は放棄）

　b　原因及びその日付　年月日金銭消費貸借年月日譲渡（又は放棄）

④　申請情報

　a　不登法83条1項各号（根抵当権については1号を除く。）の登記事項。同項4号の登記事項で，他の登記所の管轄区域内に船籍港の所在地がある船舶に関するものがある場合は，船舶についての11条1号から5号までの事項を，他の登記所の管轄区域内に製造地がある製造中の船舶に関するものがある場合は，製造中の船舶の表示を含む。（イ）

　b　抵当権（根抵当権を除く。）の処分登記については，不登法88条1項1号から4号までの登記事項（ロ）

　c　船舶又は製造中の船舶についての抵当権の設定登記をした後，同一の債権の担保として他の船舶についての抵当権の処分登記を申請するときは，前の登記に係る次の事項（ハ）

　(1)　船舶については，船名，種類及び船籍港

　(2)　製造中の船舶については，製造中の船舶の表示

　(3)　順位事項

　(4)　共同担保目録の記号及び目録番号（船登規則25条）

　d　根抵当権の処分の登記については，不登法88条2項各号の登記事項（ニ）

e　共同根抵当の登記（民法398条の16）については，その旨（ホ）

f　1隻又は2隻以上の船舶又は製造中の船舶についての根抵当権の設定登記（2隻以上の船舶又は製造中の船舶にしたものについては，民法398条の16の登記をしたものに限る。）をした後，同一の債権の担保として，他の船舶についての根抵当権の処分登記及び同条の登記を申請するときは，前の登記に係る次の事項（ヘ）

(1)　船舶については，船名，種類及び船籍港

(2)　製造中の船舶については，製造中の船舶の表示

(3)　順位事項

(4)　申請を受ける登記所に共同担保目録があるときは，共同担保目録の記号及び目録番号（船登規則25条）

⑤　添付情報

a　登記原因を証する情報（イ）

b　申請情報 f（ヘ）の場合に，前の登記に他の登記所の管轄区域内に船籍港の所在地がある船舶又は他の登記所の管轄区域内に製造地がある製造中の船舶に関するものがあるときは，前の登記に関する登記事項証明書（ロ）

⑥　登録免許税

原抵当権の登記に付記されるので，船舶1隻について1,000円である（登税法別表第一・二㈲）

⑦　登記官は，登記した担保権について順位の譲渡又は放棄による変更登記をするときは，担保権の登記の順位番号の次に変更登記の順位番号を括弧を付して記録しなければならない（不登規則163条）。

2:6:5　抵当権の順位変更

抵当権の順位の変更登記をするときは，関係する抵当権者全員の合意を必要とし（昭46.10.4民事甲3230号民事局長通達第一・1），かつ，利害関係を有する者がいるときは，その承諾を得て，その旨の登記をしなければ効力を生じない（民法374条，不登法89条，不登令7条1項5号ハ，8条1項6号）。

　この登記は，数隻の船舶に設定された数個の抵当権が同一の抵当権者とするものであっても，船舶ごとに各別に申請しなければならないが，共同担保の場合で，各船舶について順位変更にかかる各抵当権の順位番号及び変更後の順位番号が同一であるときは，一の申請情報によりすることができる（昭46.12.27民三960号民事局第三課長依命通知第一・1）。

① 申請情報

　a　登記の目的　何番，何番，何番順位変更

　b　原因及びその日付　年月日合意

　c　変更後の順位　第1　何番抵当権

　　　　　　　　　　第2　何番抵当権

　　　　　　　　　　第3　何番抵当権

② 添付情報

　a　登記原因を証する情報

　b　登記上の利害関係を有する第三者がいるときは，第三者の承諾を証する第三者が作成した情報又は第三者に対抗することができる裁判があったことを証する情報（不登令7条1項5号ハ）

③ 登録免許税

　抵当権の件数1件について1,000円であるから，3,000円である（登税法別表第一・二(八)。**(注)**

④ 登記手続

　抵当権の順位の変更は，特定の一つの抵当権にのみ関わるものではないから，付記登記ではなく，主登記として行われる。

　順位の変更は，新たな順位を創設するという実質を有するので，変更後の順位をさらに変更する場合も，新たに順位変更の登記をする（前掲通知第一・4）。

　登記官は，担保権の順位の変更登記をするときは，順位の変更があった担保権の登記の順位番号の次に変更登記の順位番号を括弧を付して記録しなければならない（不登規則164条）。

（注） 課税標準を抵当権の件数とするのは，抵当権の順位の変更登記のみである（農

業用動産（登税法別表第一・八㈠ニ）及び建設機械（同㈡ニ））。

2:6:6 共同抵当における代位の付記登記（船登令別表一・十九，別表二・六，不登令別表五十九）

債権者が同一の債権の担保として甲乙の船舶又は製造中の船舶について抵当権を有する場合に，甲の代価のみを配当（異時配当（**注**））すべきときは，抵当権者は，代価から債権の全部の弁済を受けることができる。この場合，次順位の抵当権者は，弁済を受ける抵当権者が乙の代価から弁済を受けるべき金額を限度として，その抵当権者に代位して抵当権を行使することができる（民法392条2項）。これにより代位によって抵当権を行使する者は，抵当権の登記に代位の付記登記をすることができる（民法393条，不登法91条）。

① 申請情報

a 先順位の抵当権者が弁済を受けた船舶又は製造中の船舶に関する次の事項（イ）

(1) 船舶については，船名，種類及び船籍港

(2) 製造中の船舶については，製造中の船舶の表示

b 先順位の抵当権者が弁済を受けた船舶又は製造中の船舶の代価及び弁済を受けた額（ロ）

c 不登法83条1項各号（根抵当権については1号を除く。）の登記事項（ハ）

ただし，同項4号の登記事項で，他の登記所の管轄区域内に船籍港の所在地がある船舶に関するものがある場合は，その船舶についての船登令11条1号から5号までの事項を，他の登記所の管轄区域内に製造地がある製造中の船舶に関するものがある場合は，製造中の船舶の表示を含む。

d 抵当権の登記については，不登法88条1項1号から4号までの登記事項（ニ）

 e 根抵当権の登記については，不登法88条2項各号の登記事項（ホ）

② 添付情報

 登記原因を証する情報

③ 登録免許税

 原抵当権の登記に付記されるので，船舶1隻について1,000円である（登税法別表第一・二(十二)）。

④ 登記手続

 代位によって抵当権を行使する者は，その抵当権の登記に代位を付記することができる（民法393条）。付記登記の順位は，主登記の順位により，同一の主登記に係る付記登記の順位は，その前後による（不登法4条2項）。

（注） 同時配当が行われることは少ない。

2：6：7 抵当権の変更更正登記（船登令別表一・四，別表二・十，不登令別表二十五）

債権額の増減，利息の増減，債権の範囲の変更，免責的債務引受，債務者交替による更改などがある場合は，抵当権の変更更正登記を申請する。（注）

 a 債権額を増加する場合の利害関係人としては，後順位の抵当権者その他の担保権者，抵当権の目的である権利（所有権など）についての差押え，仮差押え，仮処分の権利者，所有権の仮登記名義人などがこれに該当する。

 b 債権額が減少する場合の利害関係人としては，抵当権の処分（民法376条1項）を受けている抵当権者又は受益者，抵当権を目的とする差押え，仮差押え又は仮処分の債権者などがこれに該当する。

 c 債務引受契約による場合，旧債務は引受人に移転し，旧債務者は債務を免れるので，債務者の変更登記をすることになる。この登記は，所有権の登記名義人が登記義務者として申請するが，その印鑑証明書は提出する必要はない（不登規則48条1項5号，47条3号イ(1)）。

　　d　債務者交替による更改の場合，旧債務は消滅する（民法513条）が，抵
　　　当権は，更改の相手方に対する意思表示により更改後の債務に移すこと
　　　ができるので（同法518条），この場合は，抵当権の変更登記をすること
　　　になる。
① 　申請情報
　　変更後又は更正後の登記事項（イ）
② 　添付情報
　　a　登記原因を証する情報（ロ）
　　b　付記登記によってする権利の変更更正登記を申請する場合に，登記上
　　　の利害関係を有する第三者がいるときは，第三者の承諾を証する第三者
　　　が作成した情報又は第三者に対抗することができる裁判があったことを
　　　証する情報（ハ）
③ 　登録免許税
　　債権額増加の場合は，増加額が課税標準とし，その1000分の４である
　（船登規則48条１項，登税法別表第一・二㈤）。その他の変更の場合は，船舶１
　隻について1,000円である（同二㈠）。
④ 　登記手続
　　この登記によって不利益を受ける者（利害関係を有する第三者）の承諾
　　を得られたときは付記登記で，得られないときは主登記です（不登法66
　　条）。

（注）　別表一には，別表二・十の項はないが，内容に相違があるものではない。

２：６：８　抵当権の登記の抹消（船登令別表一・五，別表二・十四，不登令別表二十六）

① 　抵当権の抹消登記は，次の場合などに申請する。
　　船舶の所有者（抵当権設定者）が異なる場合であっても，共同抵当権の
　　設定登記が追加担保としてされた場合であっても，一の申請によることが

できる（不登令4条ただし書，不登規則35条10号）。

a　共同担保の内の一部の船舶について合意解除したとき又は抵当権者が放棄したとき

b　債務者が被担保債権の全部を弁済し，共同担保の全部を抹消するとき

c　抵当権を合意解除したとき

② 添付情報

a　抵当権が人の死亡又は法人の解散によって消滅する旨が登記されている場合にその抵当権が消滅し，登記権利者が単独で申請するとき（不登法69条）は，人の死亡又は法人の解散を証する市町村長，登記官その他の公務員が職務上作成した情報（イ）

b　aの場合に除権決定（非訟法106条1項）があり，登記権利者が単独で申請するとき（不登法70条2項）は，除権決定があったことを証する情報（ロ）

c　所有者が被担保債権が消滅したことを証する情報を提供し，単独で申請するとき（不登法70条3項前段）は，次の情報（ハ）

(1)　債権証書並びに被担保債権及び最後の2年分の利息その他の定期金（債務不履行により生じた損害を含む。）の完全な弁済があったことを証する情報

(2)　登記義務者の所在が知れないことを証する情報

d　被担保債権の弁済期から20年経過し，かつ，期間経過後に被担保債権，その利息及び債務不履行により生じた損害の全額に相当する金銭が供託されたとき（不登法70条3項後段）に登記権利者が単独で抵当権に関する登記の抹消を申請するときは，次の情報（ニ）

(1)　被担保債権の弁済期を証する情報

(2)　(1)の弁済期から20年を経過した後に被担保債権，その利息及び債務不履行により生じた損害の全額に相当する金銭が供託されたことを証する情報

(3)　登記義務者の所在が知れないことを証する情報

e　aからdまでの申請以外の場合は，登記原因を証する情報（ホ）

f　登記上の利害関係がある第三者がいるときは，第三者の承諾を証する
第三者が作成した情報又は第三者に対抗することができる裁判があった
ことを証する情報（ヘ）

③　登録免許税

船舶1隻について1,000円である（登税法別表第一・二㈩）。

2：6：9　抹消された抵当権の回復登記（船登令別表一・六，別表二・十五，不登令別表二十七）

抹消された登記の回復は，登記上の利害関係を有する第三者がいる場合は，
第三者の承諾があるときに限り，申請することができる（不登法72条）。不登
令別表二十七に相当する。ただし，抵当証券に関する部分は除いている。

①　申請情報

回復する登記の登記事項

②　添付情報

a　登記原因を証する情報（イ）

b　登記上の利害関係がある第三者がいるときは，第三者の承諾を証する
第三者が作成した情報又は第三者に対抗することができる裁判があった
ことを証する情報（ロ）

③　登録免許税

船舶1隻について1,000円である（登税法別表第一・二㈩）。

④　登記手続

登記官は，抹消された登記の回復をするときは，回復の登記をした後，
抹消に係る登記と同一の登記をしなければならない（不登規則155条）。

2：7　根抵当権に関する登記

2：7：1　根抵当権の設定登記（船登令別表一・十六，別表二・二，不登令別表五十六）

根抵当権は，船舶の所有者（設定者）と根抵当権者の根抵当権設定契約に

よって成立する。

　同一の債権の担保として数隻の船舶について根抵当権を設定し，共同担保（民法392条，393条）とする場合は，設定と同時に同一の債権の担保として数隻の船舶について根抵当権を設定した旨の登記をした場合は，共同根抵当権となる（民法398条の16）。

2:7:1:1　申請情報の内容

① 　申請人の表示（船登令12条1号）

　　申請人として，登記権利者（根抵当権者）と登記義務者（根抵当権設定者）を表示する。

② 　申請人が法人であるときは，法人の代表者の氏名（船登令12条2号）

③ 　代理人によって申請するときは，代理人の表示（船登令12条3号）

④ 　民法423条その他の法令により他人に代わって登記を申請するときは，申請人が代位者である旨，当該他人の表示並びに代位原因（船登令12条4号）

⑤ 　登記の目的（船登令12条5号）

　　「根抵当権設定」と記載する。共有持分を目的とする場合は「何某持分の根抵当権設定」と，共同担保の場合は「共同根抵当権設定」と記載する。

⑥ 　登記原因及びその日付（船登令12条6号）

　　「年月日（設定契約の成立の日）設定」と記載する。

⑦ 　債務者の表示（船登令別表一・十六申請情報イ・不登法83条1項2号）

⑧ 　所有権以外の権利を目的とするときは，その目的となる権利（船登令別表一・十六申請情報イ・不登法83条1項3号）

⑨ 　2以上の船舶に関する権利を目的とするときは，その2以上の船舶及びその権利（船登令別表一・十六申請情報イ・不登法83条1項4号）

⑩ 　外国通貨で債権を担保した場合は，本邦通貨で示した担保限度額（船登令別表一・十六申請情報イ・不登法83条1項5号）

⑪ 　担保すべき債権の範囲及び極度額（船登令12条10号・同令別表一・十六申請情報ロ・不登法88条2項1号）

⑫ 根抵当権の効力の及ぶ範囲の別段の定め（船登令別表一・十六申請情報ロ・不登法88条2項2号）

⑬ 元本の確定期日（船登令別表一・十六申請情報ロ・不登法88条2項3号）

⑭ 弁済を受ける別段の定め（船登令別表一・十六申請情報ロ・不登法88条2項4号）

⑮ 共同根抵当の場合はその旨（船登令別表一・十六申請情報ハ・民法398条の16）

⑯ 根抵当の追加登記をするときは，前の登記に係る次の事項（船登令別表一・十六申請情報ニ）

  a 船舶については，船名，種類及び船籍港(1)

  b 製造中の船舶については，製造中の船舶の表示(2)

  c 順位事項(3)

  d 申請を受ける登記所に共同担保目録があるときは，共同担保目録の記号及び目録番号（船登規則25条）(4)

⑰ 添付情報の表示（不登規則34条1項6号）

⑱ 申請年月日及び登記所の表示（不登規則34条7号，8号）
課税標準の金額及び登録免許税額（船登規則48条1項）

⑲ 船舶の根抵当権の設定の登記の登録免許税の額は，極度金額を課税標準とし，その1000分の4の税率により算定した金額である（船登規則48条1項，登税法別表第一・二㈤）。

⑳ 船舶の表示（船登令12条9号・11条1項～5号）

2:7:1:2 添付情報

① 登記識別情報（不登法22条）

② 登記原因を証する情報（船登令別表二・一添付情報イ，不登法61条）

③ 資格を証する情報（船登令13条1項1号）

④ 代理権限を証する情報（船登令13条1項2号）

⑤ 登記義務者の印鑑証明書（不登令16条2項，3項，不登規則48条1項1号）

⑥ 登記原因について第三者の許可，同意又は承諾を要するときの許可等を証する情報（不登令7条1項5号ハ）

⑦ 共同担保目録（船登令別表一・十六添付情報ニ(4)）又は登記事項証明書（同令

別表一・十六添付情報ロ）

　申請する登記所に前に登記した登記の共同担保目録があるときは，その記号及び番号を記載することで足りる（船登規則25条）。

　申請情報⑮（船登令別表一・十六ニ）について，前の登記に他の登記所の管轄区域内に船籍港の所在地がある船舶又は他の登記所の管轄区域内に製造地がある製造中の船舶に関するものがあるときは，前の登記に関する登記事項証明書（同令別表一・十六ロ）

⑧　船舶明細書（船登規則48条2項，2：1：12：1②）

2：7：2　根抵当権に関するその他の登記

2：7：2：1　根抵当権の処分の登記（船登令別表一・十八，別表二・五，不登令別表五十八）

　根抵当権を他の債権のための担保（転抵当）とし，又は根抵当権を譲渡し，若しくは放棄する場合の登記である（2：6：4）。この場合には，民法467条の規定に従い，主債務者に通知し，又は主債務者が承諾しなければ，主債務者等に対抗することができない（民法377条1項）。

　なお，共同根抵当の場合は，共同担保であるすべての船舶について登記をしなければ，譲渡の効力は生じない（民法398条の17第1項）。

①　申請情報

　a　不登法73条1項各号（1号を除く。）の登記事項（同項4号の登記事項で，他の登記所の管轄区域内に船籍港の所在地がある船舶に関するものがある場合については，船舶についての船登令11条1号から5号までの事項を，他の登記所の管轄区域内に製造地がある製造中の船舶に関するものがある場合については，製造中の船舶の表示を含む。）（イ）

　b　船舶又は製造中の船舶についての抵当権の設定登記をした後，同一の債権の担保として他の船舶についての抵当権の処分登記を申請するときは，前の登記に係る次の事項（申請を受ける登記所に前の登記に係る共同担保目録）がある場合は，共同担保目録の記号及び目録番号（船登規則25条）（ハ）

(1)　船舶については，船名，種類及び船籍港

(2)　製造中の船舶については，製造中の船舶の表示

(3)　順位事項

c　不登法88条2項各号の登記事項（ニ）

d　共同根抵当（民法398条の16）の登記については，その旨（ホ）

e　1隻又は2隻以上の船舶又は製造中の船舶についての根抵当権の設定登記（2隻以上の船舶又は製造中の船舶についてしたものについては，cの登記をしたものに限る。）をした後，同一の債権の担保として他の船舶についての根抵当権の処分登記及び共同根抵当の登記を申請するときは，前の登記に係るb(1)(2)(3)の事項及び申請を受ける登記所に共同担保目録があるときは，共同担保目録の記号及び目録番号（船登規則25条）（ヘ）

②　添付情報

a　登記原因を証する情報（イ）

b　①eの場合に，前の登記に他の登記所の管轄区域内に船籍港の所在地がある船舶又は他の登記所の管轄区域内に製造地がある製造中の船舶に関するものがあるときは，前の登記に関する登記事項証明書

③　登録免許税

　　根抵当権の極度金額を課税標準とし，その1000分の2の税率を乗じて算出した額とする（船登規則48条1項，登税法別表第一・二㈥ロ）。

2:7:2:2　共同根抵当における代位登記（船登令別表一・十九，別表二・六，不登令別表五十九，2:6:6）

　　共同根抵当における代位登記の規定（民法393条）は，その設定と同時に同一の債権の担保として数個の船舶又は製造中の船舶について根抵当権が設定された旨の登記をしたときに限り，適用する（民法398条の16）。

①　申請情報

a　先順位の根抵当権者が弁済を受けた船舶又は製造中の船舶に関する次の事項（イ）

(1)　船舶については，船名，種類及び船籍港

(2)　製造中の船舶については，製造中の船舶の表示

b　先順位の根抵当権者が弁済を受けた船舶又は製造中の船舶の代価及び弁済を受けた額（ロ）

c　担保権の登記（不登法83条1項1号を除く各号）の登記事項。同項4号の登記事項で，他の登記所の管轄区域内に船籍港の所在地がある船舶に関するものがある場合は，船舶についての船登令11条1号から5号までの事項を，他の登記所の管轄区域内に製造地がある製造中の船舶に関するものがある場合は製造中の船舶の表示を含む。（ハ）

d　根抵当権の登記事項（不登法88条2項各号）（ホ）

②　添付情報

登記原因を証する情報

③　登録免許税

船舶1隻について1,000円である（登税法別表第一・二(け)）。

④　登記事項

不登法59条各号の事項のほか，先順位の根抵当権者が弁済を受けた船舶に関する権利，代価及び弁済を受けた額その他（不登法91条・83条，88条）。

2:7:2:3　根抵当権の全部譲渡

根抵当権者は，元本確定前に，設定者の承諾を得て，根抵当権を譲り渡すことができる（民法398条の12第1項）。

根抵当権が全部譲渡されると，以後，その根抵当権は，譲受人の債権を担保することになり，根抵当権の被担保債権が入れ替わることになるので，譲渡は，元本の確定前でなければならない。

共同根抵当の場合は，共同担保であるすべての船舶について，その登記をしなければ，譲渡の効力は生じない（民法398条の17第1項）。

①　登記原因

登記原因は，「譲渡」であり，その日付は，譲渡契約までに根抵当権設

定者（所有権の登記名義人）の承諾があれば，契約成立の日，契約の後に承諾があれば，承諾の日である。

② 登録免許税

　課税標準は，極度金額であり，登録免許税はその 1000 分の 2 である（船登規則 48 条 2 項，登税法別表第一・二㈥ロ）。

2:7:2:4　根抵当権の分割譲渡（船登令別表一・二十，別表二・七，不登令別表六十）

　根抵当権者は，その根抵当権を 2 個に分割して，その一方を譲り渡すことができる（民法 398 条の 12 第 2 項）。この譲渡をするには，根抵当権を目的とする権利を有する者（転根抵当権者など）の承諾を得なければならない（同条 3 項）。

① 申請情報

　a　根抵当権の設定登記の申請の受付年月日及び受付番号並びに登記原因及びその日付（イ）

　b　分割前の根抵当権の債務者の表示並びに担保すべき債権の範囲（ロ）

　c　分割後の各根抵当権の極度額（ハ）

　d　分割前の根抵当権について民法 370 条ただし書の別段の定め又は担保すべき元本の確定すべき期日の定めが登記されているときは，その定め（ニ）

　e　分割前の根抵当権に関する共同担保目録があるときは，共同担保目録の記号及び目録番号（船登規則 26 条）（ホ）

② 添付情報

　登記原因を証する情報

③ 登録免許税

　一部譲渡後の共有者数で極度額を除した金額を課税標準として，1000 分の 2 の税率を乗じて算出した額である（船登規則 48 条 1 項，登税法別表第一・二㈦）。

④ 登記手続

登記は，不登規則 165 条により，主登記によってする。

2:7:2:5　元本の確定請求による元本確定の登記（船登令別表一・二十一，別表二・十一，不登令別表六十一）

根抵当権の担保すべき元本は，その確定すべき期日を定めることができる（民法 398 条の 6 第 1 項）。また，設定者は，設定時から 3 年したときは，元本の確定を請求することができる（民法 398 条の 19 第 1 項）。

そして，根抵当権者は，いつでも単独で（不登法 93 条本文）で元本の確定を請求することができる（民法 398 条の 19 第 2 項）。

① 添付情報

元本確定請求（民法 398 条の 19 第 2 項）をしたことを証する情報

② 登録免許税

船舶 1 隻について 1,000 円である（登税法別表第一・二㈥）。

2:7:2:6　競売手続開始等による元本確定の登記（船登令別表一・二十二，別表二・十二，不登令別表六十二）

根抵当権者が，競売手続開始又は滞納処分による差押えがあったことを知った時から 2 週間を経過したことにより，根抵当権の担保すべき元本は確定し（民法 398 条の 20 第 1 項 3 号），根抵当権の登記名義人は，単独で（不登法 93 条）元本確定の登記を申請することができる。

① 添付情報

強制競売の開始決定に係る催告（民執法 121 条及び 189 条・49 条 2 項）又は差押えの通知（国徴法 55 条又は同条の例による場合）を受けたことを証する情報

② 登録免許税

船舶 1 隻について 1,000 円である（登税法別表第一・二㈥）。

2:7:2:7　破産手続開始決定による元本確定の登記（船登令別表一・二十三，別表二・十三，不登令別表六十三）

債務者又は根抵当権設定者が，破産手続開始決定を受けたことにより，根抵当権の担保すべき元本は確定し（民法 398 条の 20 第 1 項 4 号），根抵当権の登

記名義人は，単独で（不登法93条）元本確定の登記を申請することができる。

① 添付情報

債務者又は根抵当権設定者について破産手続開始の決定があったことを証する情報

② 登録免許税

船舶1隻について1,000円である（登税法別表第一・二㈠）。

2:7:2:8 共同根抵当の関係にある他の根抵当権の元本確定

共同根抵当の関係にある場合は，そのうちの一つの根抵当権に元本確定が生ずると，他の全ての根抵当権も元本が確定する（民法398条の17第2項）。この場合は，一般原則により，共同申請による元本確定登記を経た後の根抵当権の移転登記などを申請することができる。

なお，元本確定後に認められている極度額の変更及び根抵当権の消滅請求についても同様に取り扱われる（同法398条の21第2項，398条の22第2項）。

2：8 所有権及びその他の権利に関する登記

2:8:1 所有権の移転登記（船登令別表一・八，不登令別表三十）

既登記の船舶について所有権を移転した場合，新所有者は，所有権の登記をした後，所有権移転の日から2週間以内に船舶国籍証書（船舶法5条2項，2：1：10）書換えの申請をしなければならない（同法11条）。そして，船舶国籍証書にこれを記載しなければ，新所有者は，第三者に対抗することができないし（商法687条），船舶を航行することもできない（船舶法6条ノ2）。

① 添付情報

a 登記原因を証する情報

b 登記名義人となる者の住所を証する市町村長，登記官その他の公務員が，職務上作成した情報（公務員が職務上作成した情報がない場合にあっては，これに代わるべき情報）

c 船舶明細書（船登規則48条2項）

② 登録免許税

有償による移転の登記の場合は，課税標準である船舶の価額の1000分の28である（船登規則48条1項，登税法別表第一・二㈡ハ）。ただし，税率が軽減される場合がある（租特法79条，1：4：1，80条，1：4：2）。

なお，所有権の移転に伴い船舶管理人に変更があった場合は，1件について3万円が加算される（登税法別表第一・三十㈠）。

2：8：2　所有権等に関するその他の登記

船舶の所有権の登記の抹消（船登令別表一・五），所有権の登記の変更更正（同令別表一・四）及び抹消された所有権の登記の回復登記（同令別表一・六）の申請手続及び実行手続は，すべて不動産の登記と同様である。

①　所有権の更正登記をする場合に，単有の所有権の登記を更正して共有とするときは，船舶管理人の選任の登記を併せて申請しなければならない。また，所有権の更正登記により所有権の登記名義人となる者（登記権利者）については，日本人であることを証する情報を，新所有者となる者が会社等の法人であるときは，取締役等がすべて日本人であることを証する情報を添付する（2：2：1：6①）。

②　所有権の（移転）登記の抹消登記（2：8：2：7）又は抹消された所有権の登記の回復登記（2：8：2：8）の場合はどうか。

前所有者は，所有権の登記を申請する際に日本人証明書を提供しているので，再度，添付する必要はないと考えられる。しかし，船舶所有者（法人にあっては役員）が日本国籍を有しなくなった場合は，船舶所有者の申請に基づき抹消登録をする（船舶法14条）。

合意解除により抹消する場合は，実体上権利変動が生じているが，その登記は，移転，抹消のいずれの形式でも差し支えないとされている（精義上1687）。移転登記の形式によった場合は，日本人証明書の添付を要することは当然であるが，抹消登記の形式によった場合も，前所有者に名義が復帰するので，権利変動が生じている以上，その登記は，新たな「所有権の登記」であるから，日本人証明書の提供を要すると解する。

2：8：2：1　相続又は法人の合併による権利の移転登記（船登令別表一・一，別表

二・三，不登令別表二十二）

相続又は法人の合併による権利の移転登記は，登記権利者が単独で申請することができる（不登法63条2項）。

① 添付情報

　a　相続又は法人の合併を証する市町村長，登記官その他の公務員が職務上作成した情報（公務員が職務上作成した情報がない場合は，これに代わるべき情報）及びその他の登記原因を証する情報

　b　船舶明細書（船登規則48条2項）

② 登録免許税

　課税標準である船舶の価額の1000分の4（船登規則48条1項，登税法別表第一・二(二)イ）である。

2:8:2:2　所有権の登記名義人が申請する表題部の更正登記（船登令別表一・二，不登令別表十四）

所有権の登記名義人は，登記官が表題部にした登記（船登令15条）に錯誤又は遺漏（登記官の過誤によるものを除く。）があるときは，遅滞なくその登記事項に関する更正登記を申請しなければならない（同令23条4項）。

① 申請情報

　更正後の登記事項

② 添付情報

　錯誤又は遺漏があったことを証する情報

③ 登録免許税

　船舶1隻について1,000円である（登税法別表第一・二(十一)）。

2:8:2:3　登記名義人の表示の変更更正登記（船登令別表一・三，別表二・九，不登令別表二十三）

船舶の登記名義人としては，所有権の登記名義人，抵当権（根抵当権を含む。）の登記名義人，賃借権の登記名義人及び処分制限の登記名義人等があるが，その表示の変更更正の登記手続は，不動産の権利の登記名義人の表示の変更更正登記と同様である。

　登記官は，この登記をしたときは，遅滞なく船籍港を管轄する管海官庁に，その旨を通知しなければならない（船登令17条，船登規則24条）。

① 申請情報

　　変更後又は更正後の登記名義人の表示

② 添付情報

　　登記名義人の表示について変更又は錯誤若しくは遺漏があったことを証する市町村長，登記官その他の公務員が職務上作成した情報（公務員が職務上作成した情報がない場合にあっては，これに代わるべき情報）

③ 登録免許税

　　船舶1隻について1,000円である（登税法別表第一・二㈬）。

2:8:2:4　権利の変更更正登記（船登令別表一・四，別表二・十，不登令別表二十五）

　権利の変更更正登記は，登記上の利害関係を有する第三者の承諾がある場合及び第三者がいない場合に限り，付記登記によってすることができる（不登法66条）。

　不登令別表二十五に相当する。ただし，船舶については抵当証券が発行されることはないので，抵当証券に関する部分は除いている。

① 申請情報

　　変更後又は更正後の登記事項（イ）

② 添付情報

　a　登記原因を証する情報（イ）

　b　付記登記によってする権利の変更更正登記を申請する場合において，登記上の利害関係を有する第三者がいるときは，第三者の承諾を証する第三者が作成した情報又は第三者に対抗することができる裁判があったことを証する情報（ロ）

③ 登録免許税

　　船舶1隻について1,000円である（登税法別表第一・二㈬）。

2:8:2:5　所有権の登記の変更更正登記（船登令別表一・四，別表二・十，不登令

別表二十五）

① 申請情報

a 変更後又は更正後の登記事項（イ）

b 所有権の更正登記によって所有権の登記名義人となる者がいる場合は，次の事項（ロ）

  (1) 所有権の登記名義人となる者が会社であるときは，会社のすべての代表者（申請の代表者（船登令12条2号）を除く。）その他の業務を執行するすべての役員の氏名

  (2) 所有権の登記名義人となる者が会社以外の法人であるときは，法人のすべての代表者（申請の代表者を除く。）の氏名

② 添付情報

a 登記原因を証する情報（イ）

b 付記登記によってする権利の変更更正登記を申請する場合に，登記上の利害関係を有する第三者がいるときは，第三者の承諾を証する第三者が作成した情報又は第三者に対抗することができる裁判があったことを証する情報（ロ）

c 所有権の更正登記によって所有権の登記名義人となる者がいる場合は，船登令13条1項4号イからホまでの情報（ハ）

③ 登録免許税

  船舶1隻について1,000円である（登税法別表第一・二㈦）。

2:8:2:6　権利に関する登記の抹消登記（船登令別表一・五，別表二・十四，不登令別表二十六）

① 権利が人の死亡又は法人の解散によって消滅する旨が登記されている場合にその権利が死亡又は解散によって消滅したときは，登記権利者は，単独でその権利に関する登記の抹消を申請することができる（不登法69条）。

② 登記義務者の所在が知れないため登記義務者と共同でその権利に関する登記の抹消を申請することができないときは，登記権利者は，公示催告の申立て（非訟法99条）をすることができる。そして除権決定（同法106条1

項）があったときは，登記権利者は，単独で権利の登記の抹消を申請することができる（不登法70条1項，2項）。

③ ①の場合に，登記権利者が抵当権の被担保債権が消滅したことを証する情報として「政令で定めるもの」（⑤ c(1)(2)の情報）を提供したときは，不登法60条にかかわらず，登記権利者は，単独でそれらの権利に関する登記の抹消を申請することができる（不登法70条3項前段）。

④ ③の場合に，被担保債権の弁済期から20年を経過し，かつ，その期間を経過した後に被担保債権，その利息及び債務不履行により生じた損害の全額に相当する金銭が供託されたときも，同様である（不登法70条3項後段）。

不登令別表二十六に相当する。ただし，先取特権，質権及び抵当証券に関する部分は除いている。

⑤ 添付情報

a ①（不登法69条）により登記権利者が単独で申請するときは，人の死亡又は法人の解散を証する市町村長，登記官その他の公務員が職務上作成した情報（イ）

b ②（不登法70条2項）により登記権利者が単独で申請するときは，非訟法106条1項の除権決定があったことを証する情報（ロ）

c ③（不登法70条3項前段）により登記権利者が単独で抵当権に関する登記の抹消を申請するときは，次の情報（ハ）

(1) 債権証書並びに被担保債権及び最後の2年分の利息その他の定期金（債務不履行により生じた損害を含む。）の完全な弁済があったことを証する情報

(2) 登記義務者の所在が知れないことを証する情報

d ④（不登法70条3項後段）により登記権利者が単独で抵当権に関する登記の抹消を申請するときは，次の情報（ニ）

(1) 被担保債権の弁済期を証する情報

(2) (1)の弁済期から20年を経過した後に被担保債権，その利息及び債

　　務不履行により生じた損害の全額に相当する金銭が供託されたことを
　　証する情報

　(3)　登記義務者の所在が知れないことを証する情報

　e　aからdまでの申請以外の場合にあっては，登記原因を証する情報
　（ホ）

　f　登記上の利害関係を有する第三者がいるときは，第三者の承諾を証す
　　る第三者が作成した情報又は第三者に対抗することができる裁判があっ
　　たことを証する情報（ヘ）

⑥　登録免許税

　　船舶1隻について1,000円である（登税法別表第一・二㈔）。

2:8:2:7　所有権の登記の抹消（船登令別表一・五，不登令別表二十六）

①　添付情報

　a　権利が人の死亡又は法人の解散によって消滅し，登記権利者が単独で
　　申請するとき（不登法69条）は，人の死亡又は法人の解散を証する市町
　　村長，登記官その他の公務員が職務上作成した情報（イ）

　b　登記義務者に対する除権決定（非訟法106条1項）があり，登記権利者
　　が単独で申請するとき（不登法70条2項）は，除権決定があったことを
　　証する情報（ロ）

　c　不登法70条3項前段により登記権利者が単独で抵当権に関する登記
　　の抹消を申請するときは，次の情報（ハ）

　(1)　債権証書並びに被担保債権及び最後の2年分の利息，その他の定期
　　金（債務不履行により生じた損害を含む。）の完全な弁済があったこ
　　とを証する情報

　(2)　登記義務者の所在が知れないことを証する情報

　d　不登法70条3項後段により登記権利者が単独で抵当権に関する登記
　　の抹消を申請するときは，次の情報（ニ）

　(1)　被担保債権の弁済期を証する情報

　(2)　(1)の弁済期から20年を経過した後に被担保債権，その利息及び債

務不履行により生じた損害の全額に相当する金銭が供託されたことを証する情報

(3) 登記義務者の所在が知れないことを証する情報

e　aからdまでの申請以外の場合は，登記原因を証する情報（ホ）

f　登記上の利害関係を有する第三者がいるときは，第三者の承諾を証する第三者が作成した情報又は第三者に対抗することができる裁判があったことを証する情報（ヘ）

② 登録免許税

船舶1隻について1,000円である（登税法別表第一・二(ﾄ)）。

2:8:2:8　抹消された所有権の登記の回復 （船登令別表一・六，別表二・十五，不登令別表二十七）

抹消された登記の回復は，登記上の利害関係を有する第三者がいる場合は，第三者の承諾があるときに限り，申請することができる（不登法72条）。

① 申請情報

回復する所有権の登記事項

② 添付情報

a　登記原因を証する情報（イ）

b　登記上の利害関係を有する第三者がいるときは，第三者の承諾を証する第三者が作成した情報又は第三者に対抗することができる裁判があったことを証する情報（ロ）

③ 登録免許税

船舶1隻について1,000円である（登税法別表第一・二(ﾄ)）。

2：9　船舶の賃借権に関する登記

登記することができる船舶の賃貸借は，原則として，民法の動産についての賃貸借に関する規定が適用されるが，特則として，登記することががができる船舶の賃借権については，登記が認められ（船登令3条3号），登記をしたときは，その船舶について物権（所有権，抵当権，先取特権）を取得した者

に対してもその効力を生ずる（商法701条）。

　したがって，船舶の賃借権（転借権を含む。）の得喪変更については登記することができ，登記手続は，不動産の賃借権に関する登記手続を準用する（船登令35条1項・不登法81条，船登令別表一・十二ないし十四）。

2：9：1　賃借権の設定登記の申請手続（船登令別表一・十二，不登令別表三十八）

　登記した船舶の賃借権の設定登記の申請手続は，不動産（不登法81条）と同様である。

2：9：1：1　申請情報の内容

① 　登記の目的（船登令12条5号）

　「賃借権設定」と記載する。共有持分を目的とする場合は，「何某持分の賃借権設定」と記載する。

② 　登記原因及びその日付（船登令12条6号）

　賃借権の設定契約とその契約の成立の日を「年月日設定」と記載する。

③ 　借賃に関する定め（船登令別表一・十二・不登法81条1号）

　　船舶の賃貸借契約においては，必ずその借賃の約定をすべきであり，約定を「2年金何円」のように記載する。また，借賃の支払時期（定期払，一時払等）の約定があれば，その定めを記載する（船登令別表一・十二・不登法81条2号）。

④ 　存続期間（不登法81条2号）

　　賃貸借の存続期間が約定された場合は，存続期間を記載する。船舶の賃貸借の存続期間は，50年を超えることができず，50年より長い存続期間を定めたときは，50年に短縮される（民法604条1項）。期間の更新も認められるが，更新の時から50年を超えることはできない（同条2項）。**(注)**

⑤ 　賃借権の譲渡，転貸を許す旨の定め（船登令別表一・十二・不登法81条3号）

　　船舶の賃貸借においても，賃借人は，賃貸人の承諾を得なければ賃借権を譲渡し，又は転貸することができない。承諾を得ないで譲渡，転貸をしたときは，賃貸人は，賃貸借契約を解除することができる（民法612条）。

　賃貸借契約において，あらかじめ譲渡又は転貸を承諾する旨の特約がされた場合は，その旨の特約を申請情報に記載して，登記をすることができる。

⑥　申請人の表示（船登令 12 条 1 号）

　申請人として，登記権利者（賃借権者）及び登記義務者（賃貸人，船舶の所有権の登記名義人）を表示する。

⑦　添付情報の表示（不登規則 34 条 1 項 6 号）

⑧　申請年月日及び登記所の表示（不登規則 34 条 7 号，8 号）

⑨　代理人の表示（船登令 12 条 3 号，不登令 16 条）

⑩　課税標準の金額及び登録免許税額（船登規則 48 条 1 項）

　船舶の賃借権の設定登記の登録免許税の額は，船舶の価額を課税標準として計算するので，船舶明細書（2：2：1：7）を資料として。「登録免許税の課税標準たる船舶の価格の認定について」（昭 50.5.30 民事三発 2820 号民事局長通達，前掲）に基づいて算定し，その 1000 分の 1.5 の税率により算定した金額である（登税法別表第一・二㈣）。

⑪　船舶の表示（船登令 12 条 9 号・11 条 1 号ないし 5 号）

2：9：1：2　添付情報

①　登記識別情報（不登法 22 条）

②　登記原因を証する情報（船登令別表一・十二）

③　資格を証する情報（船登令 13 条 1 項 1 号）

④　代理権限を証する情報（船登令 13 条 1 項 2 号）

⑤　登記義務者の印鑑証明書（不登令 16 条 2 項）

⑥　登記原因について第三者の許可，同意又は承諾を必要とするときの許可等を証する情報（不登令 7 条 1 項 5 号ハ）

⑦　船舶明細書（船登規則 48 条 2 項）

　（注）　賃貸借の存続期間は，民法改正（平 29.6.2 法律 44 号）により「20 年」から「50 年」となった（令和 2 年 4 月 1 日施行）。

2:9:2　賃借権の設定登記以外の船舶の賃借権に関する登記

不動産の賃借権に関する登記と同じである。

2:9:2:1　賃借物の転貸登記（船登令別表一・十三，不登令別表三十九）

賃借人は，賃貸人の承諾を得なければ，賃借権を転貸することはできない（民法612条1項）。

① 申請情報

不登法81条1号から5号までの登記事項

② 添付情報

a　登記原因を証する情報（イ）

b　賃貸人が賃借物の転貸を承諾したことを証する賃貸人が作成した情報（賃借物の転貸を許す旨の定めの登記があるときを除く。）（ロ）

c　船舶明細書（船登規則48条2項）

③ 登録免許税

船舶の価額の1000分の1.5である（船登規則48条1項，登税法別表第一・二㈣）

2:9:2:2　賃借権の移転登記（船登令別表一・十四，不登令別表四十）

賃借人は，賃貸人の承諾を得なければ，賃借権を譲り渡すことはできない（民法612条1項）。

① 添付情報

a　登記原因を証する情報（イ）

b　賃貸人が賃借権の譲渡を承諾したことを証する賃貸人が作成した情報（賃借権の譲渡を許す旨の定めの登記があるときを除く。）（ロ）

c　船舶明細書（船登規則48条2項）

② 登録免許税

船舶の価額の1000分の1.5である（船登規則48条1項，登税法別表第一・二㈣）

２：10　信託の登記（船登令別表一・二十四，別表二・十六，不登令別表六十五）

信託法における「信託」は，ａ信託契約を締結する（３条１号），ｂ信託遺言をする（同条２号）及びｃ自己信託証書等を作成する（同条３号）という３つ方法が認められている。

① 信託の登記

　　ａの方法は，最も典型的な信託の方法であり，委託者が「特定の者（受託者）との間で，(1)財産の譲渡，担保権の設定その他の財産の処分をする旨並びに特定の者が一定の目的に従い，(2)財産の管理又は処分及びその他の目的達成のために必要な信託行為をすべき旨の契約」を締結する方法である（信託法３条１号）。

　　「信託の登記」の申請は，信託に係る権利の保存，移転又は変更の登記の申請と同時にしなければならない（不登法98条１項）。信託の登記は，受託者が単独で申請することができる（同条２項）。

　　登記又は登録をしなければ権利の得喪及び変更を第三者に対抗することができない財産（船舶）については，信託の登記又は登録をしなければ，その財産が信託財産に属することを第三者に対抗することができない（信託法14条）。

　　受益者又は委託者は，受託者に代わって信託の登記を申請することができる（不登法99条）。

② 権利の移転等の登記

　　「登記又は登録をしなければ権利の得喪及び変更を第三者に対抗することができない財産」については，「権利の移転等の登記」をすることによって，対抗要件を具備する必要がある（民法177条）。そして，この登記だけでは，その財産が受託者の固有財産であるか信託財産であるかが明確でないので，同時に信託の登記をするのである。

２：10：1　申請情報の内容

　　申請情報の内容は，不登令３条９号の一部，11号（ヘを除く。）及び12

号の事項（船登令35条）のほか，船登令12条の事項である。

　信託の登記の申請は，信託に係る権利の保存，設定，移転又は変更の登記の申請と一の申請情報により，同時にしなければならない（不登法98条1項）。

① 　登記の目的（不登令3条5号）

② 　所有権の保存登記以外の登記を申請するときは，登記原因及びその日付（不登令3条6号）

③ 　申請人等の表示（不登令3条1号〜4号）

　　不登法においては，登記名義人が2名以上いるときは，各持分の記載が必要であるが（同条9号），信託財産は，合有の性質を有するので（信託法79条），記載しない。

④ 　登記識別情報を提供することができない理由（不登令3条12号，不登準則42条1項）

2:10:2　添付情報

　不登令7条1項5号及び3項並びに9条から12条までの事項のほか，次の情報である（船登令別表一・二十四，別表二・十六）。

　　a　自己信託契約証書等（信託法3条3号）によってされた信託については，公正証書等（公正証書については，その謄本）（同法4条3項1号）又は遺言（同項2号）の書面若しくは電磁的記録及び信託の通知をしたことを証する情報（イ）

　　b　aの信託以外の信託については，登記原因を証する情報（ロ）

　　c　信託目録に記録すべき情報（ハ）

　　d　船舶明細書（船登規則48条2項）

2:10:3　信託財産の登記等の課税の特例

　所有権の「信託の登記」の登録免許税は，船舶の価額を課税標準として，1000分の4であるが（船登規則48条1項，登税法別表第一・二・(十)イ），「信託による財産権の移転登記又は登録」で次の各号のいずれかに該当するものについては，登録免許税を課さない（登税法7条1項）。

　　a　委託者から受託者に信託のために財産を移す場合の財産権の移転登

記・登録（登税法7条1項1号）

b　信託の効力が生じた時から引き続き委託者のみが信託財産の元本の受
益者である信託の信託財産を受託者から受益者（信託の効力が生じた時
から引き続き委託者である者に限る。）に移す場合の財産権の移転登
記・登録（登税法7条1項2号）

c　受託者の変更に伴い受託者であった者から新たな受託者に信託財産を
移す場合の財産権の移転登記・登録（登税法7条1項3号）

　　信託の信託財産を受託者から受益者に移す場合で，信託の効力が生じ
た時から引き続き委託者のみが信託財産の元本の受益者である場合に，
受益者が信託の効力が生じた時の委託者の相続人（委託者が合併により
消滅した場合は，合併後存続する法人又は合併により設立された法人）
であるときは，信託による財産権の移転登記・登録を相続（受益者が存
続する法人又は設立された法人であるときは，合併）による財産権の移
転登記・登録とみなす（同条2項）。

　　したがって，この場合は，相続を登記原因とする所有権の移転登記と
同様，船舶の価額を課税標準として，1000分の4を乗じて算出した額
が登録免許税となる（船登規則48条1項，登税法別表第一・二㈡イ）。

2：10：4　信託に関する登記事項

　信託の登記の登記事項は，不登法59条各号のほか，次のとおりである
（不登法97条）。ただし，bからfまでの事項のいずれかを登記したときは，
aの受益者（dの事項を登記した場合は，受益者代理人が代理する受益者に
限る。）の表示を登記する必要はない。

a　委託者，受託者及び受益者の表示（不登法97条1項1号）

b　受益者の指定に関する条件又は受益者を定める方法の定めがあるとき
は，その定め（不登法97条1項2号）

c　信託管理人（信託法8条1項）がいるときは，その表示（不登法97条1項
3号）

d　受益者代理人がいるときは，その表示（不登法97条1項4号）

　e　受益証券発行信託（信託法 185 条 3 項）であるときは，その旨（不登法 97
　　条 1 項 5 号）

　f　受益者の定めのない信託（信託法 258 条 1 項）であるときは，その旨
　　（不登法 97 条 1 項 6 号）

　g　公益信託（公益信託ニ関スル法律 1 条）であるときは，その旨（不登法 97
　　条 1 項 7 号）

　h　信託の目的（不登法 97 条 1 項 8 号）

　i　信託財産の管理方法（不登法 97 条 1 項 9 号）

　j　信託の終了の事由（不登法 97 条 1 項 10 号）

　k　その他の信託の条項（不登法 97 条 1 項 11 号）

　g　信託目録（不登法 97 条 3 項）

2：10：5　受託者の変更による船舶の権利の移転登記（船登令別表一・二十五，別表二・十七の二，不登令別表六十六）

　受託者の任務が終了し，新たに受託者が選任されたときは，信託財産に属する船舶についてする受託者の変更による権利の移転登記は，不登法 60 条にかかわらず，新たに選任された受託者が単独で申請することができる（不登法 100 条 1 項）。

　受託者が 2 名以上の場合に，そのうち少なくとも 1 名の受託者の任務が不登法 100 条 1 項の事由により終了したときは，信託財産に属する船舶についてする受託者の任務の終了による権利の変更登記は，不登法 60 条にかかわらず，他の受託者が単独で申請することができる（同条 2 項）。

①　申請情報

　a　登記の目的　所有権移転

　b　登記原因　（例）年月日受託者辞任による変更

②　添付情報

　　不登法 100 条 1 項の事由により受託者の任務が終了したことを証する市町村長，登記官その他の公務員が職務上作成した情報及び新たに受託者が選任されたことを証する情報

③　登録免許税

　　非課税である（登税法7条1項3号）。

④　職権による信託の変更登記

　　登記官は，信託財産に属する船舶についてによる受託者の更迭又は任務
の終了により権利の移転（信託法75条1項，2項），変更（同法86条4項本文）
又は受託者の表示変更の登記をするときは，職権で，信託の変更登記をし
なければならない（不登法101条）。

2：10：6　船舶の権利（製造中の船舶については抵当権）の変更登記（船登令別表一・二十五の二，別表二・十七の二，不登令別表六十六の二）

　　信託財産に属する船舶についてする一部の受託者の任務終了による権利の
変更登記である（2：10：7，2：10：8を除く。）。

　　受託者の任務は，信託の清算が結了した場合のほか，信託法56条1項各
号の事由によって終了する。これらの場合は，新たに受託者が選任される。

①　添付情報

　a　受益者の指定等に関する定め（不登法97条1項2号）がある信託財産に
　　属する船舶について権利の変更登記を申請する場合に申請人が受益者で
　　あるときは，その定めに係る条件又は方法により指定され，又は定めら
　　れた受益者であることを証する情報（イ）

　b　受益証券発行信託（信託法185条3項）の信託財産に属する船舶につい
　　て権利の変更登記を申請する場合に申請人が受益者であるときは，次の
　　情報（ロ）

　　(1)　受益者が受益証券（同条1項）の受益者であるときは，その受益証
　　　券

　　(2)　受益者が振替受益権（社債，株式等の振替に関する法律127条の2第1項）
　　　の受益者であるときは，受益者が交付を受けた書面（同法127条の27
　　　第3項）又は加入者等による振替口座簿に記載され，又は記録されて
　　　いる事項を記載した書面（同法277条）

　　(3)　受益者が受益証券を発行しない受益権の受益者（信託法185条2項）

であるときは，受益権原簿記載事項を記載した書面又は電磁的記録
（信託法 187 条 1 項）

c　信託の併合又は分割による権利の変更登記を申請するときは，次の情
報（ハ）

(1)　信託の併合（信託法 2 条 10 項）又は分割（同条 11 項）をしても従前の
信託又は分割信託（同法 155 条 1 項 6 号）若しくは承継信託（同号）の信
託財産責任負担債務（同法 2 条 9 項）に係る債権を有する債権者を害す
るおそれのないことが明らかであるときは，これを証する情報

(2)　(1)以外の場合は，受託者による公告及び催告（信託法 152 条 2 項，156
条 2 項又は 160 条 2 項），公告を官報のほか時事に関する事項を掲載する
日刊新聞紙（同法 152 条 3 項 1 号，156 条 3 項 1 号，160 条 3 項 1 号）又は電
子公告（同法 152 条 3 項 2 号，156 条 3 項 2 号，160 条 3 項 2 号）によってし
た法人である受託者については，これらの方法による公告をしたこと
並びに異議を述べた債権者がいるときは，債権者に対し，弁済し若し
くは相当の担保を提供し若しくは債権者に弁済を受けさせることを目
的として相当の財産を信託したこと又は信託の併合若しくは分割をし
ても債権者を害するおそれがないことを証する情報

②　登録免許税

非課税である（登税法 7 条 1 項 3 号）。

2：10：7　自己信託契約証書等によってされた信託による権利（製造中の
船舶については抵当権）の変更登記（船登令別表一・二十五の三，別表二・十七
の三，不登令別表六十六の三）

自己信託（信託法 3 条 3 号）は，委託者自らが受託者となり，自己が有する
一定の財産の管理・処分を自ら（受託者として）する信託である。

財産は，受託者の固有財産から信託財産に属することになるので，権利の
変更に該当し，その権利が信託財産となった旨の権利の変更登記をすること
になる。

自己信託に係る信託の登記の申請は，受託者が単独で（不登法 98 条 3 項），

その権利の変更登記と同時に（一の申請情報で）しなければならない（不登令5条2項）。

① 申請情報の内容

  a 登記の目的 信託財産となった旨の登記及び信託

  b 登記原因 年月日自己信託

② 添付情報

  信託法4条3項1号の公正証書等（公正証書については，その謄本）又は同項2号の書面若しくは電磁的記録及び同号の通知をしたことを証する情報

③ 登録免許税

  非課税である（登税法7条1項3号）。

2：10：8 一部の受託者の任務終了による権利（製造中の船舶については抵当権）の変更登記（船登令別表一・二十六，別表二・十八，不登令別表六十七）

受託者が2名以上の信託において，受託者の1名の任務終了による権利の変更登記は，他の受託者が連名で申請する（不登法100条2項）。

① 申請情報の内容

  a 登記の目的 何番合有登記名義人変更

  b 登記原因 年月日受託者乙株式会社任務終了による変更

  c 変更後の事項 受託者 丙株式会社

② 添付情報

  不登法100条1項の事由により一部の受託者の任務が終了したことを証する市町村長，登記官その他の公務員が職務上作成した情報

③ 登録免許税

  非課税である（登税法7条1項3号）。

2：10：9 信託の併合又は分割に伴う権利の変更登記等の特則

信託の併合（信託法2条10項）又は分割（同条11項）により船舶に関する権利が一の信託の信託財産に属する財産から他の信託の信託財産に属する財産

となった場合の権利に係る一の信託についての信託の登記の抹消及び他の信託についての信託の登記の申請は，信託の併合又は分割による権利の変更登記の申請と同時にしなければならない（不登法104条の2第1項前段）。

　この場合の権利の変更登記の登記権利者及び登記義務者は，不登法104条の2第2項の表のとおりである。

① 申請情報の内容

　a　登記の目的　　信託併合（分割）により別信託となった旨の登記，信託登記の抹消及び信託

　b　原因　　権利の変更登記　年月日信託併合（分割）

　　　　　　　　信託登記の抹消　信託併合（分割）

② 添付情報

　a　登記原因を証する情報

　b　登記識別情報

　c　信託目録に記録すべき情報（船登令別表一・十六ハ）

　d　債権者保護情報（船登令別表一・二十五の二ハ）

　e　その他

③ 登録免許税

　　非課税である（登税法7条1項3号）。

2：11　仮登記に関する登記

2：11：1　仮登記（船登令別表一・二十七，別表二・十九，不登令別表六十八）

　仮登記の登記義務者の承諾がある場合におけるによる仮登記である（不登法107条1項）。

① 添付情報

　a　登記原因を証する情報（イ）

　b　仮登記の登記義務者の承諾を証する登記義務者が作成した情報（ロ）（注）

　c　船舶明細書（船登規則48条2項，2：2：1：7）

② 登録免許税

　船舶の価額の 1000 分の 4 である（船登規則 48 条 1 項，登税法別表第一・二㈠イ）。

　(注)　仮登記を命ずる処分（不登法 108 条 1 項）がある場合に仮登記の登記権利者が単独で申請する仮登記の場合は，仮登記を命ずる処分の決定書正本（不登令 7 条 1 項 5 号ロ(2)）による。

2：11：2　所有権に関する仮登記に基づく本登記（船登令別表一・二十八，不登令別表六十九）

　登記上の利害関係を有する第三者がいるときである（不登法 109 条 1 項）。

① 添付情報

　第三者の承諾を証する第三者が作成した情報（仮登記担保契約に関する法律 20 条で準用する同法 18 条本文により承諾に代えることができる同条本文の差押えをしたこと及び清算金を供託したことを証する情報を含む。）又は第三者に対抗することができる裁判があったことを証する情報

② 登録免許税

　登税法別表第一・二の税率欄に掲げる割合から 1000 分の 4 を控除した割合の税率である（船登規則 48 条，登税法 17 条 2 項）。

2：11：3　仮登記の抹消（船登令別表一・二十九，別表二・二十，不登令別表七十）

　仮登記の登記名義人は，その抹消を単独で申請することができる。また，仮登記の登記上の利害関係人（不登法 110 条後段）も単独で申請することができるが，この場合は，添付情報 b 及び c が必要である。

① 添付情報

　a　登記原因を証する情報（イ）

　b　仮登記の登記名義人の承諾を証する登記名義人が作成した情報又は登記名義人に対抗することができる裁判があったことを証する情報（ロ）

　c　登記上の利害関係を有する第三者がいるときは，第三者の承諾を証す

る第三者が作成した情報又は第三者に対抗することができる裁判があっ
たことを証する情報（ハ）

② 登録免許税

船舶1隻について1,000円である（登税法別表第一・二㊦）。

2：12　船舶の強制執行に関する登記

強制執行は，強制競売のみであり，強制管理の方法によるものは認められ
ない（民執法112条）。

2：12：1　強制競売開始決定による差押えの登記

総トン数20トン以上の船舶に対する強制執行（以下「船舶執行」とい
う。）は，強制競売の方法により行う（民執法112条）。

既登記の船舶に対する強制競売開始決定がされた場合は，その決定により
債権者のために債務者所有の船舶を差し押さえる旨の宣言がされ（同法114
条2項），裁判所書記官は，その差押えの登記を嘱託しなければならない（同
法121条・48条1項）。

① 嘱託情報の内容

a 登記の目的　差押え

b 登記原因及びその日付　年月日何地方裁判所強制競売開始決定

② 添付情報

a 強制競売開始決定正本

b 船舶明細書（船登規則48条2項）

③ 登録免許税

債権金額の1000分の4である（船登規則48条1項，登税法別表第一・二㊎）。

2：12：2　未登記船舶の差押え（又は仮差押え）の登記

登記をすることができる船舶で未登記のものに対して強制競売の開始決定
（又は仮差押命令）がされた場合は，執行裁判所の裁判所書記官は，同決定
が債務者に送達される前に，差押え（又は仮差押え）の登記を嘱託しなけれ
ばならない（民保法48条・47条3項）。

① 嘱託情報の内容

　　a　登記の目的　差押え（又は仮差押え）

　　b　登記原因及びその日付　年月日何地方裁判所強制競売開始決定（又は
　　　仮差押え）

② 添付情報

　　a　強制競売開始決定（又は仮差押命令）正本（**注**）

　　b　船舶明細書（船登規則 48 条 2 項）

③ 登録免許税

　　債権金額の 1000 分の 4 である（船登規則 48 条 1 項，登税法別表第一・二㈤）。

④ 登記手続

　　登記官は，職権により船舶の表示について登記をし，かつ，所有権の保
　存登記をしなければならない（船登令 16 条）。

　（**注**）　「嘱託書には，船舶につき始めて所有権の登記を申請する場合に申請書に添附
　　　すべき書面の添附を要する」とする民事局長通達（昭 25.12.26 民事甲 3339 号）
　　　があるが，裁判所書記官は，船舶件名書謄本により日本船舶であることを確認し
　　　ているから，決定正本のみ添付すれば足りると解していた（精義 2406）。しかし，
　　　船登令 13 条 1 項 4 号の各情報については，日本船舶かどうかを証するために必
　　　要な情報であり，嘱託時に登記官が，作成後 3 月以内（同条 3 項）の情報によっ
　　　て日本船舶であるか否かを確認する必要があるから，原則どおり，嘱託情報と併
　　　せて登記所に提供する必要があろう（松田・杉浦 570）。

2:12:3　強制競売による売却の登記

　　差し押さえられた船舶の強制競売による売却許可決定が確定し，買受人が
　その代金を納付した時に所有権を取得する（民執法 79 条）。

① 嘱託情報の内容

　　執行裁判所の書記官は，次の登記を一の嘱託情報で嘱託する（民執法 121
　条後段・82 条 1 項）。

- a　買受人の取得した権利の移転登記
- b　売却により消滅した権利の登記及び売却により効力を失った登記の抹消
- c　差押え又は仮差押えの登記の抹消

② 添付情報

- a　売却許可決定があったことを証する情報
- b　船舶明細書（船登規則 48 条 2 項）

③ 登録免許税

　所有権の移転登記（ a ）について船舶の価額の 1000 分の 28 の税額及び登記の抹消（ b 又は c ）の登録免許税 1,000 円を納付する（船登規則 48 条 1 項, 登税法別表第一・二㈡ハ）。

④ 登記手続

- a　登記の目的　所有権移転

    原因　　　　年月日強制競売による売却

- b　登記の目的　何番差押登記抹消

    原因　　　　年月日強制競売による売却

- c　登記の目的　何番抵当権抹消

    原因　　　　年月日強制競売による売却

2:12:4　担保権の実行としての競売

　船舶を目的とする担保権の実行としての競売については, 民執規則第二章第二節第二款（74 条中申立書の記載事項及び執行力のある債務名義の正本に係る部分並びに 83 条で準用する 62 条を除く。）を準用する（民執規則 174 条）。

2:12:4:1　差押えの登記

　執行裁判所の裁判所書記官は, 競売開始決定があったときは, 差押えの登記を嘱託しなければならない（民執法 189 条・48 条 1 項）。

① 申請情報の内容

- a　登記の目的　差押え

b　原因　年月日何地方裁判所競売開始決定

②　添付情報

a　競売開始決定正本

b　船舶明細書（船登規則 48 条 2 項）

③　登録免許税

申立債権金額の 1000 分の 4 である（船登規則 48 条 1 項，登税法別表第一・二㈤）。

2:12:4:2　売却の登記

差し押さえられた船舶の競売による売却許可決定が確定し，その代金を納付して，買受人は，船舶を取得する（民執法 121 条・79 条）。

① 売却により，船舶を目的とする抵当権及び一般の先取特権は消滅し，消滅する担保権の権利者，差押え債権者，仮差押え債権者に対抗できない船舶に係る権利（所有権，抵当権又はこれらに関する仮登記された権利）は効力を失い，差押え，仮差押えの執行及び対抗できない仮処分の執行も効力を失う（民執法 59 条）。

② 執行裁判所の裁判所書記官は，買受人の代金の納付があったときは，売却許可決定の正本及び船舶明細書（船登規則 48 条 2 項）を添付して，次のとおり嘱託する（民執法 121 条・82 条）。

a　買受人の取得した船舶の所有権の移転登記

b　売却により消滅した権利又は売却により失効した権利の取得若しくは仮処分に係る登記の抹消

c　差押え又は仮差押えの登記の抹消

③ 登録免許税は，船舶 1 隻について，所有権の移転登記（a）について 1000 分の 28（船登規則 48 条 1 項，登税法別表第一・二㈡ハ），登記の抹消（b 又は c）について 1,000 円を納付する（同二㈠）。

④ 登記手続

a　登記の目的　所有権の移転

　　原因　　　　年月日担保船舶競売による売却

 b 登記の目的 何番差押登記抹消

  原因   年月日担保船舶競売による売却

 c 登記の目的 何番抵当権抹消

  原因   年月日担保船舶競売による売却

2:12:4:3 差押え登記の抹消

 競売の申立ての取下げ又は開始決定の取消しがあったときは，裁判所書記官は，差押えの登記の抹消を嘱託しなければならない。不動産の競売の場合と同じである（民執法121条・54条）。

① 登録免許税

  船舶1隻について1,000円である（登税法別表第一・二㈲）。

2:12:5 処分禁止の仮処分の登記

 船舶に関する権利（所有権，抵当権及び賃貸権）についての登記請求権を保全するために処分禁止の仮処分命令があった場合，保全執行裁判所の裁判所書記官は，処分禁止仮処分の登記を嘱託する（民保法54条・53条，47条3項）。

 未登記船舶の場合は，裁判所書記官がその船舶が日本船舶であることを確認したうえで嘱託する。

 船舶に関する所有権以外の権利（抵当権又は賃借権）の設定又は変更更正の登記請求権を保全するための処分禁止の仮処分執行は，仮処分による仮登記（保全仮登記）を併せてする（民保法53条2項）。

① 嘱託情報の内容

 a 登記の目的 処分禁止の仮処分（権利保全の仮登記）

 b 登記原因 年月日何地方裁判所仮処分命令

 c 所有権以外の権利の場合 保全仮登記 登記事項（権利の内容）

② 添付情報

 a 仮処分命令正本

 b 船舶明細書（船登規則48条2項）

③ 登録免許税

　課税標準である船舶の価額（船舶明細書による。）の1000分の4である（登税法別表第一・二㈤，同法11条1項）。保全仮登記の登録免許税は，納付する必要はない（平2.11.8民事三発5000号民事局長通達）。

2:12:6　未登記船舶にする所有権の処分制限の登記（船登令別表一・九，不登令別表三十一）

① 嘱託情報

　未登記船舶の場合は，登記官は，嘱託情報の内容により，職権で表題部に登記事項を登記する（船登令16条）ので，船登令12条9号で引用する11条1号から5号までに掲げる船名，船舶の種類等の登記事項のほか，同条6号から10号までの表題部の登記事項も嘱託情報の内容とする。

② 添付情報

　a　登記原因を証する情報として仮処分命令の正本

　b　船登令別表一・七の添付情報

③ 登録免許税

　船舶の価額を債権金額とみなし（登税法11条1項），その1000分4である（船登規則48条1項，登税法別表第一・二㈤）。

④ 登記事項

　登記官は，未登記船舶について嘱託により所有権の処分禁止の仮処分の登記をするときは，職権で船舶の表示を登記し，所有権の保存登記（船登令16条）をしなければならない（同令15条）。この場合は，権利部に次の事項を記録しなければならない（船登規則23条）。

　a　所有者の表示（船登規則1号）

　b　所有者が2人以上いるときは，所有者ごとの持分（船登規則2号）

　c　処分の制限の登記の嘱託により所有権の登記をする旨（船登規則3号）

───【民事執行規則74条（申立書の記載事項及び添付書類）】───

　船舶執行の申立書には，第21条各号に掲げる事項のほか，船舶の所在する場所

並びに船長の氏名及び現在する場所を記載し，執行力のある債務名義の正本のほか，次に掲げる書類を添付しなければならない。

一 （略）

二 登記がされていない日本船舶については，船舶登記令第13条第1項第4号イからホまでに掲げる情報を記載した書面，同令別表一・七添付情報欄ロ及びハに掲げる情報を記載した書面及びその船舶が債務者の所有に属することを証する文書

2:12:7 処分禁止の登記に後れる登記の抹消（船登令別表一・三十，別表二・二十二，不登令別表七十一）

処分禁止の登記（民保法54条・53条1項，保全仮登記とともにしたものを除く。）に後れる登記の抹消である。仮処分の債権者が単独で申請するものに限る（不登法111条1項；同条2項）。

① 添付情報

処分禁止の登記に後れる登記を抹消する旨の通知（民保法61条・59条1項）をしたことを証する情報

この通知は，これを発した日から1週間を経過した時に到達したものとみなされるから（同法59条2項），到達の証明は必要でない。

② 登録免許税

船舶1隻について1,000円である（登税法別表第一・二(ﾄ)）。

2:12:8 保全仮登記に係る仮処分の登記に後れる登記の抹消（船登令別表一・三十一，不登令別表七十二）

船舶の使用収益をする権利について保全仮登記（民保法53条2項）がされた後，その仮登記に係る仮処分の債権者が本登記をする場合，債権者は，所有権以外の権利又は権利に関する登記であって，保全仮登記（同法58条3項）と共にした処分禁止の登記に後れるものの抹消（同条4項）は，単独で申請することができる（不登法113条）。

① 添付情報

　　民保法61条で準用する同法59条1項の通知をしたことを証する情報

② 　登録免許税

　　船舶1隻について1,000円である（登税法別表第一・二(ト∋)）。

2：13　船舶の登記の抹消及び抹消回復

2：13：1　船舶の登録及び登記の抹消と回復の登録及び登記

① 　船舶が「滅失若クハ沈没シタルトキ」，「解撤セラレタルトキ」又は「日本ノ国籍ヲ喪失シ（船舶法1条の日本船舶でなくなったとき（注））若クハ第二十条ニ掲クル船舶トナリタルトキ」又は「船舶ノ存否カ三个月間分明ナラサルトキ」は，所有者は，その事実を知った日から2週間内に船舶原簿（船舶法5条）に抹消の登録をし，遅滞なく，船舶国籍証書（2：1：10）を返還しなければならない（同法14条1項）。

　　船舶所有者が抹消の登録をしないときは，管海官庁は，1月内に抹消登録をするよう催告し，正当な理由なくその手続をしないときは，職権で抹消登録をすることができる（同条2項）。

② 　管海官庁は，①により船舶の抹消登録をしたときは，船舶原簿を閉鎖し（船舶細則27条2項），遅滞なく，船舶の抹消登記を登記所に嘱託しなければならない（船登令24条）。

③ 　3か月間存否不明の船舶の存在が明らかになったときは，登記実務においては，所有者の申請により抹消された船舶の登記の回復登記をすることができるとされている（昭25.2.27民事甲561号民事局長通達）。しかし，船舶所有者が管海官庁に船舶原簿の抹消の登録の回復を申請し，回復の登録がされたときに，管海官庁が先にした船舶登記の抹消は誤っていたのであるから，その是正として，管海官庁の嘱託により，抹消した船舶の登記の回復をすべきである（2：8：2：8，精義2249）。

　（注）　日本の国籍を喪失するのは，次の場合である。

　　　a　船舶の所有者が日本の国籍を失ったとき。

　　b　船舶の所有者が法人の場合に，その法人が日本に主たる事務所を有しないこ
　　　とになったとき。

　　c　船舶の所有者が法人の場合に，その法人の社員，取締役又は代表取締役の全
　　　員又は一部に外国人が就任したとき。

　　d　船舶が外国人に譲渡（競売による売却を含む。）されたとき。

2：13：2　船舶の登記の抹消又は抹消回復の嘱託手続

　船舶の登記の抹消又は抹消された船舶の登記の回復登記の嘱託手続は，次
のとおりである。

2：13：2：1　嘱託者

　管海官庁は，船舶の所有者の申請又は職権により船舶原簿の登録を抹消し
た上（船舶法 14 条），船舶登記の抹消を嘱託する（船登令 24 条）。

　船舶登記が抹消された後に船舶の存在が確認されたときは，管海官庁は，
船舶登記の回復を嘱託する。

2：13：2：2　嘱託情報の内容

　船舶の登記の抹消又は抹消された登記の回復登記の嘱託情報の内容は，次
のとおりである。（注）

① 　登記の目的（船登令 12 条 5 号）

　「船舶登記抹消」又は「抹消船舶登記回復」と記載する。

② 　登記原因及びその日付（船登令 12 条 6 号）

　　a　船舶の登記の抹消については，登記された船舶が船舶法 20 条所定の
　　　船舶になったときに，「滅失」，「沈没」，「解撤」，「国籍喪失」，「不登簿
　　　船編入（又は独航機能撤去）」，「3 箇月存否不明」と記載する。その日
　　　付は，各事由の生じた日（3 か月存否不明の場合は，3 か月満了の日）
　　　を記載する。

　　b　抹消された船舶の登記の回復については，「船舶存在確認」と記載す
　　　る。その日付を記載する必要はない。

③ 　嘱託管海官庁の表示（船登令 12 条 1 号，24 条，35 条 1 項・不登令 16 条 1 項，

2項，4項）

④　登記嘱託の年月日及び登記所の表示（不登規則34条1項7号，8号）

⑤　船舶の表示（船登令12条9号・11条1号ないし5号）

　　a船名，b船舶の種類，c船籍港，d船質，e総トン数を記載する。

(注)　船舶の登記の抹消の嘱託については，船登令12条及び13条の原則的な事項以外に嘱託情報の内容とすべき事項及び添付情報はないことから，別表には項を設けていない。

2:13:2:3　添付情報

添付すべき情報はない。

2:13:2:4　登録免許税

その性質上登録免許税は必要ない。

2:13:2:5　抹消の登記手続

登記官は，船舶の登記を抹消するときは，登記記録を閉鎖し（船登規則14条），滅失した船舶が他の船舶と共に所有権以外の権利の目的であったときは，船登規則49条が準用する不登規則110条各項の手続をしなければならない。

2:13:2:6　船舶国籍証書の検認未済による職権抹消

①　日本船舶の所有者は，一定の日までに船舶国籍証書を，船籍港を管轄する管海官庁に提出して，その検認を受けなければならず（船舶法5条ノ2第1項），期日までに提出しないときは，船舶国籍証書は効力を失い，管海官庁は，船舶原簿に職権で抹消の登録をする（同条4項）。

　　検認未済により職権によって登録を抹消された船舶は，船舶国籍証書の交付を受けていないものとして，船舶原簿に登録されないため，船舶を航行させるためには，新規に登録を受け（同法5条），船舶国籍証書の交付を受けなければならない。

　　この検認未済による船舶原簿の職権による抹消登録は，行政上の取締り等のために行われるものであり，船舶法14条の抹消登録の事由に該当し

ないため，管海官庁から船舶の抹消登記の嘱託はされない。ただし，前述のように，この船舶を運航の用に供するためには，新規に登録しなければならないことを第三者に警告し，登記所において何らかの措置をとることができるように，管海官庁は，管轄する登記所に対して，職権により，登録を抹消した旨を通知することとしている（船舶細則27条ノ2）。

　しかし，この通知を受けた登記所が，どのような措置を採るべきかについて，船登令等は，何ら定めていない。これは，検認未済による船舶原簿の職権による抹消登録は，もっぱら行政上の取締りのために行われるものであり，船舶の私権の行使を制約するものではないからであろう。したがって，管海官庁からその旨の通知があった船舶について，所有者が抹消船舶の再使用のために所有権の移転登記等の申請をした場合は，申請を受理し，登記をすべきことになる（昭25.12.28民事甲3407号民事局長通達）。

② 　船舶国籍証書により職権で抹消の登録がされた船舶について，所有者が船舶法5条の規定による登録の手続をするまでの間に，同法14条の事由が生じた場合に，管海官庁において抹消登録をすべき状態となっている事実を確認したときは，船登令24条（旧船登規則30条）に該当するものとして抹消の登記を嘱託することができる（昭32.5.2民事甲865号民事局長通達）。これは，船舶法5条ノ2第4項により，抹消登記について嘱託制度が採られることになった結果，同法14条1項に定める状態になった場合に登記を抹消する途がないことの不合理を是正するための措置である（藤部199）。

2：14　官庁又は公署の嘱託登記

2：14：1　官公署が登記権利者となる権利に関する登記（船登令別表一・三十二，別表二・二十二，不登令別表七十三）

不登法116条1項により官庁又は公署が嘱託するものに限る。

① 　添付情報

　a 　登記原因を証する情報（イ）**（注）**

　b 　登記義務者の承諾を証する登記義務者が作成した情報（ロ）

② 登記識別情報

　登記官は，官公署が登記権利者のためにした登記の嘱託に基づいて登記を完了したときは，速やかに，登記識別情報をその官公署に通知しなければならない。通知を受けた官公署は，遅滞なく，これを登記権利者に通知しなければならない（不登法117条）。

（注）　嘱託の場合にも「登記原因を証する情報」を明記しているのは，別表に掲げていない登記について嘱託する場合にも登記原因証明情報の提供が必要であることを明らかにするためである。これに対し，別表の他の登記欄の登記として，それぞれその項の添付情報欄の規定が重畳的に通用される場合は，その欄の「登記原因を証する情報」と重なることになる。この場合は，一つの登記原因証明情報がそれぞれの添付情報欄における登記原因証明情報を兼ねることになると考えられる（河合263）。

2：14：2　表題部の変更更正の登記（船登令別表一・三十三）

　船舶の表題部の登記事項（船登令11条1号から8号まで）についての変更更正登記（船登令23条1項，2項及び5項により管海官庁が嘱託するものに限る。）の嘱託情報である。

① 嘱託情報

　変更後又は更正後の登記事項

② 登録免許税

　その性質上登録免許税は必要でない。

3　建設機械に関する登記

　建設工事費を節約し，工期を短縮して，能率的施工を図るために，建設機械を導入する必要がある。そこで，建設機械の購入資金の調達を容易にするために，建設機械抵当法（以下「建抵法」という。）による建設機械の抵当制度が設けられ，その公示手段として，建設機械に関する登記制度が設けられた。

　建設機械に関する登記としては，建設機械の所有権及び抵当権の得喪及び変更，すなわち保存，設定，移転，変更，処分の制限又は消滅についての登記がある。所有権の保存登記及び表示に関する登記を除いたその他の登記は，建設機械の所有権及び抵当権の得喪変更を第三者に対抗するための要件である（建抵法7条1項）。

　既登記の建設機械の所有権及び抵当権の取得その他の物権変動は，当事者間の意思表示（例えば，売買契約，抵当権設定契約等）のみによって効力を生ずるが（民法176条），これを登記しなければ，物権変動を第三者に対抗することができない。

　建抵法の抵当権に関する規定は，民法の規定に準じており，登記手続については，不登法の規定に準じている。そのため，民法の抵当権に関する規定を修正した自動車抵当法（1：2：1）や航空機抵当法（1：2：2）とは，かなりの差異がある。

　なお，昭和29年の建抵法の施行とともに「建設機械に関する登記事務の取扱方について」民事局長通達（昭30.1.24民事甲106号，以下「建抵基本通達」という。）が発出されている。

3：1　登記をすることができる建設機械

　抵当権（又は根抵当権）（以下，原則として「抵当権」と称する。）の目的とするために登記をすることができる「建設機械」とは，建設業法2条1項の「建設工事」の用に供される「機械類」で政令（建設機械抵当法施行令

（以下「建抵令」という。）１条）で定めるものである（建抵法２条２項）。**(注)**
なお，用語の定義は次のとおりである。

a 「建設工事」とは，土木建築に関する工事で同法別表第一の上欄に掲げるものをいう（建設業法２条１項）。

b 「建設業」とは，元請，下請その他いかなる名義をもってするかを問わず，建設工事の完成を請け負う営業をいう（同条２項）。

c 「建設業者」とは，国土交通大臣（営業所を２以上の都道府県に有する場合）又は都道府県知事（営業所を１都道府県にのみ有する場合）の許可（同法３条１項）を受けた者をいう（同法２条３項）。

d 「建設工事の用に供される機械類」とは，建設工事のために使用され得る機械類をいい，現に建設工事に使用されている必要はなく，使用できる性能を備えていれば足りる。

e 「機械類」とは，機械のみならず，これに準ずるもの，例えば機械とそうでないものが一体となっているようなものも含む。

登記ができる建設機械は，建抵令１条の別表に掲げるものである（なお，建抵令４条１項１号，建設機械抵当法施行規則（以下「建抵規則」という。）２条の２，同別表第一参照）。

(注) 自抵法で「自動車」とは，道運法による登録を受けた自動車をいい，大型特殊自動車で建抵法（２条）に規定する建設機械を除いている（自抵法２条）。

３：２ 打刻又は検認

打刻又は検認を受けていない建設機械は，抵当権の基礎となる所有権の保存登記をすることができる建設機械の適格要件を欠く（建抵法３条１項ただし書）。動産である建設機械は，その性質上，同一の種類，構造等の同じものがあるので，抵当権の目的となる建設機械を特定して，同一性を確保する必要があるからである。

　打刻とは，建設機械の同一性及び特定性を確保するため，フレーム等に固有の記号を打ち込むことをいい，検認とは，打刻されている記号を実地に確認することをいう（同法4条1項）。

　打刻のほかに検認の制度を設けているのは，打刻を受けた日の翌日から起算して2週間経過後の所有権の保存登記の申請はできないので（建登令9条），その期間経過後のものについては，改めて打刻する方法をとらずに，先に受けた打刻を検認する方法により，打刻と同じ目的を果たすためである。

　打刻（検認）の実施については，国土交通大臣からの委任を受け，建設機械が所在する都道府県知事が行う（建抵法4条4項，建抵令3条）。

3：2：1　打刻制度の必要性

　建抵法4条1項は，「建設機械の所有権保存の登記を申請しようとする者は，あらかじめ，当該建設機械につき，国土交通大臣の行う記号の打刻又は既に打刻された記号の検認を受けなければならない。」としている。すなわち，抵当権の目的とするため建設機械の所有権の保存登記を受けようとする場合は，あらかじめ国土交通大臣に申請して，建設機械について記号の打刻又はその検認を受けなければならない（注）。打刻又は検認を受けていない建設機械は，所有権の保存登記をすることができない（建抵法3条1項ただし書）。

　所有権の保存登記をすることができる建設機械の適格要件として打刻を必要とした理由は，次のとおりである。

① 　建設機械の特定又は同一性を確保すること

　　動産である建設機械は，性質上，同一の種類，構造等を同じくするものがあるから，占有を伴わない抵当権の目的とするための登記制度の対象とする場合，登記記録の表示のみで同一性を確保するためには，他の建設機械と識別できる表象を必要とする。例えば，建設機械の種類，構造，能力等を記載するだけでは，その建設機械を特定することができないから，個々の機械に何らかのメルクマールを付ける必要がある。そのため，建設機械を特定する標識として，一定の記号を打刻する制度を設けたのである。

② 取引の安全ないし利便を図ること

　既登記の建設機械は，法律的には不動産的な取扱いを受け，所有権及び抵当権の得喪変更の対抗要件は登記により（建抵法7条1項），また，質権の設定を禁止するとともに（同法25条），民事執行等についても動産とは別に扱われる。未登記の建設機械は，法律上純然たる動産として取り扱われ（例えば，所有権移転の第三者対抗要件は引渡しによる等），建設機械が既登記であるか未登記であるかによって，法律的取扱いを異にし，したがって，取引方式も異なることになる。

　建設機械について取引関係にある者は，建設機械が既登記であるか否かを調査し，確知できなければ，安全有効な取引ができないことになる。しかし，そのような調査は，取引の迅速性を害するだけでなく，管轄登記所をどのように定めるにしても容易ではない。そこで，建設機械そのものが既登記か未登記かを確知できる方法として，建設機械の打刻制度が採用されたのである。

　すなわち，建設機械に打刻されていないものは，未登記であり（打刻しなければ所有権の保存登記ができない。），打刻がされているときは，既登記の場合が多いし，さらに登記の有無を調査する必要があることになる。

　打刻されていても登記されていない場合もあるし，登記された後，建抵法8条により登記記録が閉鎖され，未登記となっている場合もあるが，打刻記号によって管轄登記所が判明するから（3:2:3:3（注）），登記の有無の調査も容易である。建設機械の登記の有無は，国土交通大臣（所管課）が設けている建設機械台帳（3:2:3:4）によってもある程度調査できる（建抵令11条）。

　このように，建設機械が既登記として不動産的な取扱いを受けるか，それとも未登記として動産的な取扱いを受けるかの調査を容易にするためにも，打刻制度は役立っているのである。

③ 登記適格の有無を打刻又は検認の際に調査し，可及的に無効な登記を防止すること

　所有権の保存登記をすることができる建設機械は，種類，名称及び仕様によって制限されており（建抵規則2条），また，その登記は，第三者に対抗できる所有権を有する建設業者の申請によってされる。これらの適格を欠く登記は無効であり，さらに質権又は差押え，仮差押え若しくは仮処分の目的となっている建設機械について所有権の保存登記がされても，その登記は，質権者又は差押え，仮差押え若しくは仮処分の債権者に対しては，効力を生じない（相対的無効）（建抵法3条2項）。したがって，抵当権が設定されても，それは，権利者に対する関係では無効とならざるを得ないのである。

　しかし，そのような無効ないし相対的無効の登記がされると，取引の安全を害することになるから，登記制度としては，登記適格のない建設機械については，所有権の保存登記ができないようにしなければならない。

　そこで，建設機械の登記適格を審査すること，すなわち，所有権の保存登記をしようとする建設機械が建抵法2条の建設機械に該当するかどうか，その建設機械について所有権の保存登記を申請しようとする建設業者が第三者に対抗できる所有権を有するかどうか及びその建設機械が質権，差押え，仮差押え又は仮処分の目的となっていないかなどを審査する手続が必要となるのである。

（注）　国土交通大臣の許可を受けた建設業者で打刻又は検認の申請をしようとする者は，当分の間，建抵規則1条の規定にかかわらず，打刻又は検認の際に建設機械の所在地を管轄する都道府県知事に申請書を提出しなければならない（建抵規則附則2項）とされているから，本手続の所管庁については，すべて「都道府県知事」と表記する。

3：2：2　打刻検認の審査手続

　登記官は，そのような実質的審査をすることはできないので，都道府県知事が，建設機械の打刻又は検認の際に，実質的審査をする。次のとおりであ

る。

① 所有権の保存登記を申請しようとする者は，あらかじめ，その建設機械について都道府県知事の行う記号の打刻又はすでに打刻された記号の検認を受けなければならない（建抵法4条1項）。

記号の打刻又は打刻記号の検認の申請を受けた都道府県知事は，建設機械の呈示を求め（記号を打刻し，又は打刻記号の検認をするには，申請人が建設機械を呈示する必要があるから，申請人がその建設機械を現実に占有していなければならない。），又は所有権取得の原因等を証するに足りる資料の呈示を求めることにより（建抵令6条），申請人がその建設機械について第三者に対抗することができる所有権を有するかどうか及びその建設機械が質権又は差押え，仮差押え若しくは仮処分の目的となっていないかを調査する（同令5条）。

質権又は差押え等の目的となっているときは，申請人は，その建設機械を占有していないのが通常であるから，呈示できないことが多い。もしも，第三者に対抗できる所有権を有することが明らかでないとき又はその建設機械が質権若しくは差押え等の目的となっていることが明らかなときは，都道府県知事は，打刻又は検認をすることはできない（同令7条1項）。

したがって，打刻又は検認を受け得た建設機械は，登記適格があるといえるのである。

② 打刻又は検認の事務は，原則として，国土交通大臣が行い，国土交通大臣は，都道府県知事に委任することができることになっているが（建抵法4条1項），建抵令3条によれば，都道府県知事の登録を受けた建設業者の申請にかかる場合は，打刻又は検認は，その建設機械の所在する地を管轄する都道府県知事が行うとしている。これは，建設業法による建設業者の許可が都道府県知事によりされるので（建抵法3条1項），そのような建設業者が有する建設機械についての記号の打刻又は検認の事務を都道府県知事に委任しているのである（同法4条4項）。なお，3：2：1（注）参照。

打刻を受けた日の翌日から2週間経過してされた所有権の保存登記の申

請は却下されるので（建登令9条），このような場合は，改めて打刻をせず
に，すでにされている打刻記号の検認を受けさせることによって，登記適
格の有無を審査することになる。

③　打刻又は検認は，所有権の保存登記を申請しようとする者の申請によっ
て，同大臣がするが（建抵法4条1項，4項），その申請手続，申請の却下事
由，打刻記号の定め方，打刻又は検認方法等の必要な事項は，すべて建抵
令が定めている（同条3項）。

④　打刻のほかに検認の制度を設けた趣旨にかんがみ，打刻を受けた日の翌
日から起算して2週間経過後の所有権の保存登記の申請は却下されるので
（建登令9条），期間経過後のものについては，改めて打刻する方法をとら
ずに，先に受けた打刻を検認する方法により，打刻と同じ目的を果たすこ
とができる。

3:2:3　申請手続

3:2:3:1　申請の要件

建設業者による打刻及び検認の申請は，次の要件を満たしている必要があ
る（建抵令4条，5条）。

a　所有者（申請者）が，建設業法による建設業の許可を有していること。

b　建抵令別表に定める建設機械であること。

c　申請者が，建設機械について，第三者に対抗することのできる所有権
を有していること。

d　質権・差押・仮差押・仮処分の目的となっていないこと。

e　申請時及び打刻（検認）を実施する時に，建設機械が申請した都道府
県内に所在すること。

3:2:3:2　申請書の提出

打刻又は検認の申請をしようとする者は，都道府県知事に対し，次の事項
を記載した申請書（建抵規則2条・別記様式第一号）及びその副本各1通を提出
しなければならない（建抵令4条（**注**））。

①　建設機械について次の事項（建抵令4条1項1号）

a　名称，型式及び国土交通省令で定める仕様（イ）

b　製造者名，製造年月及び製造番号（ロ）

c　原動機（起動用原動機，エア・モーターその他国土交通省令で定める
　　ものを除く。）を有するときは，その原動機の種類，定格出力及びb
　　（ロ）の事項（ハ）

d　道路運送車両法（以下「道運法」という。）による自動車登録番号を
　　有するときは，その自動車登録番号（ニ）

e　所在地（ホ）

② 取得の原因及び年月日（建抵令4条1項2号）

③ 所有者の建設業法による許可年月日及び許可番号並びに主たる営業所の
　所在地（建抵令4条1項3号）

④ 検認の申請書には，このほか，打刻された記号（建抵令4条2項）

（注）　国土交通大臣の許可を受けた建設業者で打刻又は検認の申請をしようとする者
　　　は，当分の間，第1条の規定にかかわらず，打刻又は検認の際当該建設機械が所
　　　在する地を管轄する都道府県知事に申請書を提出しなければならない（建抵規則
　　　附則2条）。

【建設機械打刻・検認申請書】

別記様式第一号〔第2条〕

建　設　機　械　打刻／検認　申　請　書

(用紙A4)

この申請書により建設機械抵当法第四条による　打刻／検認　の申請をします。 この申請書の記載事項は事実に相違ありません。 　　　　令和　　年　　月　　日 　　〇〇知事　殿	申請人　氏名又は名称　　　　　　　　　印 　　　（ふりがな） 住所又は主たる 事務所の所在地 　　　（ふりがな）	手数料を証紙で納入する場合にはこの欄に証紙をはること。

建 設 機 械 の 名 称		打 刻 さ れ た 記 号 （検認の申請の場合に記載する）			
型　　　式		製 造 者 名		原動機	種 類 及 び 定 格 出 力
仕 様		製 造 年 月			製 造 者 名
		製 造 番 号			製 造 年 月
		自動車登録番号			製 造 番 号
		建 設 機 械 の 所 在 地			
		所有権の取得の原因及び年月日	前所有者の氏名又は名称		
			前所有者の住所又は主たる事務所の所在地		
			売 買、贈 与、相 続、合 併 等 の 別		年月日
		建設業法による許可	許 可 年 月 日		
			許 可 番 号		
		主たる営業所の所在地			

- - - - - - - - - - - - - - - - 折 - - - - - - - - - - - - - - - - - 線 - - - - - - - - - - - - - - - -

※ 打刻／検認 した記号		※ 打刻／検認 の年月日	令和　　年　　月　　日

記載要領

1　申請人が個人企業者の場合には当該企業者の氏名及び住所を記入の上押印し、法定代理人又は支配人があるときは、その者の氏名を記入の上押印すること。申請人が会社又は組合等の場合には、当該会社又は組合等の名称及び主たる事務所の所在地を記入の上代表者の氏名を記入し押印すること。

2　「建設機械の名称」欄には、当該建設機械の建設機械抵当法施行令（昭和二十九年政令第二百九十四号）別表の名称欄に掲げる名称を記入すること。

3　「打刻された記号」欄には、検認の場合に記入するものとし、当該記号の数字はアラビヤ数字をもつてすること。

4　「原動機」欄は、原動機を有する場合に記入すること。同欄中「種類及び定格出力」の種類には、電動機、石油機関、ガソリン機関、ディーゼル機関又は蒸気機関等の別を記入すること。

5　「自動車登録番号」欄は、道路運送車両法（昭和二十六年法律第百八十五号）による自動車登録番号を有する場合に記入すること。

6　「※」欄は、申請人は記入しないこと。

3：2：3：3　打刻・検認の実施

　建設機械に初めて抵当権設定をする場合に，記号の刻印を打刻する。すでに刻印のある建設機械（過去に抵当権設定をしたことがあり，現在は抵当権等が消滅して，その建設機械の登記が閉鎖されている場合）については，刻印の検認を行う（建抵令8条）。

① 　申請書を受理後，申請者が立ち会って，打刻（検認）を実施する。打刻するのは，「打刻をした年」，「打刻の際申請人の主たる営業所が所在する都道府県」，「打刻をした都道府県知事」，「打刻の番号」を表示する記号である。

② 　打刻をする位置は，建抵規則別表第二のとおりである。印字面は，概ね縦4cm，横20cmになるが，塗装を剥離したうえで打刻する。打刻後に再塗装することは差し支えない。**(注)**

③ 　打刻（検認）後，建設機械打刻（検認）証明書（建抵規則4条）を交付する。手数料36,000円（都道府県条例）が必要である。

④ 　都道府県知事は，打刻又は検認をしたときは，国土交通大臣に対し，申請書の副本を送付するとともに，打刻し，又は検認した記号及び打刻又は検認の年月日を通知しなければならない（建抵令10条）。

　(注)　建設機械の打刻は，建抵規則3条の別表第二に定める位置に，別記様式第二号によって行う。登記の管轄を定める基準となる「申請人の主たる営業所の所在する都道府県」を表示する記号は，片仮名50音により，打刻記号，例えば「54 アイ 0023」の最初の片仮名による記号，設例の場合では「ア」が「都道府県」を表示し，別記様式第二号の(5)欄の50音に対応する都道府県，「ア」の場合は北海道となる。第2字目の50音は，打刻をする国土交通大臣（その場合は「大」）又は都道府県知事を表示する記号であって，登記所の管轄には関係ない。

3：2：3：4　建設機械台帳

　国土交通大臣は，建設機械台帳を備え，次の事項を記載しなければならな

い（建抵令11条）。

  a 所有者の表示（建抵令11条1項1号）

  b 建抵令4条1項各号の事項（同項2号）

  c 打刻された記号及び打刻の年月日（同項3号）

  d 検認の年月日（同項4号）

  e 所有権の保存登記の有無（同項5号）

3：3　管轄登記所

　建設機械に関する登記の管轄登記所は，「打刻された記号によって表示される都道府県の区域内の法務局又は地方法務局（北海道は，札幌法務局）」であって（建設機械登記令（以下「建登令」という。）1条），支局及び出張所は，建設機械に関する登記事務を取り扱わない。したがって，建設機械の所有権の保存登記を申請しようとする者は，建設機械に打刻された「打刻の際申請人の主たる営業所の所在する都道府県」が登記の管轄の基準となる。

　いったん，建設機械に打刻されれば，管轄は，最初の片仮名の記号で表示される都道府県（打刻申請人の主たる営業所の所在する都道府県）の法務局又は地方法務局に恒定し，その後，申請人の主たる営業所が他の都道府県に移転しても，管轄は変わらない。

3：4　建設機械登記簿

3：4：1　登記簿

　登記は，登記官が建設機械登記簿（建抵法7条，以下「登記簿」という。）に登記事項を記載することによって行う（建登令2条）。**(注)**

①　既登記の建設機械の所有権及び抵当権の得喪及び変更は，登記簿に登記をしなければ，第三者に対抗することができない（建抵法7条1項）。

②　登記簿には，1個の建設機械につき1用紙を備え（建抵法7条2項），建登規則別記第1号様式による表紙及び同別記第2号様式による目録を付し，同別記第3号様式による登記用紙をつづり込む（建登規則1条1項）。

③　登記簿に備える登記用紙は，表題部及び権利部に区分する（建登令3条）。

表題部には，建設機械の名称，記号等の建設機械を特定するための事項を記載し，権利部には，所有権の保存等又は抵当権の設定等の登記を記載する。

④　建設機械の登記用紙は，建設機械の名称（建抵規則別表第一）の50音順に従って登記簿につづり込み（建登規則2条1項，名称の頭文字が同じ場合には，次の文字等の50音順），同一名称のものの編綴の順序は，打刻記号の同じものは，打刻番号順によるのが相当であり，その他のものは，適宜で差し支えない（建抵基本通達二）。

権利部は，甲区（所有権に関する登記の登記事項を記載する部分）及び乙区（抵当権に関する登記の登記事項を記載する部分）に区分し，各区の順位番号欄には順位番号を記載する（同条2項，4項）。

⑤　土地又は建物の登記簿の場合は，記録すべき事項がないときは，乙区を設けなくても差し支えないが，建設機械登記簿については，所有権の保存登記をするのは，抵当権の設定登記をする前提なので，最初から記載すべき事項のない場合にも，乙区を設けることになっている（建登規則別記第三号様式）。

（注）　船舶及び農業用動産の登記簿などが「登記記録」として登記すべき登記事項を「記録」することによって行う（船登令6条，7条，農登令3条）と規定していることに対し，建設機械登記簿においては，従来どおり（附則による読み替え規定だけではなく），登記事項を「登記用紙」に「記載」することによって行うと規定している。

建登令については，旧船登規則及び旧農登令と異なり，片仮名の規定を現代語化して平易な表現振りとするという全部改正の方式を採る理由がなかったことから，旧不登法の改正等に伴う規定の整備については，整備政令による一部改正の方式が採られたためであろう。

3：4：2　滅失回復の登記

① 登記簿が滅失した場合，法務大臣は，一定の期間内に登記の回復の申請をした者は，滅失した登記簿における順位を有する旨の告示をしなければならない（建登令4条1項）。

② 回復登記の申請は，登記権利者が単独ですることができる（建登令4条2項）。

③ 登記官は，回復登記をするときは，申請の受付年月日及び受付番号を登記する（建登令4条3項）。

④ ①の期間内に新たな登記の申請があった場合に登記官がする手続及び申請の効力は，次のとおりである（建登令4条4項）。

　a　登記簿の全部又は一部が滅失した登記所の登記官は，申請情報つづり込み簿を備え付け，権利に関する登記について①の期間内に受け付けた回復登記の申請以外の登記の申請に係る申請情報（用紙に出力したものを含む。）を記載した書面をつづり込まなければならない。

　b　申請情報を記載した書面が申請情報つづり込み簿につづり込まれた「時」に，申請に係る登記としての効力を生ずる。

⑤ ②及び③の申請並びに登記手続は，次のとおりである（建登令4条5項）。

　a　滅失回復の登記の申請に係る申請情報の内容及び添付情報（建登規則12条1項，2項）

　b　滅失回復の登記をする場合の登記簿への記載事項（同条3項）

　c　滅失回復期間中に申請を受けた権利に関する登記の手続等（同規則13条）

⑥ 法務大臣は，登記簿又はその附属書類が滅失するおそれがあるときは，登記官に対し，必要な処分を命ずることができる（建登規則10条1項）。

　登録簿の滅失のおそれがある場合及び登記簿が滅失した場合に登記官及び法務局又は地方法務局の長がすべき措置については，建登規則10条2項及び3項並びに11条で規定している。

⑦ 登録免許税は課されない。

3：4：3　閉鎖登記簿

登記用紙を閉鎖したときは，これを閉鎖登記簿につづり込む（建登令5条）。次の場合である。

a　所有権の保存登記後30日以内に抵当権の設定登記がされないとき（建抵法8条）。

b　抵当権の登記が全部抹消された後30日以内に新たに抵当権の設定登記がされないとき（同条）。

c　枚数過多等のため登記を移記したとき（建登規則7条1項）。

d　法務大臣が登記官に対して滅失のおそれのある粗悪登記用紙の登記の移記及び旧用紙の閉鎖を命じたとき（同規則14条）。

なお，登記用紙を閉鎖する場合の手続等については，建登規則8条が，閉鎖登記簿の調整については，同規則9条が定めている。

3：5　建設機械の所有権の保存登記

① 建設機械の所有権の保存登記は，建設機械について登記簿に初めてされる登記である。この登記によって，建設機械は既登記となり，建抵法による抵当権の目的とすることができることになる。

② 建設機械は，所有権の保存登記がされることによって，動産としての法律的取扱いを受けることがなくなり，次のとおり，準不動産的な法律的取扱いを受けることになる。

a　所有権及び抵当権に関する得喪変更は，登記をしなければ第三者に対抗できない。

b　抵当権の目的とすることができる代わりに質権の目的とすることはできない。

c　建設機械に対する民事執行法（以下「民執法」という。）による強制競売や担保権の実行としての競売の手続は，動産に対する手続によらず，不動産的な手続による。

③ 建設機械の所有権の保存登記には，いわゆる第三者対抗要件としての効

力はない。すなわち，未登記の建設機械の所有権の取得を第三者に対抗するための要件は，動産としての対抗要件であり，引渡しを受けることによって所有権の取得を第三者に対抗することができる。所有権の保存登記をしても，引渡しを受けなければ，第三者に対抗することはできない（民法178条）。

　例えば，一の建設機械について二重に売買がされた場合は，先に引渡しを受けた者が所有権を取得する。先に登記を受けても，引渡しを受けなければ所有権の取得を対抗することはできない。もっとも，機械の呈示を求めてする打刻又は打刻の検認の制度により，対抗できない所有権の保存登記がされることは通常あり得ない。

④　既登記の建設機械は，質権の目的とすることができないので（建抵法25条），質権の目的となっている建設機械について所有権の保存登記がされたときは，その建設機械は，質権の目的となり得る資格を失い，質権者の権利を侵害することになる。この場合，なお質権の効力を存続させることにすると，抵当権との順位をいかにするかという問題を生ずる。質権者を保護するため登記記録上公示されていない質権に優先順位を認めることは適当ではなく，また，25条の趣旨にも反することになる。そこで，3条2項で，質権者らに対する関係では，所有権の保存登記を無効としたのである。

⑤　未登記の建設機械の差押え，仮差押え又は仮処分は，動産に対するそれぞれの手続によるが，既登記の建設機械に対する強制執行及び仮差押えの執行については，地方裁判所が執行裁判所又は保全執行裁判所となる（建抵法26条）。したがって，未登記の建設機械について差押え等の手続が開始された後に所有権の保存登記がされたときは，従前の手続がどうなるか解釈上疑問であり，また，改めて既登記の建設機械の差押え等の手続をやり直させることは，差押債権者等に酷である。そこで，このような場合は，所有権の保存登記は，差押債権者等に対する関係では無効とし，従前の手続を進行できることにしているのである。

⑥　所有権の保存の仮登記は，その性質上，することができない（建抵基本通達六）。

3：5：1　所有権の保存登記ができる建設機械

所有権の保存登記ができる建設機械は，次の要件を備えていなければならない。

①　建抵法2条の「建設機械」であること

　　建抵法による抵当権の目的とするために所有権の保存登記ができる建設機械は，「建設業法2条1項に規定する建設工事の用に供される機械類」であって，建抵令1条の別表に掲げるものである（建抵令4条1項1号，建抵規則2条の2，同別表第一，3：1）。

②　建抵法4条の打刻又は検認を受けた建設機械であること

　　建設機械の所有権の保存登記を申請しようとする者は，あらかじめ，その建設機械について，国土交通大臣の行う記号の打刻又はすでに打刻された記号の検認を受けなければならない（建抵法4条1項）。この記号の打刻又は検認を受けていない建設機械は，所有権の保存登記をすることができない（同法3条1項ただし書）。

3：5：2　申請人

申請人は，次の要件を備えていなければならない。

①　建設業者であること

　　建設機械の所有権の保存登記は，建設業者の申請によってすることができる（建抵法3条1項）。建設業者以外の者は，所有権の保存登記を申請することができない。すなわち，所有権の保存登記をすることができる「建設機械」であっても，その所有者が「建設業者」でないときは，所有権の保存登記の申請は却下される。そのため，建登令（16条1項）は，所有権の保存登記の申請人について定めた不登法74条1項を準用していない。

（注）

　　所有権の保存登記の申請書には，建設業者（3：1C）であることを証する情報を添付しなければならない（建登令別表七添付情報イ）。

② 申請人である「建設業者」がその「建設機械」について第三者に対抗できる所有権を有すること

　「建設機械」の所有権の保存登記は、「その建設機械につき第三者に対抗することのできる所有権を有する」建設業者の申請によりすることができる（建抵法3条1項）。本来、登記又は登録制度のある財産についての所有権の保存登記を申請できるのは、所有者に限るべきことは当然であるが、同項は、第三者に対抗できる所有権を有する場合に制限している。

　土地建物のような本来の不動産は、未登記、既登記を問わず、法律上不動産としての取扱いを受け、末登記の不動産についても、所有権の得喪変更の第三者対抗要件は、登記である（民法177条）。所有権の保存登記も、承継取得の場合は、第三者対抗要件となる。したがって、不動産の承継取得者が所有権の保存登記をする場合においても、その保存登記によって、初めて第三者に所有権を対抗できるから、第三者に対抗できる所有権を有するというような要件は不要である。

　しかし、未登記の「建設機械」は、法律上は純然たる動産の取扱いを受け、所有権の得喪の第三者対抗要件は、引渡し（同法178条）であって、所有権の保存登記自体は、所有権の取得を第三者に対抗する効力はないから（建抵法7条1項）、原始取得の場合はともかく、未登記の「建設機械」の承継取得の場合は、引渡しを受けた承継取得者が唯一の所有権者であり、引渡しを受けていない承継取得者は、所有権の取得を第三者に対抗できないのである。

　したがって、例えば、未登記の「建設機械」について二重売買が行われた場合、先に引渡しを受けた買主が所有権者であるから、この者のために所有権の保存登記がされれば問題はない。しかし、引渡しを受けていない第三者に対抗できない買主（他の買主が先に引渡しを受ければ、所有権を取得できない地位にある者）のために所有権の保存登記がされた場合に、すでに引渡しを受けている他の買主がいるときは、所有権を有しない者のために所有権の保存登記がされたことになって、登記は無効となり、これ

に基づく所有権の移転又は抵当権の設定ないしその登記は，すべて無効となって取引の安全を害するおそれもある。

　そこで，このような無効な所有権の保存登記の出現を防止するために，「第三者に対抗することのできる所有権を有する」（建登令別表七添付情報ロ）者の申請によってのみ「建設機械」の所有権の保存登記ができるとしているのである。

　所有権の保存登記当時に引渡しを受けず（打刻又は打刻の検認により対抗できない所有権について登記されることはまずあり得ない。），所有権の取得を第三者に対抗できないものであっても，その後引渡しを受けて第三者に対抗できるようになった場合は，所有権の保存登記は，遡って有効な登記となるといってよいであろう。

（注）　所有権の保存登記後は，建設業法2条2項の建設業者以外の建設業者についても所有権の取得が認められる（建抵基本通達二）。

3：5：3　所有権の保存登記の申請

　「建設機械」について所有権の保存登記を申請する場合は，あらかじめ，その建設機械につき記号の打刻又は検認を受けなければならないこと及びその申請すべき管轄登記所については，既に述べたとおりである（3：2，3：3）。

3:5:3:1　申請情報の内容

　登記の申請は，建設機械を「識別するために必要な事項，申請人の氏名又は名称，登記の目的その他の登記の申請に必要な事項として政令で定める情報（申請情報）を登記所に提供してしなければならない」（建登令16条・不登法18条）。これを受けて建登令7条は，建設機械の登記の申請における申請情報を次のとおり定めている。

　なお，不登法3条に掲げる権利のうち，地上権，永小作権，地役権及び採石権は，性質上，土地についてのみ認められる権利であり，先取特権及び賃

借権は，建設機械について，その登記を認める法令上の根拠はなく，また，質権は，登記した建設機械に設定することはできないとされている（建抵法25条）。したがって，建設機械についで登記することができる権利は，所有権と抵当権のみである（同法7条）。

「登記原因及びその日付」は，所有権の保存登記の申請情報の内容とはならない（建登令7条6号）。

なお，同一の登記所の管轄に属する数個の建設機械については，一の申請情報で所有権の保存登記を申請することができる（不登令4条）。

① 申請人の表示（氏名又は名称及び住所）（建登令7条1号）

② 申請人が法人であるときは，代表者の氏名（同条2号）

③ 代理人によって申請するときは，代理人の表示（同条3号）

④ 民法423条その他の法令の規定により他人に代わって登記を申請するときは，申請人が代位者である旨，他人の表示並びに代位原因（同条4号）

⑤ 登記の目的（同条5号）

　「所有権保存」と記載する。

⑥ 申請に係る建設機械を特定するための事項（同条7号）として表題部の登記事項（同条7号・同令6条1号・建抵令4条1項1号イないしニ）（**注1**）

　a　建設機械の名称，型式及び仕様（イ）（**注2**）

　b　製造者名，製造年月及び製造番号（ロ）（**注3**）

　c　原動機を有するときは，その原動機につき種類，定格出力並びにその製造者名，製造年月及び製造番号（ハ）（**注4**）

　d　登録自動車については，その自動車登録番号（ニ）（**注5**）

　e　打刻記号（建抵令8条1項）

⑦ 建設機械について建抵法4条1項の記号の打刻又は検認を受けた年月日（建登令7条8号・別表七）

　建設機械の所有権の保存登記の申請は，記号の打刻又は検認を受けた日の翌日から起算して2週間を経過した後にされた場合は，却下されるので（建登令9条，3：5：4：1①），この期間の経過の有無を明確にするために記

載する。期間の経過の有無は，打刻又は検認を受けていることを証する情報（3：5：3：2⑥）によって判断する。

⑧　添付情報の表示（不登規則34条1項6号）

⑨　登記の申請年月日及び登記所の表示（不登規則34条1項7号，8号）

（注1）　建抵令4条1項1号イからニまでの事項は，後述（3：5：3：2⑥）するように所有権の保存登記の申請書に添付される建設機械打刻証明書又は建設機械打刻検認証明書（同令9条2項）に記載されているから，この証明書に記載される事項と申請情報の内容は符合していなければならない。

（注2）　「仕様」として記載すべき事項は，建設機械を特定するに足りる事項であるが，建抵規則2条の2の別表第一に示されている。これらの事項は，すべて（注1）の証明書にも記載される。

（注3）　製造者名，製造年月日及び製造番号は，輸入機械等には不明なものもあるので，そのような場合は「不詳」と記載する。

（注4）　原動機を有しなければ「建設機械」に該当しないものもある。例えば，建抵令1条別表一の「連続式バケット掘削機」は，申請情報の内容に原動機を記載していないときは，「建設機械」に該当しないから，申請を却下すべきである。原動機を有することがその建設機械の性質上当然であるもの又は原動機によって運転稼動できるものなども，それが附属されている限り，申請情報に記載すべきである。

（注5）　道運法により登録を受けた特殊自動車であって，しかも「建設機械」であるものは，自動車抵当法（以下「自抵法」という。）及び道運法5条1項の適用がない。すなわち，自抵法による抵当権の目的とすることはできず，また，登録が所有権の得喪の第三者対抗要件とならないが，そのようなものも道運法の登録がされるので，その特定のため登録番号を記載する。

3：5：3：2　添付情報

建設機械の所有権の保存登記の申請に添付すべき情報は，次のとおりであ

る（建登令8条，別表七添付情報イ）。

① 申請人が法人であるときは，次の情報（建登令8条1項1号）（**注1**）

　a 会社法人等番号（商登法7条）（イ）

　b a以外のの法人にあっては，代表者の資格を証する情報（ロ）

② 代理人によって申請するときは，代理権限を証する情報（建登令8条1項2号）（**注1**）

③ 民法423条その他の法令の規定により他人に代わって登記を申請するときは，代位原因を証する情報（建登令8条1項3号）

④ 申請人が建設業法2条3項の建設業者であることを証する情報（建登令別表七添付情報イ）

　　建設業者であることを証する情報としては，建設業法3条の許可を国土交通大臣から受けている者（2以上の都道府県に営業所を設けて営業をする者）は国土交通大臣の証明書を，都道府県知事によって受けている者は都道府県知事の証明書を提供する。（**注2**）

⑤ 申請人がその建設機械につき第三者に対抗することのできる所有権を有することを証する情報（建登令別表七添付情報ロ）

　　建設機械の所有権の保存登記は，その建設機械について第三者に対抗できる所有権を有する者のみが申請できるから（建抵法3条1項本文），その適格を証する情報の提供を必要とする。

　　この所有権を証する情報としては，⑥の打刻検認証明書（建抵令9条1項）で兼用することは差し支えない。なぜなら，打刻又は検認の申請があったときは，申請人がその建設機械を所有しているかどうかを調査し（建抵令5条），第三者に対抗できる所有権を有することが明らかでないときは，打刻又は検認をすることができないから（同令7条1項），打刻又は検認を受け，これを証する情報の提供がある以上，第三者に対抗できる所有権を有することの証明書の提供があるといえるからである。

⑥ 建設機械が打刻又は検認を受けていることを証する情報（建登令別表七添付情報ハ）

　　打刻又は検認を受けていない建設機械については，所有権の保存登記を申請できないから（建抵法３条１項ただし書），建設機械打刻証明書又は建設機械打刻検認証明書（建抵令９条１項）を添付する。

⑦　住所を証する情報（建登令別表七添付情報ニ）

（注１）　国の機関の所管に属する権利について官公署の指定職員が登記を嘱託する場合は，①②の情報を提供する必要はない（建登令８条２項）。

（注２）　建設機械の記号の打刻又は検認を申請できる者は，建設業法による許可を受けた建設業者であって（建抵令２条），打刻又は検認をする国土交通大臣又は都道府県知事は，申請人がその許可を受けた建設業者であるかどうかを審査するから（同令４条１項３号），建設機械の打刻又は検認を証する書面が所有権の保存登記の申請に提供されている以上，さらに建設業者であることを証する書面を別に提供する必要はないとも考えられる。

　　しかし，打刻又は検認の証明書は，直接には申請人が建設業者であることを証明するものではないから，打刻又は検認を証する情報とは別に建設業者であることを証する情報を提供すべきであろう。

3:5:3:3　登録免許税

　建設機械の所有権の保存登記については，登録免許税を課する規定はないので，納付する必要はない。

3:5:4　所有権の保存登記の実行

3:5:4:1　却下事由の有無の審査

①　建設機械の所有権の保存登記の申請を受理した場合，登記官は，却下事由の有無を審査しなければならない。

　　建抵法４条１項の記号の打刻を受けた日（記号の検認を受けた場合は，その検認を受けた日）の翌日から起算して２週間を経過した後に所有権の保存登記の申請があった場合，登記官は，申請を却下しなければならない（建登令９条）。打刻又は検認がされた時から日時が経過すると，その間に

所有権が移転したり，差押え等の目的となって，建設機械について無効な登記又は相対的無効な登記（建抵法3条2項）がされる蓋然性が高くなる。そこで，このような無効な登記等がされることを防止するために，打刻又は検認から2週間以内に所有権の保存登記の申請をすることを要件としている。

　2週間の期間の経過の有無は，添付情報である建設機械打刻証明書又は建設機械検認証明書に記載される打刻の年月日又は検認の年月日によって審査する。

②　旧建登令4条は，各号で却下事由を列記していたが，建登令9条の却下事由以外の却下事由については，船登令及び農登令と同様，不登法25条及び不登令20条を準用している（建登令16条1項）。次のとおりである。

a　事件が申請をした登記所の管轄に属さないとき（不登法25条1号）

　　建設機械に関する登記の管轄登記所は，前記（3：3）のとおりであるが，所有権の保存登記の申請にかかる建設機械の打刻記号（申請書に添付される打刻証明書又は打刻検認証明書に記載された打刻記号）の最初の片仮名で表示される申請人の打刻申請当時の主たる営業所の所在する都道府県が，所有権の保存登記の申請を受けた法務局又は地方法務局（北海道は札幌法務局）のある都道府県か否かによって，管轄の有無を審査する。

b　事件が登記事項以外の事項を目的とするとき（同条2号）

　　不動産登記の場合における一般的な事例のほか，申請情報の内容として記載されている建設機械が建抵法にいう建設機械，すなわち建抵令1条別表に掲げる範囲に属するものでない場合などがこれに該当する。

c　打刻又は検認（建抵法4条）を受けた日の翌日から起算して2週間を経過した後に所有権の保存登記の申請があったとき（建登令9条）。

　　建設機械の打刻又は検認の制度は，申請人が第三者に対抗することができる所有権を有するかどうか，その建設機械が質権，差押え，仮差押え又は仮処分の目的となっていないかどうか等を審査して，無効な所有

権の保存登記がされることを防止するためのものであるが，打刻又は検認のされた時から所有権の保存登記の申請をするまでの間に若干の日時が経過することはやむを得ない。

この間に建設機械の所有権が移転したり，又は質権，差押え，仮差押え又は仮処分の目的となることはあり得る。したがって，打刻又は検認の時から所有権の保存登記までの期間を可及的に短縮することが無効の登記を防止するために必要である。

そこで，打刻又は検認を受けた日の翌日から起算して2週間を経過した後にされた所有権の保存登記の申請は，却下すべきものとしている。2週間を経過しているかどうかは，申請情報に添付する建設機械の打刻証明書又は検認証明書に記載される打刻又は検認の年月日によって審査する。

3:5:4:2　登記手続

① 建設機械について初めてされる登記である所有権の保存登記をする場合，登記官は，職権で表題部の登記事項（建登令6条各号）を登記しなければならない（同令10条）。建設機械の表題部の登記は，不動産と異なり，それ自体独立した登記ではなく，所有権の登記の一部である。

建設機械の所有権の保存登記は，「建設業者」（建設業法2条3項）以外の者はすることができないため（建抵法3条1項），建登令16条1項は，所有権の保存登記の申請人について定めた不登法74条1項を準用していない。

本条により，表題部の登記事項を登記するときは，表題部に，申請の受付年月日を記載し，かつ，登記官印を押印しなければならない（建登規則20条）。

② 甲区（所有権）欄には，登記の目的，申請の受付年月日及び受付番号，登記権利者（所有権の保存登記の申請人）の表示を記載する（不登法59条1項）。

③ 登記官は，所有権の保存登記をしたときは，遅滞なく，その旨を国土交通大臣に通知しなければならない（建登令15条）。

3：6　建設機械の所有権の移転登記

3：6：1　建設機械の所有権の移転登記（建登令別表八，不登令別表三十）

　建設機械の所有権の移転登記は，相続又は法人の合併の場合（3：6：2）を除き，登記権利者と登記義務者が共同で申請することはいうまでもない。建設機械の所有権の保存登記は，建設業法による許可を受けた建設業者のみが申請できるが，保存登記がされた建設機械についての所有権の移転登記における登記権利者は，必ずしも建設業者でなくても差し支えない（3：5：2（注））。

①　添付情報（建登令別表八）

　　次のとおりで，不動産のそれと同様である。

　a　登記原因を証する情報（イ）

　b　登記名義人となる者の住所を証する市町村長，登記官その他の公務員が職務上作成した情報（公務員が職務上作成した情報がない場合にあっては，これに代わるべき情報）（ロ）

②　登録免許税

　　登録免許税を課する規定は存在しないから，登録免許税は必要でない。

3：6：2　相続又は法人の合併による権利の移転登記（建登令別表一，不登令別表二十二）

　登記権利者は，単独で申請することができる（不登法63条2項）。

①　添付情報

　　相続又は法人の合併を証する市町村長（特別区の区長を含む。），登記官その他の公務員が職務上作成した情報（公務員が職務上作成した情報がない場合にあっては，これに代わるべき情報）及びその他の登記原因を証する情報

②　登録免許税

　　登録免許税を課する規定は存在しないから，登録免許税は必要でない。

３：７　建設機械又は登記名義人の表示の変更更正の登記

３：７：１　建設機械の表題部の変更更正の登記（建登令別表二，不登令別表十二）

　所有権の登記名義人は，建設機械の表題部の登記事項（建登令６条）について変更を生じ，又は錯誤若しくは遺漏があるときは，登記官の過誤による場合を除き，遅滞なく変更更正登記を申請しなければならない（建登令11条）。

① 申請情報

　　変更後又は更正後の登記事項である。登記の目的については，

　a　変更登記の場合は，「建設機械の仕様変更」などと記載し，変更後の事項として仕様を記載する。

　b　更正登記の場合は，「建設機械の製造者名，製造年月及び製造番号の更正」などと記載し，更正後の事項を記載する。

② 添付情報

　a　変更更正後の登記事項についての建設機械台帳（３：２：３：４，（**注１**））の記載を証する情報（建抵令11条１項）（イ）

　b　登記上の利害関係を有する第三者がいるときは，その者の承諾を証するその第三者が作成した情報又は第三者に対抗することができる裁判があったことを証する情報（ロ）（**注２**）

③ 登記手続

　　登記官は，表題部の変更更正の登記をするときは，表題部に申請の受付年月日及び変更後又は更正後の登記事項を記載し，かつ，変更前又は更正前の登記事項の記載を朱抹しなければならない（建登規則30条）。

④ 登録免許税

　　登録免許税を課する規定は存在しないから，登録免許税は必要でない。

　（**注１**）　打刻された建設機械の所有者は，建設機械の表示等に変更があったとき及び建設機械が滅失し，又は解体されたときは，遅滞なく，国土交通大臣に届け出

なければならず，さらに，打刻された建設機械を新たに取得した者は，取得後，遅滞なく，国土交通大臣に届け出なければならない（建抵令12条）。

　　これによって，建設機械の状態は，常時，的確に建設機械台帳に登載することができ，国土交通大臣は，利害関係人の求めにより，建設機械台帳を閲覧させ，又はその記載に関する証明をする（同令11条2項）。

（注2）　登記上の利害関係を有する第三者の権利に関する登記がある場合に登記名義人の承諾を証する情報等が求められるのは，不動産登記（不登法29条）と異なり，建設機械の表題部の登記事項に変更更正事由があることについては，登記官に職権調査の権限が認められておらず，また，国土交通大臣は，変更等の届出を受理するにとどまる（建抵令12条1項）ことから，登記名義人の承諾を証する情報等を提供させることにより，当該者の利益に反する不実の登記を防止する必要があるからと解される。

3：7：2　登記名義人の表示の変更更正登記（建登令別表三，不登令別表二十三）

　登記された建設機械に関する権利（所有権又は抵当権等）の登記名義人の表示に変更を生じた場合（会社等の法人については，商号又は名称の変更，本店等主たる事務所の移転）があったときは，登記名義人の表示の変更登記を申請しなければならない。

　また，登記名義人の表示の記録に錯誤又は遺漏があって真実と合致しないときは，登記名義人の表示の更正登記を申請しなければならない（不登法64条1項）。

① 申請情報

　　変更後又は更正後の登記事項（登記名義人の表示）

② 添付情報

　　登記名義人の表示について変更又は錯誤若しくは遺漏があったことを証する市町村長，登記官その他の公務員が職務上作成した情報（公務員が職務上作成した情報がない場合は，これに代わるべき情報）

③ 登録免許税

登録免許税は，建設機械1個について1,000円である（登税法別表第一・八ロヘ）。

3：8　建設機械の抵当権（又は根抵当権）に関する登記

建抵法で定める抵当権に関する規定は，民法の抵当権に関する規定に準じており，また，その登記に関する規定は，不登法の登記制度に準じている。

3：8：1　抵当権の効力等

既登記の建設機械は，抵当権（根抵当権を含む。建抵法24条の2）の目的とすることができる（同法5条）（注）。この抵当権は，不動産を目的とする抵当権と同様，抵当権を取得した債権者は，債務者又は物上保証人が占有を移さないで，その債務の担保に供した既登記の建設機械について，他の債権者に優先して，償権の弁済を受けることができ（同法6条），抵当権の得喪変更は，その登記をしなければ第三者に対抗することができない（同法7条1項）。

建設機械の抵当権に関して建抵法は，次のとおり不動産の抵当権と同趣旨の規定を置いている。

（注）　既登記の建設機械であっても，他の法律で抵当権の設定を禁止している場合は，その上に建設機械抵当権を設定することはできない。例えば，既登記の建設機械が工場財団の組成物件になっている場合である（工抵法13条2項）。

3:8:1:1　抵当権の効力の及ぶ範囲（建抵法10条；民法370条）

抵当権は，建設機械に「付加して一体となつている物（付加物）」（民法370条）に及ぶ。ただし，設定行為に「別段の定め」（建抵法7条1項）がある場合及び債務者の行為について詐害行為取消請求（民法424条3項）をすることとができる場合は，この限りでない（建抵法10条；民法370条ただし書）。
（注）
① 付加物に従物が含まれるか否かについて解釈上問題があることは，不動産抵当権の場合と同じであるが，建設機械は，多くの部品及び付加物から

なり，建設機械の構成部分と付加物と従物の限界が不動産より不明確であるから，どのようなものが付加物に当たるかは，各建設機械についてそれぞれ判断するほかないであろう。

② 建設機械は，多数の部品の集合体であり，部品の取替えや改廃がしばしば行われるが，主要部分（打刻記号が打刻されている部分）が同一である限り，他の部分の改廃があっても，抵当権は消滅しない。

しかし，主要部分とその他の部分との重要さにそれほど差がない場合に，部品の取替えが次々に行われ，その結果，設定当時のものとはいえなくなったときは，同一性を失い，抵当権も消滅するのではないか。建設機械が設定当時と同一の社会経済的効用を持続している限り，抵当権はなお存続するという考え方もあるが（香川保一・金融法務事情34-8），建設機械の同一性は，打刻記号及び原動機付のものについては原動機の型式によって判断されることになるから，それらが設定当時のものでなくなったときは，同一性を失い，抵当権も消滅すると解するのが相当であろう（酒井19）。

③ 建設機械の主要部分について部品の取替え等が行なわれると，建設機械の性能及び耐久力も異なり，交換価値にも重大な影響を及ぼす。したがって，建設機械の所有者が抵当権者に無断で主要部分の取替え等により，担保を損傷し，又は減少させたときは，抵当権者は，処分禁止の仮処分命令を申請してこれを阻止するか又は期限の利益喪失（民法137条2号）を理由にして債務の弁済を求めるなどの措置を講ずることができると解する。

④ 「別段の定め」とは，建設機械の付加物又は従物に対して抵当権の効力が及ばないとする特約をいう。この特約は，抵当権設定当時の付加物又は従物はもとより，抵当権設定後に付加され，従物となるものについてもすることができるが，その登記をしなければ，第三者に対抗することができない（建抵法7条1項）。なお，第三者が権原によって建設機械に付加した物（建設機械の賃借人が付加した物など）には，抵当権の効力は及ばない。

⑤ 「詐害行為取消請求をすることができる場合」とは，債務者が他の一般債権者を害すべきことを知って建設機械に物を付加し，その結果，その物

の上に抵当権の効力が及ぶことにより，一般債権者の共同担保としての資力不足を生じさせた場合などをいう。

（注） 民法改正（令2．4．1施行）により「第424条の規定により債権者が債務者の行為を取り消す」を「債務者の行為について第424条第3項に規定する詐害行為取消請求をする」とした。

3:8:1:2　不可分性（建抵法11条；民法372条・296条）

抵当権者は，債権の全部の弁済を受けるまでは，建設機械の全部について，その権利を行使することができる（建抵法11条；民法372条・296条）。

「不可分性」とは，被担保債権の一部が残存する限り，目的物の全部について抵当権の効力が及ぶことをいう。建設機械の抵当権についても不可分性があることを定め，抵当権の効力を強めたものである。抵当権者がその意思によって，抵当権の目的物の一部について抵当権の効力が及ばないとすることは，不可分性に反しない。

3:8:1:3　物上代位性（建抵法12条；民法372条・304条）

抵当権は，建設機械の売却，賃貸，滅失又は損傷によって抵当権設定者が受けるべき「代替物」である金銭債権及び物の引渡請求権に対して行使することができる。ただし，払渡し又は引渡しの前に「差押え」をしなければならない（建抵法12条；民法372条・304条）。

建設機械の抵当権は，建設機械の交換価値を把握し，これによって優先弁済を受ける権利であるから，建設機械が何らかの理由で交換価値を具体化するときは，具体化した「代替物」について一定の要件のもとで抵当権の効力を及ぼし，抵当権の効力を強めたものである。

建設機械の売却等によって抵当権設定者の受けるべき「代替物」は，金銭債権が普通であるが，建設機械を他の物と交換したときなどは，物の引渡請求権が物上代位の目的となる。

① 建設機械が売却されても，抵当権は消滅しないから，この場合，抵当権

者は，抵当権を実行するか物上代位権を行使するかの選択権を有する。抵当権者が先に抵当権を実行したときは，売却代金に対する物上代位権の行使は認められないので，建設機械の競落代金から優先弁済を受けるほかはない。

② 　建設機械の賃料は，物上代位の目的となるが，建抵法は，抵当権と賃借権との調整規定を設けていないので，建設機械に賃借権を設定しても，抵当権者又は建設機械の競落人に対して賃借権を対抗することかできない。抵当権者が建設機械の賃料について物上代位権を行使したときは，さらに建設機械に対して抵当権を実行することができる。

　なお，建設機械の賃貸借契約に当たって権利金が収受されたときは，物上代位の目的となるか問題はあるが，一時的対価の意味がある場合は，肯定すべきであろう。

③ 　建設機械が滅失し，又は損傷したときは，抵当権は消滅し，抵当権の効力は，抵当権設定者の受けるべき保険金又は抵当権設定者が第三者に対して有する損害賠償請求権の上に及ぶ。一部損傷の場合は，抵当権は消滅しないから，保険金又は損害賠償金等の請求権について，物上代位権を行使するか残存する建設機械について抵当権を実行するか選択することができる。

　なお，建設機械の滅失又は損傷が抵当権設定者又は第三者の責めに帰すべき事由によって生じたときは，抵当権者は，建設機械の交換価値が低落し，優先弁済が受けられなくなった限度で，かつ，他の不法行為の要件を満たしたときに限り，これらの者に対して，抵当権侵害による損害賠償を請求することができると解する。

④ 　「差押え」は，仮差押えでもよいが，代替物である請求権の存在する間にしなければならない。代替物が抵当権設定者の一般財産に混入した後も抵当権の効力が及ぶことになると，一般の先取特権を認めたのと同じ結果となり，他の債権者を害することになるからである。

　この差押えは，抵当権に基づくものであるから，確定判決その他の債務

名義がなくてもすることができる（大審判昭13.5.5民集17-842）。また，不動産抵当の場合と異なり，抵当権者自らが差押えをする必要はない。被担保債権の弁済期が到来していないときは，代替物を供託させることになる。

3:8:1:4　物上保証人の求償権（建抵法13条；民法372条・351条）

他人の債務を担保するため抵当権を設定した者が債務を弁済し，又は抵当権の実行によって建設機械の所有権を失ったときは，保証債務に関する規定に従い，債務者に対して求償権を有する（建抵法13条；民法372条・351条）。

求償権の範囲は，次の規定により定められている。

a　物上保証人が債務者から委託を受けて抵当権を設定したときは，民法459条及び442条2項

b　委託を受けていないが，その設定が債務者の意思に反していないときは，同法462条1項

c　その設定が債務者の意思に反するときは，同法462条2項

なお，「建設機械の所有権を失ったとき」とは，第三者が建設機械を競落した場合だけではなく，物上保証人がみずから競落人となった場合をも含む。

3:8:1:5　数個の抵当権がある場合（建抵法14条；民法373条，374条）

① 数個の債権を担保するため同一の建設機械について抵当権を設定したときは，その抵当権の順位は，登記の前後による（建抵法14条；民法373条）。

同一の建設機械について同時に数個の抵当権の設定登記の申請が受理されたときは，同順位となるから，配当時における債権額に按分比例して優先弁済を受けることになる。不動産抵当権と同じく建設機械の抵当権についても順位の絶対的変更を認めている。

② 抵当権の順位は，利害関係を有する者の承諾を得て，各抵当権者の合意によって変更することができる。「順位の変更」とは，各抵当権者の合意により抵当権の優先弁済権の順位を絶対的に変更すること（変更後の順位で当初設定したものと同様の効果を生じさせること）である。

「順位の変更」は，登記をしなければ効力を生じない（民法374条，3:9:5:3）。

3:8:1:6　先取特権との順位（建抵法 15 条，民法 334 条）

　同一の建設機械につき抵当権及び先取特権が競合する場合，抵当権は，民法 330 条 1 項に規定する第一順位の先取特権と同順位とする。

　先取特権と動産質権が競合する場合，動産質権者は，同条の第一順位の先取特権と同一の権利を有すると規定しているので（民法 334 条），この順位関係を踏襲している。

① 　抵当権者が，抵当権取得当時，民法 330 条の第 2 又は第 3 順位の先取特権者が存在することを知っていたとき，又は抵当権者のために建設機械を保存した者があったときは，同条 2 項との関係で，抵当権者は，これらの者に対して優先権を主張することができるか否かが問題となる。

　　民法 334 条の「動産質権者は，330 条の規定による第 1 順位の先取特権者と同一の権利を有する」旨の解釈については，質権者は，後順位となると解するのが通説であるから，同条と本条とを同一に解して，抵当権者は，優先弁済を受けることができないと解すべきであろう（酒井 26 ほか）。

② 　建設機械抵当権と滞納処分又は交付要求に係る税債権との競合関係については，税債権の法定納期限等前に抵当権が設定されている場合，税債権は，抵当権によって担保されている債権に劣後する（国徴法 16 条，地税法 14 条の 10）。ただし，その登記は法定納期限等以前にされていなければならない。

3:8:1:7　担保される利息等（建抵法 16 条；民法 375 条）

　抵当権者が利息その他の定期金を請求する権利を有するときは，「満期となつた最後の 2 年分」についてのみ抵当権を行使することができる。ただし，それ以前の「定期金」についても，満期後に「特別の登記」をしたときは，登記の時から「抵当権を行使することを妨げない」。

　抵当権者が「債務の不履行によつて生じた損害の賠償を請求する権利」を有する場合，最後の 2 年分についても同様に適用される。ただし，利息その他の定期金と通算して 2 年分を超えることはできない。

　抵当権は，利息及び遅延損害金の全部を担保すべきものであるが，第三者

が目的物件について利害関係を有することが多いので，既存の抵当権によって担保される債権の範囲を制限し，第三者の利益との調整を図ったものである。

① 抵当権の効力は，利息債権に及ぶのが原則であるが，建登令16条で準用する不登法88条1項1号により，「利息に関する定め」を登記しておかなければ第三者にこれを対抗することができない。

② 「定期金」は，それ自体が債権であり，将来発生する定期金債権を担保するために抵当権を設定したときは，「最後の2年分」についてのみ優先権を主張できる。

③ 「満期となった最後の2年分」の起算点について，裁判実務は，競売開始決定の日からではなく，配当期日から逆算して2年分の意味と解すべきであるとしている（福岡高決昭31.11.26下民集7-11-3379，名古屋高判昭33.4.15高裁民集11-3-239）。この場合，途中で支払われた利息があるときは，その分を除いて2年分を計算する。同一の債権を担保するため数個の既登記の建設機械が共同抵当となっている場合において，抵当権の実行が時を異にして行われるときは，全体として，2年分の利息についてのみ配当を受けられるものと解される。

④ 「特別の登記」をしたときは「抵当権を行使することを妨げない」とは，最後の2年分の利息等のほか，特別の登記をした利息等も抵当権により担保され，優先弁済が受けられることを意味する。特別の登記については，その手続を定めた規定がないため，説が分かれているが，権利の変更登記の一であり，登記上利害関係を有する第三者がいる場合に，その者の承諾書又はこれに代わるべき裁判の謄本の添付がないときは主登記により，その他の場合は付記登記（不登法66条）によりすべきである（昭27.4.8民事甲396号民事局長通達，建登令別表四添付情報ロ，不登令別表二十五添付情報ロ）。

⑤ 「債務の不履行によって生じた損害の賠償を請求する権利」とは，遅延損害金をいう。遅延損害金に関する約定は，法定利率による範囲内において（民法419条1項），第三者に対抗することができる。ただし，その利率

が約定利息より高く定められている場合は，登記をしなければ第三者に対抗することができない（不登法88条1項2号）。

3:8:1:8　抵当権の処分(1)（建抵法17条，民法376条）

抵当権者は，その「抵当権を他の債権の担保とし」，又は「同一の債務者に対する他の債権者の利益のためその抵当権若しくはその順位を譲渡し，若しくは放棄する」ことができる。この場合において，抵当権者が数人のために抵当権を処分したときは，処分の利益を受ける者の権利の順位は，抵当権の登記にした付記の前後による。

抵当権は，担保する債権に従たる権利であるから，債権の移転に伴って移転し，これと分離して処分できないのが原則であるが，建設機械抵当権の融通を円滑にするためその例外を認めているのである。この点は，自抵法が抵当権の処分を認めていないのと異なる点である。

① 「抵当権を他の債権の担保とし」とは，例えば，甲が，乙に100万円を貸与して，乙所有の建設機械の上に抵当権を取得した場合に，甲が，丙から80万円を借り入れて自己の抵当権をその担保に供するという場合である。その効果は，不動産抵当権の転抵当と同様である。

② 抵当権者は，「同一の債務者に対する他の債権者の利益のためその抵当権若しくはその順位を譲渡し，若しくは放棄する」ことができるが，これらの処分の内容は，不動産抵当権と同様である。

③ 抵当権者が数人のために抵当権の処分をしたときは，受益者相互間の権利の順位は，付記登記の前後によることは，民法376条2項と同趣旨である。

3:8:1:9　抵当権の処分(2)（建抵法18条；民法377条）

抵当権の処分(1)（3:8:1:8）は，民法467条により，主債務者に通知し，又はその債務者が承諾しなければ，債務者その他の第三者に対抗することができない。主債務者が通知を受け，又は承諾をしたときは，抵当権の処分の利益を受ける者の同意を得ないでした弁済は，受益者に対抗することができない。

　抵当権の処分(1)は，いずれも抵当権だけの処分であるから，登記だけで十分のように思われるが，抵当権の処分が登記されても，債務者，保証人，抵当権設定者等は，登記の事実を知らずに，従前の抵当権者に弁済してしまい，不測の損害をこうむるおそれがある。

　そこで，抵当権の処分(2)は，あたかも被担保債権自体が処分された場合のように，主債務者に知らせ，又は債務者がこれを承諾しなければ，その処分をもって主債務者その他被担保債権の弁済をすることに利益を有する者には対抗できないとするとともに，主債務者にこれを知らせ，又は主債務者がこれを承諾した以上，これらの者が，処分の利益を受ける者の同意を得ないで弁済しても，受益者に対抗できないとしたのである。

① 　債務者に対する通知又は債務者による承諾は，民法467条（「債権の譲渡（注）」（現に発生していない債権の譲渡を含む。））によりする必要があるから，抵当権の処分を債務者以外の第三者，すなわち保証人，抵当権設定者及びこれらの承継人に対抗するためには，「確定日附アル証書」（民施法5条）により通知し，又は承諾を得る必要がある。

② 　この通知又は承諾があった場合は，受益者の承諾がなくてされた債務者の弁済は，受益者に対抗できない（民法467条2項）。抵当権が弁済によって消滅しても，受益者に対しては，受益の限度において弁済がなかったことになり，受益者が取得した優先弁済の効果は消滅しないから，受益者は，中間順位者に先んじて優先配当を受けることができると解されているからである。

　（注）　民法の改正（令2.4.1施行）により「指名債権」は「債権」となった。

3:8:1:10　代価弁済（建抵法19条；民法378条）

　建設機械を買い受けた第三者が抵当権者の請求に応じてその代価を弁済したときは，抵当権は，第三者のために消滅する。

　建設機械の第三取得者は，建設機械の利用権を有するが，いったん抵当権

が実行されると，自ら競落人とならない限り，所有権を失うことになり，また，建設機械の時価が抵当債務を完済できない場合は，法律上極めて不利な地位に立つことになる。そこで，抵当権者に対して相当の補償をすることにより抵当権を消滅させて，建設機械の第三取得者を保護し，建設機械の取引を円滑にすることにしたものである。

① 「抵当権者の請求に応じて」とは，抵当権者が代価弁済を要求し，第三取得者がこれに応ずることをいう。

　　抵当権者が要求しないのに第三取得者が弁済しても，第三者の弁済となるにとどまる（民法474条）。抵当権者が要求しても第三取得者がこれに応じないときは，抵当権者は，旧所有者の譲渡代価について物上代位権を行使するほかない。

　　なお，第三取得者は，不動産抵当の場合と異なり，抵当権消滅請求権（同法379条〜386条）を有しないから，第三取得者から抵当権者に対して抵当権の消滅を強要することはできない。

② 「第三者のために消滅する」とは，建設機械を買い受けた第三者が抵当権者の請求に応じて代価を弁済したときは，抵当権者の第三取得者に対する追求権のみが消滅することを意味し，その結果，第三取得者は，代価弁済を受けた抵当権者の権利を代位取得し，これによって後順位抵当権者の順位上昇が防止され，残額は，抵当権を伴わない債務として残存するという意味である。

3:8:1:11　第三取得者の費用償還請求権（建抵法20条；民法391条）

　建設機械を取得した第三者が建設機械について必要費又は有益費を出したときは，民法196条の区別に従い，建設機械の売却代金から，他の債権者より先に償還を受けることができる。抵当権者の被担保債権はもちろん，税債権にも優先すると解される。

① 「民法196条の区別に従い」とは，必要費，有益費の区別により，その償還を受け得る金額に差異を生ずることをいう。

　　第三取得者の支出したこれらの費用は，建設機械の価値を維持するため

の共益費用であるから，競売代金から競売費用を差し引いた残額について最優先で償還を受け得ることにしたものである。

② 「建設機械を取得した第三者」とは，狭義の第三取得者をいい，競売申立て登記後に建設機械の所有権を取得した者は含まれない。第三取得者の取得した権利は所有権に限られるので，建設機械の賃借人が必要費又は有益費を支出しても，償還を受ける権利はなく，この場合は，賃借人は，賃貸人に対して費用の償還を請求するよりほかない。抵当権設定者が必要費又は有益費を支出したときも，償還を受ける権利はないと解される。

　物上保証人が第三取得者にあたるかについては，学説は，賛否に分かれているようである（注民7阿部241）。

3:8:1:12　共同抵当の代価の配当（建抵法21条；民法392条，393条）

債権者が同一の債権の担保として数個の建設機械の上に抵当権を有する場合において，同時にその代価を配当すべきときは，各建設機械の価格に応じて，債権の負担を分ける。

数個の建設機械のうちの1個の建設機械の代価のみを配当（異時配当）すべきときは，第一順位の甲抵当権者は，その代価について債権の全部の弁済を受けることができる。次順位の乙抵当権者は，甲抵当権者が他の建設機械について弁済を受けるべき金額に達するまで，甲に代位して抵当権を行使することができる。そして乙は，抵当権の登記に代位の付記登記をすることができる。

① 抵当権者は，数個の建設機械のうちのいずれからでも，自由に弁済を受けることができるが（抵当権不可分の原則），この原則によると，所有者を異にする共同抵当の目的物件の一部の建設機械について抵当権が実行された場合，その建設機械の所有者又は後順位抵当権を有する者のみが不利益を受けることになり，しかも，どの建設機械がいつ債権全額について抵当権を実行されるか分からないという不安な地位に立つため，共同抵当権者と後順位抵当権者等との利益の調整を図ることにしたのである。

② 共同抵当の関係は，同一の債権の担保として数個の既登記の建設機械の

上に抵当権が設定されることによって成立するが，必ずしも同時に設定される必要はなく，追加的に設定されても成立する。また，数個の建設機械の所有者が異なる場合でもよい。さらに，各建設機械における共同抵当権の順位は，同一である必要はなく，A建設機械については第1順位，B建設機械については第2順位としても差し支えない。

③ 「同時に配当すべきとき」とは，共同抵当の目的である数個の建設機械が同一手続によって競売され，かつ，それらの建設機械の売却代金が同時に配当されるべき場合をいう。時を異にして競売が申し立てられても，それが同一の競売手続に併合されれば，これに該当することになる。

④ 「弁済を受けるべき金額」は，共同抵当の関係にある建設機械の全部が同一の手続で競売され，同時に配当が行われた場合を想定して計算することになる。この場合，計算する基準時点が問題となるが，後順位抵当権者の代位権が現実化するのは，先行する配当が行われた時であるから，この時点を基準として計算を行うのが妥当であろう。

⑤ 共同抵当となっている複数の建設機械のうちの1個のみの代価が配当されるいわゆる「異時配当」の場合は，甲抵当権者が，先行する配当によって，建設機械の負担額を超えて優先弁済を受けたときは，後順位の乙抵当権者は，超えた部分について他の建設機械の上にある抵当権について，それぞれの建設機械の負担額を限度として代位することができる。

⑥ 後順位抵当権者の代位が生ずる要件としては，共同抵当権者が，債権全額の弁済を受けたことは必要でなく，一部の弁済を受ける場合でも代位権が発生する。ただし，判例は，この段階では，将来，抵当権が全額弁済を受けるなどによって消滅する時点で代位をして抵当権を行使できる地位を得るにすぎないとした（大連判大15.4.8民集5-575）。

　学説は，この判例を支持する者が有力であったが，異時配当の時点で直ちに後順位抵当権者は先順位抵当権に代位し，条件付ではない抵当権を取得するとし，したがって，代位の本登記ができるとする説が有力になっている（新注民(7)・森田267）。

⑦　共同抵当の関係にある数個の既登記の建設機械の全部又は一部が債務者
以外の者（物上保証人，第三取得者）の所有に属する場合，債務者以外の
者の所有する建設機械について競売が行われたときは，これらの第三者に
弁済者の代位の規定（民法 499 条〜502 条）によって他の建設機械について
共同抵当権者に代位する（大審判昭 11.12.9 民集 15-24-2172）。この場合，代
位の対価となる建設機械について後順位抵当権者が存在するときは，第三
者の代位権と建抵法 21 条 2 項による後順位抵当権者の代位権との関係が
問題となる。

　改正前の民法 500 条による代位権と同法 392 条 2 項による代位権との関
係について前掲判例（大審判昭 11.12.9）は，民法 392 条 2 項が適用される
のは，債務者所有の数個の不動産の上に抵当権が存する場合に限るとして，
物上保証人を優先させており，判例の見解に従うとすれば，建設機械を所
有する債務者以外の第三者が優先することになろう。

⑧　次順位抵当権者が共同抵当権者に代位することは，共同抵当権が一定の
範囲で次順位抵当権者に移転することを意味する。その対抗要件として登
記を必要とするか否かについては，民法 393 条は，代位して抵当権を行使
する者は，代位の付記登記をすることができると定めるにとどまっている。

　しかし，何人が抵当権者であるかは第三者の利害に関することであるか
ら，この場合にも原則（建抵法 7 条 1 項）により付記登記をしなければ，抵
当権の移転を第三者に対抗することができないと解すべきであろう。

　民法 393 条の解釈について，判例は，共同抵当権の登記に付記登記がな
いためそれが抹消されても，代位されるべき共同抵当権の目的物について
第三者が新たに利害関係を取得しない間は，代位により抵当権を行使する
ことができ（大審判大 8.8.28 民録 25-1524），第三者が右の利害関係を取得
した場合にだけ代位できなくなると解している（大審決昭 5.9.23 新聞 3193-
13）。

　判例は，代位される抵当権の登記が残存する限りは，第三者に不測の損
害が生ずるおそれがないため，付記登記は不要とするが，抵当権の存在だ

けでなく，誰が抵当権者であるかも，第三者の利害に関係しないとはいえないから，民法 177 条の原則に従って，付記登記をしなければ第三者に対抗することができないとする説が有力のようである（新注民(7)・森田 287 ほか）。

3:8:1:13　抵当権者の一般財産からの弁済（建抵法 22 条；民法 394 条）

抵当権者は，債務者の一般財産について執行することもできるが，これを無制限に認めると一般債権者の利益を害することになるので，一定の制限を加えている。

すなわち，抵当権者は，建設機械の代価で弁済を受けない債権の部分についてのみ他の財産から弁済を受けることができる。ただし，建設機械の代価に先立って他の財産の代価を配当すべき場合は，この限りでない。この場合，抵当権者に弁済を受けさせるため，他の各債権者は，抵当権者に配当すべき金額の供託を請求することができる。

① 抵当権者は，被担保債権を建設機械の価値によって担保されているが，これとは別に債権者として，債務者の一般財産に執行することもできる。しかし，無制限にこれを認めると，一般債権者の利益を不必要に害することになるので，一定の制限を加えることにしたのである。

② 抵当権者は，その抵当債権について債務者名義を有すれば，債務者の一般財産に対して強制執行ができるが，一般債権者の利益を保護するため，債務者に対する他の建設機械の競売代金で弁済を受けない債権の部分についてのみ一般財産に対する強制執行ができることにしたもので，抵当権者は，債務者に対する関係においては何らの制限を受けない。したがって，抵当権者は，抵当権を実行しないで債務者の一般財産に対する強制執行をすることもできる。そしてこの場合，債務者は，これを拒否することができない。

しかし，このような抵当権の実行に先立つ一般財産への執行は，一般債権者の利益を不必要に害することになるので，一般債権者は，このような強制執行に対して異議を申し立て，まず抵当権を実行し，その代価で弁済を受けられなかった部分についてのみ一般財産から弁済を受けるべき旨の

主張をすることができるとしているのである。

③　抵当権者が建設機械の競売代金から弁済を受ける前に他の財産の競売代価を配当すべき場合は，建設機械の代価は不明であるから，抵当権を有していることは関わりなく，債権全額で配当に加入できる。

④　③の場合において，他の債権者の一人からでも請求があったときは，抵当権者に配当すべき金額は，供託しなければならない。そして抵当権者は，まず建設機械の競売代金から優先弁済を受け，不足部分についてのみ配当に加入したと仮定した場合に受けることのできる額を計算して，これを供託金から受けることになる。

3:8:1:14　抵当権の時効による消滅(1)（建抵法23条；民法396条）

抵当権は，債務者及び抵当権設定者に対しては，その担保する債権と同時でなければ，時効によって消滅しない。

抵当権は，被担保債権が時効で消滅したときにそれに伴って消滅するのであって，単独で時効消滅することはないが，債務者及び抵当権設定者に対する関係において，抵当権の債権に対する附従性を強調して，被担保債権について民法による20年の消滅時効（民法166条2項）が完成するまでは，抵当権は消滅しないことにしたものである。

なお，債務者及び抵当権設定者以外の者（第三取得者及び後順位抵当権者）に対する関係では，抵当権は20年の消滅時効（起算点は弁済期）にかかるかについては，判例（大審判昭15.11.26民集19-2100）は肯定しているが，否定説も有力である（新注民(7)・新井315）。

(注)　民法の改正（平29法律44号，令2.4.1施行）により，債権又は所有権以外の財産権の消滅時効は，「10年」から「20年」となった（166条2項）。

3:8:1:15　抵当権の時効による消滅(2)（建抵法24条；民法397条）

債務者又は抵当権設定者でない者が建設機械について取得時効に必要な条件を具備した占有をしたときは，抵当権は，これによって消滅する。

　民法 162 条 1 項による時効取得は原始取得であるから，完全な物の所有権を取得することになるのが原則であるが，債務者及び抵当権設定者について建設機械の時効取得による抵当権の消滅を認めることは信義則に反するので，これらの者を除外しているのである。

① 　建設機械の第三取得者が「債務者又は抵当権設定者でない者」に該当するかどうかは問題であるが，抵当不動産の第三取得者について，判例（大審判昭 15. 8 .12 民集 19-16-1338）は，民法 397 条の適用はないとしている。この判例の見解によれば，「債務者又は抵当権設定者でない者」に該当するのは，第三取得者を除く者，すなわち抵当建設機械について何らの権利を有しないでこれを占有している者ということになる。

② 　建設機械の時効取得者は，建設機械登記簿上抵当権が存在することが公示されていても，そのような負担を負わない完全な所有権を取得し，抵当権者に対して，抵当権の消滅を主張して，抵当権の登記の抹消を請求することができる，という結論になる。

　しかし，不動産登記制度が完備した今日においては，できる限り適用範囲を制限的に解すべきであり，例えば，境界紛争をめぐって時効が問題になるような場合のように，極めてまれな事例に限って適用されると解し，本条は削除されるべきであるとする見解がある（新注民(7)・新井 327）。したがって，この見解に従えば，建設機械については，適用の余地がないということになろう。

【**不動産の時効取得による抵当権消滅**：最二小判平 24. 3 .16 民集 66-5-2321】

　不動産の取得時効の完成後，所有権の移転登記がされることのないまま，第三者が原所有者から抵当権の設定を受けて抵当権設定登記を了した場合において，不動産の時効取得者である占有者が，その後引き続き時効取得に必要な期間占有を継続し，その期間の経過後に取得時効を援用したときは，占有者が抵当権の存在を容認していたなど抵当権の消滅を妨げる特段の事情がない限り，占有者は，上記不動産

を時効取得する結果，抵当権は消滅する。

3：8：2　抵当権（又は根抵当権）の設定登記の申請期限

　建抵法（8条）は，抵当権（又は根抵当権）の設定登記の申請時期について，特則を定めている。

① 　建設機械の所有権の保存登記後，初めて抵当権又は根抵当権の設定登記を申請する場合は，建設機械の所有権の保存登記がされた日（所有権の保存登記の申請書の受付年月日）後30日以内に申請しなければならない。

② 　抵当権又は根抵当権の登記が全部抹消された後にする新たな抵当権又は根抵当権の設定登記の申請は，最後の抹消の日後30日以内にしなければならない。もっとも，所有権の登記以外の登記，すなわち所有権若しくは抵当権，根抵当権に関する仮登記又は所有権の差押え等の処分制限の登記がされている場合は，それらの仮登記又は登記の抹消される以前に申請することができる。

③ 　30日以内に新たな抵当権設定の登記がされないときは，登記官は，建設機械の登記用紙を閉鎖しなければならない。これに違背する抵当権等の申請は却下される（不登法25条2号）。

3：8：3　抵当権の設定登記の申請手続（建登令別表九，不登令別表五十五）

3：8：3：1　申請情報の内容

① 　登記の目的（建登令7条5号，不登令3条5号）

　「抵当権設定」と記載する。

② 　登記原因及びその日付（建登令7条6号，不登令3条6号）

　登記原因及びその日付として，設定契約と成立の日付のほか，被担保債権の発生原因である債権契約とその契約の成立の日付を記載する。

③ 　債権額（建登令別表九申請情報イ・不登法83条1項1号）

④ 　利息及び損害金等に関する定め（建登令別表九申請情報ロ・不登法88条1項各号）

⑤　債務者の表示（建登令別表九申請情報イ・不登法83条1項2号）

⑥　申請人の表示（建登令7条1号）

　　登記権利者として抵当権者を，登記義務者として抵当権設定者を記載する。

　　代位申請（民法423条その他）をするときは，申請人が代位者である旨，その者の表示並びに代位原因。申請人が法人であるときは，法人の代表者の氏名（建登令7条2号）

⑦　添付情報の表示（不登規則34条1項6号）

⑧　申請年月日及び登記所の表示（不登規則34条1項7号，8号）

⑨　代理人の表示（建登令7条3号，不登令3条3号）

⑩　申請人又は代理人の電話番号その他の連絡先（不登規則34条1項1号）

⑪　課税標準及び登録免許税額（建登規則34条，登税法別表第一・八(二)イ）

　a　建設機械の抵当権の設定登記の登録免許税は，債権金額の1000分の3の税率により算定した金額である。**(注)**

　b　同一の債権を担保するために数個の建設機械について共同抵当権の設定登記を申請する場合は，建設機械の個数に関係なく，1個の抵当権の設定登記とみなして，その債権額の1000分の3の登録免許税を納付する。

　c　追加担保として申請するときは，その旨を証する書類を添付して申請するものに限り，建設機械1個につき1,500円の登録免許税を納付する（登税法13条2項，同規則11条）。

　d　課税標準に1,000円未満の端数があるときは，これを切り捨て（通則法118条1項），その金額が1,000円未満のときは1,000円とし（登税法15条），また，課税標準に税率を乗じて算定した金額の100円未満の端数は切り捨てる（通則法119条1項）。

⑫　建設機械の表示（建登令7条7号・6条）

　　同一の債権を担保するため2個以上の建設機械（管轄登記所の同一の場合）を目的とする抵当権の設定登記を申請する場合は，各建設機械を表示する（建登令別表九申請情報イ・16条1項・不登法83条1項4号）。

⑬　申請の年月日及び登記所の表示（不登規則34条1項7号，8号）

（注）　登記の申請に当たって登録免許税を納付する場合は，登録免許税額（一定の場合には，登録免許税額及び課税標準の金額）も申請情報の内容としなければならないこととされている（建登規則34条）。

3:8:3:2　添付情報

①　登記識別情報（不登法22条）

②　申請人が法人であるとき（不登規則36条で定める場合を除く。**（注1）**）は，次に掲げる情報（建登令8条1項1号）

　a　会社法人等番号（商登法7条（他の法令において準用する場合を含む。）に規定する会社法人等番号をいう。）を有する法人にあっては，法人の会社法人等番号（イ）

　b　aに規定する法人以外の法人にあっては，法人の代表者の資格を証する情報（ロ）

③　代理人によって登記を申請するとき（不登規則36条で定める場合を除く。**（注2）**）は，代理人の権限を証する情報（建登令8条2号）

④　民法423条その他の法令の規定により他人に代わって登記を申請するときは，代位原因を証する情報（建登令8条3号）

⑤　登記原因を証する情報（建登令別表九，不登令7条1項5号ロ）

　登記原因を証する書面は，抵当権設定契約書又は設定契約と同時にされている金銭消費貸借契約証書等である。

⑥　登記原因について第三者の許可，同意又は承諾を要するときの許可等を証する情報（不登令7条1項5号ハ）

　例えば，未成年者又は被保佐人がその所有にかかる建設機械につき抵当権の設定契約をするには，法定代理人又は保佐人の同意を要する（民法5条1項，13条1項）。

⑦　登記義務者の作成後3月以内の印鑑証明書（不登令16条2項，3項，不登

規則48条1項1号）

（注1）　不登規則36条で定める場合は，申請人が②a（不登令7条1項1号イ）に
　　　　規定する法人であって，次の登記事項証明書（商登法10条1項）を提供して
　　　　登記の申請をする場合である。
　　　a　b（不登令7条1項2号）以外の場合は，法人の代表者の資格を証する登
　　　　記事項証明書（同項1号）
　　　b　支配人等（支配人その他の法令の規定により法人を代理することができる
　　　　者であって，その旨の登記がされているもの）によって登記の申請をする場
　　　　合は，支配人等の権限を証する登記事項証明書（同項2号）
　　　c　abの登記事項証明書は，作成後1月以内のものでなければならない（同
　　　　条2項）。
（注2）　不登規則36条で定める場合は，申請人が②a（不登令7条1項1号イ）の
　　　　法人で，支配人等が法人を代理して登記の申請をする場合である（同条3項）。

3：9　抵当権に関するその他の登記

3：9：1　共同抵当登記（建登令別表九申請情報イ・不登法83条1項4号）

　同一の債権の担保として数個の建設機械について抵当権が設定された場合
（民法392条1項），登記の目的，登記原因及びその日付が同一であるときは
（不登令4条），一の申請情報で申請できる。
① 　申請情報
　　登記原因及びその日付又は設定者を異にするときは，各建設機械の表示
　の末尾にそれぞれの登記原因及びその日付又は設定者（登記義務者）を記
　載する。
② 　添付情報
　　共同担保目録（不登法83条2項，不登規則166条，167条）
③ 　登録免許税

課税標準である債権金額の 1000 分の 3 である（建登規則 34 条，登税法別表第一・八㈡イ）

3：9：2　抵当権の追加設定登記（建登令別表九申請情報ハ，不登令別表五十五申請情報ハ）

建設機械について抵当権の設定登記を受けた後，同一の債権の担保として他の 1 又は 2 以上の建設機械についての抵当権の設定登記を申請するときである。

① 申請情報

前の登記の表示（建設機械の名称，打刻記号，順位番号）のほか，共同担保目録が既にあるときは共同担保目録の記号及び番号を記載する（建登規則 21 条）。

② 添付情報

a 登記原因を証する情報（抵当権追加設定契約書など）

b 共同担保目録に記載すべき情報を記載した共同担保書面（建登規則 23 条ないし 26 条）

③ 登録免許税

「金 1,500 円　登録免許税法第 13 条 2 項」と記載する。

3：9：3　抵当権の変更更正登記（建登令別表四，不登令別表二十五）

債権額の増減，利息の増減，債権の範囲の変更，免責的債務引受，債務者交替による更改などがある場合は，抵当権の変更更正登記を申請する。

登記上の利害関係人がいるときに，その者の承諾を証する情報を提供できない場合は，主登記である（不登法 66 条，不登規則 3 条）。

債権額を増加する場合の利害関係人としては，後順位の抵当権者その他の担保権者，抵当権の目的である権利（所有権など）についての差押え，仮差押え，仮処分の権利者，所有権の仮登記名義人などがこれに該当する。

① 申請情報

変更後又は更正後の登記事項

② 添付情報

a 登記原因を証する情報（イ）

　b　付記登記によってする権利の変更更正登記を申請する場合に，登記上
　　の利害関係を有する第三者がいるときは，第三者の承諾を証する第三者
　　が作成した情報又は第三者に対抗することができる裁判があったことを
　　証する情報（ロ）

③　登録免許税

　　債権額増加の場合は，増加額が課税標準とし，その1000分の1.5であ
　る（建登規則34条，登税法別表第一・八㈡ロ）。その他の変更の場合は，建設機
　械1個について1,000円である（同㈡ヘ）。

3:9:4　抵当権の移転登記

3:9:4:1　債権の全部譲渡による抵当権の移転登記

　　抵当権の被担保債権の全部が譲渡された場合は，抵当権は被担保債権とと
もに譲受人に移転する。ただし，当事者間において随伴させない旨の特別の
意思表示があれば，抵当権は移転しないで消滅する。

　　債権の譲渡は，譲渡人が債務者に通知をし，又は債務者が承諾しなければ，
債務者その他の第三者に対抗することができない（民法467条）。

①　申請情報
　　a　登記の目的　何番抵当権移転
　　b　原因及びその日付　年月日債権譲渡
　　c　権利者　債権（抵当権）の譲受人
　　d　義務者　抵当権者（債権の譲渡人）

②　添付情報
　　登記原因を証する情報

③　登録免許税
　　課税標準である債権金額の1000分の1.5である（建登規則34条，登税法
　別表第一・八㈡ロ）。

3:9:4:2　抵当権の一部移転登記（建登令別表十一，不登令別表五十七）

　　債権の一部について譲渡又は代位弁済がされた場合の抵当権の移転登記で
ある。債権譲渡の対抗要件として譲渡人から債務者への通知又は承諾が必要

である（民法467条）。

① 申請情報

譲渡又は代位弁済の目的である債権の額

② 添付情報

登記原因を証する情報

③ 登録免許税

課税標準である債権金額の1000分の1.5である（建登規則34条，登税法別表第一・八㈡ハ）

3：9：5 抵当権の処分登記（建登令別表十二，不登令別表五十八，建抵法17条，18条；民法376条1項，377条1項）

① 抵当権者は，その抵当権を他の債権の担保（転抵当）とし，又は同一の債務者に対する他の債権者の利益のために抵当権若しくはその順位を譲渡し，若しくは放棄することができる。この場合において，抵当権者が数人のために抵当権を処分したときは，処分を受ける者の権利の順位は，抵当権の登記にした付記の前後による（建抵法17条，民法376条1項，3：8：1：8）。

② ①の抵当権の処分は，民法467条の規定に従い，主債務者に通知し，又は債務者が承諾しなければ，債務者，保証人，抵当権者又はこれらの承継人に対抗することができない。主債務者がこの通知を受け，又は承諾したときは，抵当権の処分の利益を受ける者の同意を得ないでした弁済は，受益者に対抗することができない（建抵法18条，民法377条1項，3：8：1：9）。

したがって，弁済によって抵当権が消滅しても，受益者に対しては，受益の限度において弁済がなかったことになり，受益者が取得した優先弁済の効果は消滅しないから，受益者は，中間順位者に先んじて優先配当を受けることができると解される。

③ 不登法83条及び88条の規定は，①の登記をする場合の登記について準用する（不登法90条）。

④ 申請情報

a　不登法83条1項各号の登記事項。同項4号に掲げる登記事項であっ
て，その登記の事務が他の登記所の管轄に属する建設機械に関するもの
があるときは，その建設機械についての建登令6条各号の事項を含む。
（イ）

b　不登法88条1項1号から4号までの登記事項（ロ）

c　1又は2以上の建設機械について抵当権の設定登記をした後，同一の
債権の担保として他の1又は2以上の建設機械についての抵当権の処分
登記を申請するときは，前の登記に係る次の事項（ハ）

(1)　建設機械の名称

(2)　建抵令8条1項の規定により打刻された記号

(3)　順位事項

(4)　共同担保書面（共同担保目録）（建登規則23条）

⑤　添付情報

a　登記原因を証する情報（イ）

b　前登記事項証明書（ロ）

⑥　登録免許税

いずれの場合も原抵当権の登記に付記してされるので，建設機械1個に
ついて1,000円である（登税法別表第一・八(二)ヘ）。

⑦　登記手続

登記官は，登記した抵当権について順位の譲渡又は放棄による変更登記
をするときは，抵当権の登記の順位番号の次に変更登記の順位番号を括弧
を付して記録しなければならない（不登規則163条）。

3:9:5:1　転抵当

転抵当は，抵当権そのものを被担保債権と切り離して他の債権の担保とす
る制度である（民法376条1項，建抵法17条1項）。この場合，一般的な第三者
対抗要件は，甲の抵当権の変更登記（転抵当の付記登記）であり，抵当権の
債務者等に対する対抗要件は，債務者に対するその旨の通知又は債務者の承
諾である（建抵法18条1項）。

　転抵当権は，抵当権者（転抵当権設定者・原抵当権者）と転抵当権によって担保される債権の債権者との合意で設定される。

　なお，転抵当権者が，民法376条に基づき，さらにこれを自己の債務の担保に供する登記申請は受理して差し支えない（昭30.5.31民事甲1029号民事局長回答）。

① 申請情報

　　a　登記の目的　何番抵当権移転

　　b　登記原因　年月日金銭消費貸借年月日転抵当

　　c　受益債権　債権額，利息，損害金，債務者

② 添付情報

　　登記原因を証する情報

③ 登録免許税

　　建設機械1個について1,000円である（登税法別表第一・八㈡ヘ）。

3:9:5:2　順位の譲渡

　先順位の甲抵当権者の順位の利益を同一の債務者に対する後順位の「他の債権者」（乙）（注）に受けさせるために甲乙が本来の順位において受けることができる優先配当金の合計について，まず乙が弁済を受け，残額を甲抵当権者が受けるものである（建抵法17条1項，民法376条1項）。

　この場合，第三者対抗要件は，その登記であるが，順位を譲渡する抵当権の債務者・保証人・抵当権設定者等に対する対抗要件は，順位の譲渡人から主債務者に対する通知又は主債務者の承諾である。この通知が又は承諾があったときは，順位の譲受人の承諾なくされた譲渡人に対する抵当債務の弁済は，譲受人に対抗することができない（建抵法18条1項，民法377条）。

　なお，同一順位の抵当権者間における順位譲渡もすることができる（昭28.11.6民事甲1940号民事局長通達）

① 申請情報

　　a　登記の目的　何番抵当権の何番抵当権への順位譲渡

　　b　原因　年月日順位譲渡

② 添付情報

　　登記原因を証する情報

③ 登録免許税

　　建設機械1個について1,000円である（登税法別表第一・八(二)ホ）。

（注）「他の債権者の利益のために」と規定しているから，抵当建設機械の上に債権
　　　を担保する登記した担保権で，後順位のものを有する者であれば，抵当権者に限
　　　ることはなく，先取特権者又は質権者でも差し支えない（新注民法(7)・占部60）。

3:9:5:3　抵当権の順位変更

　抵当権の順位は，各抵当権者の合意によって変更することができる。ただ
し，利害関係を有する者（例えば，第1順位抵当権を目的とする転抵当権
者）がいるときは，その承諾を得なければならない。順位の変更は，登記を
しなければ，効力を生じない（建抵法14条2項・民法374条，3:8:1:5）。
（注1）

① 申請情報

　　変更後又は更正後の登記事項（抵当権の順位）

　a　登記の目的　1番，2番，4番順位変更

　b　原因及びその日付　年月日合意

　c　変更後の順位　　第1　4番抵当権

　　　　　　　　　　　第2　2番抵当権

　　　　　　　　　　　第3　1番抵当権

② 添付情報

　a　登記原因を証する情報

　b　利害関係人の承諾情報（不登令7条1項5号ハ）（注2）

③ 登録免許税

　　順位変更に係る抵当権1件について1,000円の割合で計算した金額であ
るから，本件の場合は，3,000円である（登税法別表第一・八(二)ニ）。

④　登記手続

　　登記官は，担保権の順位の変更登記をするときは，順位の変更があった担保権の登記の順位番号の次に変更登記の順位番号を括弧を付して記録しなければならない（不登規則164条）。

（注1）　「順位の変更」は，民法376条以下で規定する抵当権の5種類の処分のほかに，昭和46年の改正（法律99号）で新設して，前条に2項，3項を追加し，平成16年の現代語化にあたって，この2項，3項を独立させ，374条とした。

（注2）　例えば，順位1番の抵当権について全部譲渡による移転の仮登記を受けている権利者などの利害関係人。

3:9:5:4　抵当権付き債権の質入れによる抵当権の変更登記

　　抵当権付き債権に質権が設定された場合は，抵当権の随伴性により，質権の効力は，抵当権にも及ぶ。これを第三者に対抗するためには，抵当権の変更登記をする。この登記は，抵当権者（登記義務者）と債権質権者（登記権利者）との共同申請による。（注1，2）

　　質入債権が任意弁済されないときは，質権者は，質権による取立権の行使として，抵当権を行使することができる（民法366条）。

①　申請情報（；不登法84条）

　　a　登記の目的　　何番抵当権の債権質入れ

　　b　登記原因及びその日付　　年月日金銭消費貸借年月日質権設定

　　c　受益債権の内容　　債権額，利息，遅延損害金

②　添付情報

　　登記原因を証する情報

③　登録免許税

　　原抵当権の登記に付記されるので，建設機械1個について1,000円である（登税法別表第一・八㈡ヘ）。

（注１）　抵当権者が，抵当権を他の債権の担保とすることは差し支えなく，また，抵
当権の被担保債権に質権を設定した場合は，その抵当権に質権の効力が及ぶが
（建抵法 17 条 1 項参照），抵当権のみを質権の目的とすることはできない（昭
30．3．8 民事甲 434 号民事局長通達）。

（注２）　抵当権付債権の質入れによる抵当権に質権の効力を及ぼす抵当権の変更登記
後，「保証契約」を原因として質権移転請求権保全の仮登記の申請があった場
合は，受理して差し支えない（昭 39.12.26 民事甲 4056 号民事局長回答）。

3：9：6　共同抵当における代位の付記登記（建登令別表十三，不登令別表五十九）

共同抵当の場合，抵当権者は，建設機械ＡＢＣのどれからでも弁済を受けることができるが（抵当権不可分の原則），所有者を異にする共同抵当の目的物件である建設機械Ａについて抵当権が実行された場合，建設機械Ａの所有者又は後順位抵当権者は不利益を受けることになり，しかも，どの建設機械がいつ債権全額について抵当権を実行されるかわからないという不利益を生ずる。そこで，次のように共同抵当権者と後順位抵当権者との利益の調整を図っている（3：8：1：12）。

a　債権者が同一の債権の担保として数個の建設機械の上に抵当権を有する場合に，同時に代価を配当すべきときは，各建設機械の価額に応じて，債権の負担を按分する（建抵法 21 条 1 項，民法 392 条 1 項）。

b　この場合に，ある建設機械の代価のみを配当（異時配当）すべきときは，抵当権者甲は，その代価につき債権の全部の弁済を受けることができる。次順位の抵当権者乙は，抵当権者甲が a により他の建設機械について弁済を受けるべき金額に達するまで，これに代位して抵当権を行使することができる（建抵法 21 条 2 項，民法 392 条 2 項）。

c　b により代位して抵当権を行使する者は，その抵当権の登記に代位の付記登記をする（建抵法 21 条 3 項，民法 393 条，不登法 91 条）。

① 申請情報

a　先順位の抵当権者甲が弁済を受けた建設機械の名称及び建抵令8条1項により打刻された記号，建設機械の代価並びに弁済を受けた額（イ）

b　不登法83条1項各号の登記事項（同項4号の登記事項であって，その登記事務が他の登記所の管轄に属する建設機械に関するものがあるときは，その建設機械についての6条各号の事項を含む。）（ロ）

c　抵当権の登記事項（不登法91条2項・88条1項1号〜4号）（ハ）

② 添付情報

登記原因を証する情報

③ 登録免許税

原抵当権の登記に付記されるので，建設機械1個について1,000円である（登税法別表第一・八㈡ヘ）。

④ 登記事項

付記登記の順位は，主登記の順位により，同一の主登記に係る付記登記の順位は，その前後による（不登法4条2項）。

3：9：7　抵当権の登記の抹消（建登令別表五；不登令別表二十六）

抵当権の被担保債権全部が弁済されて消滅した場合は，抵当権の附従性によって，絶対的に消滅するが，公示上，抵当権の登記の抹消登記により，明らかにするのである。

登記上の利害関係を有する第三者（登記の抹消により不利益を受けることが登記記録上明らかである者）がいる場合は，その第三者の承諾があるときに限り，申請することができる（不登法68条）。

なお，抵当権の時効による消滅については，3：8：1：14，15参照。

① 申請情報の内容

a　登記の目的　何番抵当権抹消

b　原因　年月日弁済又は建設機械滅失

② 添付情報

a　抵当権が人の死亡又は法人の解散によって消滅する旨が登記されている場合に抵当権が消滅し，登記権利者が単独で申請するとき（不登法69

条）は，人の死亡又は法人の解散を証する市町村長，登記官その他の公
務員が職務上作成した情報（イ）

b　aの場合に除権判決（非訟法106条1項）があり，登記権利者が単独で
申請するとき（不登法70条2項）は，除権決定があったことを証する情
報（ロ）

c　登記権利者が被担保債権が消滅したことを証する情報を提供し，単独
で申請するとき（不登法70条3項前段）は，次の情報（ハ）

　(1)　債権証書並びに被担保債権及び最後の2年分の利息その他の定期金
（債務不履行により生じた損害を含む。）の完全な弁済があったことを
証する情報

　(2)　登記義務者の所在が知れないことを証する情報

d　被担保債権の弁済期から20年経過し，かつ，期間経過後に被担保債
権，その利息及び債務不履行により生じた損害の全額に相当する金銭が
供託されたとき（不登法70条3項後段）に登記権利者が単独で抵当権に関
する登記の抹消を申請するときは，次の情報（ニ）

　(1)　被担保債権の弁済期を証する情報

　(2)　(1)の弁済期から20年を経過した後に被担保債権，その利息及び債
務不履行により生じた損害の全額に相当する金銭が供託されたことを
証する情報

　(3)　登記義務者の所在が知れないことを証する情報

e　aからdまでの申請以外の場合は，登記原因を証する情報（ホ）

f　登記上の利害関係がある第三者がいるときは，第三者の承諾を証する
第三者が作成した情報又は第三者に対抗することができる裁判があった
ことを証する情報（ヘ）

③　登録免許税

　　建設機械1個について1,000円である（登税法別表第一・八㈡ト）。

3：9：8　抹消された抵当権の回復登記（建登令別表六，不登令別表二十七）

　抹消された登記の回復は，登記上の利害関係を有する第三者がいる場合は，

第三者の承諾があるときに限り，申請することができる（不登法72条）。

① 申請情報

　回復する登記の登記事項

② 添付情報

　a　登記原因を証する情報（イ）

　b　登記上の利害関係がある第三者がいるときは，第三者の承諾を証する第三者が作成した情報又は第三者に対抗することができる裁判があったことを証する情報（ロ）

③ 登録免許税

　建設機械1個について1,000円である（登税法別表第一・八㈡ヘ）。

④ 登記手続

　登記官は，抹消された登記の回復をするときは，回復の登記をした後，抹消に係る登記と同一の登記をしなければならない（不登規則155条）。

3：10　根抵当権に関する登記

　既登記の建設機械を目的とする根抵当権に関する登記としては，根抵当権の設定，移転，変更（更正を含む。），処分，順位の変更，共有者の優先弁済に関する定め，元本の確定，抹消の各登記がある。

3：10：1　根抵当権の設定登記（建登令別表十，不登令別表五十六）

　既登記の建設機械を目的とする根抵当権の設定の登記の申請手続は，次のとおりである。

3:10:1:1　申請情報の内容

　根抵当権の設定の登記の申請情報に記載すべき事項は，次のとおりである（建登令7条，別表十申請情報イ〜ニ）。

① 申請人の表示（建登令7条1号）

　登記権利者として根抵当権者を，登記義務者として根抵当権設定者を記載する。

② 申請人が法人であるときは，法人の代表者の氏名（建登令7条2号）

③　代理人によって申請するときは，代理人の表示（建登令7条3号）

④　民法423条その他の法令により他人に代わって登記を申請するときは，申請人が代位者である旨，当該他人の表示並びに代位原因（建登令7条4号）

⑤　登記の目的（建登令7条5号，不登令3条5号）

　　「根抵当権設定」と記載する。数個の建設機械（不動産等を含む。）を目的として同一の債権を担保する根抵当権で，共同担保の旨の登記をするもの（同一の登記所の管轄に属する場合）を申請する場合は，「共同根抵当権設定」と記載する（不登法83条1項4号，2項）。

⑥　登記原因及びその日付（建登令7条6号）

　　設定契約と成立年月日のほか，被担保債権の発生原因である債権契約とその契約の成立年月日を記載する。

⑦　債務者の表示（不登法83条1項2号）

　　債務者と根抵当権の設定者が同一人の場合も記載する。

⑧　所有権以外の権利を目的とするときは，その目的となる権利（不登法83条1項3号）

⑨　2以上の建設機械に関する権利を目的とするときは，その2以上の建設機械及びその権利（不登法83条1項4号）

⑩　外国通貨で債権を担保した場合は，本邦通貨で表示した担保限度額（不登法83条1項5号）

⑪　担保すべき債権の範囲及び極度額（不登法88条2項1号）

⑫　根抵当権の効力の及ぶ範囲の別段の定め（不登法88条2項2号）

⑬　元本の確定期日（不登法88条2項3号）

⑭　弁済を受ける別段の定め（不登法88条2項4号）

⑮　共同根抵当の場合はその旨（民法398条の16）

⑯　根抵当権の追加設定をするときは，前の登記に係る次の事項（建登令別表十二申請情報ハ）

　a　建設機械の名称(1)

　　b　建抵令8条1項により打刻された記号(2)

　　c　順位事項(3)

　　d　申請を受ける登記所に共同担保目録があるときは，法務省令で定める事項（共同担保目録の記号及び目録番号（建登規則21条））(4)

⑰　添付情報の表示（不登規則34条1項6号）

⑱　申請年月日及び登記所の表示（不登規則34条1項7号，8号）

⑲　課税標準及び登録免許税額（建登規則34条，登税法別表第一・八㈡イ）

　　根抵当権の設定の登記の登録免許税は，極度額を標準金額として，その1000分の3の税率により算定した金額である。

⑳　建設機械の表示（建登令7条7号・6条）

3:10:1:2　添付情報

　建設機械の根抵当権の設定登記の申請情報と併せて提供すべき添付情報は，次のとおりである（建登令8条各号）。

①　登記識別情報（不登法22条）

②　申請人が法人であるとき（法務省令で定める場合を除く。）は，次に掲げる情報（建登令8条1号）

　　a　会社法人等番号（商登法7条（他の法令において準用する場合を含む。）に規定する会社法人等番号をいう。）を有する法人にあっては，法人の会社法人等番号（イ）

　　b　aに規定する法人以外の法人にあっては，法人の代表者の資格を証する情報（ロ）

③　代理権限を証する情報（建登令8条2号）

④　民法423条その他の法令の規定により他人に代わって登記を申請するときは，代位原因を証する情報（建登令8条3号）

⑤　登記原因を証する情報（不登法61条，建登令別表十添付情報イ，不登令7条1項5号ロ）

　　根抵当権設定契約書又は設定契約と同時にされている金銭消費貸借契約証書等である。

⑥　登記義務者の作成後3月以内の印鑑証明書（不登令16条2項，3項，不登規則48条1項1号）

⑦　登記原因について第三者の許可，同意又は承諾を要するときは，許可等を証する情報（不登令7条1項5号ハ）

⑧　1の建設機械についての根抵当権の設定登記又は2以上の建設機械についての根抵当権の設定登記（民法398条の16の登記をしたものに限る。）をした後，同一の債権の担保として他の1又は2以上の建設機械について根抵当権の設定登記及び同条の登記を申請する場合において，前の登記にその登記の事務が他の登記所の管轄に属する建設機械に関するものがあるときは，前の登記に関する登記簿の謄本又は抄本（建登令別表十添付情報ロ）

⑨　同一の債権の担保として，2個以上の建設機械について抵当権の設定登記を申請するときは，共同担保目録に記載すべき情報を記載した共同担保書面（建登規則23条ないし26条）

3：10：2　根抵当権の処分の登記（建登令別表十二，不登令別表五十八）

根抵当権を他の債権のための担保とし，又は根抵当権を譲渡し，若しくは放棄する場合である（民法376条1項）。この場合には，民法467条の規定に従い，主債務者に通知し，又は主債務者が承諾しなければ，主債務者等に対抗することができない（民法377条1項）。

なお，共同根抵当の場合は，共同担保であるすべての建設機械について登記をしなければ，譲渡の効力は生じない（民法398条の17第1項）。

①　申請情報

a　不登法83条1項各号（1号を除く。）の登記事項（同項4号の登記事項で，他の登記所の管轄に属する建設機械に関するものがあるときは，その建設機械についての建登令6条各号の事項を含む。）（イ）

b　不登法88条2項各号の登記事項（ニ）

c　共同根抵当の登記（民法398条の16）については，その旨（ホ）

d　1又は2以上の建設機械についての根抵当権の設定登記（共同根抵当の登記（民法398条の16）をしたものに限る。）をした後，同一の債権の

担保として他の1又は2以上の建設機械についての根抵当権の処分の登記及び同条の登記を申請するときは，前の登記に係る次の事項（ヘ）

(1)　建設機械の名称

(2)　建登令8条1項により打刻された記号

(3)　順位事項

(4)　申請を受ける登記所に共同担保目録があるときは，共同担保書面

（建登規則25条1項）

② 添付情報

a　登記原因を証する情報（イ）

b　①dの場合に，前の登記に他の登記所の管轄に属する建設機械に関するものがあるときは，前の登記簿の謄本又は抄本（ロ）

③ 登録免許税

極度金額を課税標準とし，その1000分の1.5の税率を乗じて算出した額を登録免許税とする（建登規則34条，登税法別表第一・八(二)ロ）。

3：10：3　共同根抵当における代位の付記登記（建登令別表十三，不登令別表五十九，3：9：6）

共同根抵当における代位登記の規定（民法393条）は，その設定と同時に同一の債権の担保として数個の建設機械について根抵当権が設定された旨の登記をしたときに限り，適用する（民法398条の16）。

① 申請情報

a　先順位の根抵当権者が弁済を受けた建設機械の名称及び打刻された記号（建抵令8条1項），建設機械の代価並びに当該弁済を受けた額（イ）

b　担保権（不登法83条1項各号（1号を除く。））の登記事項。同項4号の登記事項で，他の登記所の管轄に属する建設機械に関するものがあるときは，その建設機械についての表題部の登記事項（建登令6条各号）（ロ）

c　根抵当権の登記事項（不登法88条2項各号）（ニ）

② 添付情報

登記原因を証する情報

③　登録免許税

原根抵当権の登記に付記されるので，建設機械1個について1,000円である（登税法別表第一・八㈡ヘ）。

④　登記事項

不登法59条各号の事項のほか，先順位の根抵当権者が弁済を受けた建設機械に関する権利，代価及び弁済を受けた額その他（不登法91条・83条，88条）。

3:10:4　根抵当権の全部譲渡

根抵当権者は，元本確定前に，設定者の承諾を得て，根抵当権を譲り渡すことができる（民法398条の12第1項）。

根抵当権が全部譲渡されると，以後，その根抵当権は，譲受人の債権を担保することになり，根抵当権の被担保債権が入れ替わることになるので，譲渡は，元本の確定前でなければならない。

共同根抵当の場合は，共同担保であるすべての建設機械について，その登記をしなければ，譲渡の効力は生じない（民法398条の17第1項）。

①　登記原因

登記原因は，「譲渡」であり，その日付は，譲渡契約までに根抵当権設定者（所有権の登記名義人）の承諾があれば，契約成立の日，契約の後に承諾があれば，承諾の日である。

②　登録免許税

課税標準は，極度金額であり，登録免許税はその1000分の1.5である（建登規則34条，登税法別表第一・八㈡ロ）。

3:10:5　根抵当権の分割譲渡（建登令別表十四，不登令別表六十）

根抵当権者は，その根抵当権を2個に分割して，その一方を譲り渡すことができる（民法398条の12第2項）。この譲渡をするには，根抵当権を目的とする権利を有する者（転根抵当権者など）の承諾を得なければならない（同条の12第3項）。

①　申請情報

a　根抵当権の設定登記の申請の受付年月日及び受付番号並びに登記原因及びその日付（イ）

b　分割前の根抵当権の債務者の表示並びに担保すべき債権の範囲（ロ）

c　分割後の各根抵当権の極度額（ハ）

d　分割前の根抵当権について民法 370 条ただし書の別段の定め又は担保すべき元本の確定すべき期日の定めが登記されているときは，その定め（ニ）

e　分割前の根抵当権に関する共同担保目録があるときは，共同担保目録の記号及び目録番号（建登規則 22 条）（ホ）

② 添付情報

a　登記原因を証する情報

b　利害関係人の承諾情報

③ 登録免許税

一部譲渡又は分割後の共有者数で極度額を除した金額を課税標準として，1000 分の 1.5 の税率を乗じて算出した額である（建登規則 34 条，登税法別表第一・八㈡ハ）。

④ 登記手続

登記は，不登規則 165 条 1 項により，主登記によってする。

3：10：6　元本確定請求による元本確定の登記（建登令別表十五，不登令別表六十一）

根抵当権者は，いつでも，担保すべき元本の確定を請求することができる（民法 398 条の 19 第 2 項）。元本確定の登記は，根抵当権の登記名義人が単独で申請することができる（不登法 93 条本文）。

① 添付情報

元本確定請求（民法 398 条の 19 第 2 項）をしたことを証する情報

② 登録免許税

建設機械 1 個について 1,000 円である（登税法別表第一・八㈡ヘ）。

3：10：7　競売手続開始等による元本確定の登記（建登令別表十六，不登令別表六十二）

根抵当権者が抵当物件に対する競売手続開始又は滞納処分による差押えがあったときから2週間を経過したときは，元本は確定し（民法398条の20第1項3号），根抵当権の登記名義人は，単独で（不登法93条）申請することができる。

① 添付情報

民執法49条2項の催告又は国徴法55条の通知を受けたことを証する情報

② 登録免許税

建設機械1個について1,000円である（登税法別表第一・八㈡ヘ）。

3：10：8　破産手続開始の決定による元本確定の登記（建登令別表十七，不登令別表六十三）

債務者又は根抵当権設定者が破産手続開始決定を受けたときは，元本は確定する（民法398条の20第1項4号）。

登記名義人が単独で（不登法93条）申請するものに限る。

① 添付情報

債務者又は根抵当権設定者について破産手続開始の決定があったことを証する情報

② 登録免許税

建設機械1個について1,000円である（登税法別表第一・八㈡ヘ）。

3：10：9　共同根抵当の関係にある他の根抵当権の元本確定

共同根抵当の関係にある場合は，そのうちの一つの根抵当権に元本確定が生ずると，他のすべての根抵当権も元本が確定する（民法398条の17第2項）。この場合は，一般原則により，共同申請による元本確定登記を経た後の根抵当権の移転登記などを申請することができる。

3：10：10　根抵当権の抹消登記（建登令別表五，不登令別表二十六）

① 申請情報

a　登記の目的　何番根抵当権抹消

b　原因　年月日合意解除（など）

② 添付情報

a　登記原因を証する情報（ホ）

b　登記上の利害関係を有する第三者がいるときは，第三者の承諾を証する第三者が作成した情報又は第三者に対抗することができる裁判があったことを証する情報（ヘ）

③ 登録免許税

建設機械1個について1,000円である（登税法別表第一・八㈡ト）。

3：11　仮登記

3：11：1　仮登記（建登令別表二十一，不登令別表六十八）

仮登記の登記義務者の承諾がある場合における仮登記権利者の単独申請による仮登記である（不登法107条1項）。

① 添付情報

a　登記原因を証する情報（イ）

b　仮登記の登記義務者の承諾を証する登記義務者が作成した情報（ロ）（注）

② 登録免許税

建設機械1個について1,000円である（登税法別表第一・八㈡ヘ）。

（注）　仮登記を命ずる処分（不登法108条1項）がある場合に仮登記の登記権利者が単独で申請する仮登記の場合は，仮登記を命ずる処分の決定書正本（不登令7条1項5号ロ(2)）による。

3：11：2　所有権に関する仮登記に基づく本登記（建登令別表二十二，不登令別表六十九）

登記上の利害関係を有する第三者がいるときである（不登法109条1項）。

① 添付情報

　第三者の承諾を証する第三者が作成した情報（仮登記担保契約に関する法律
20条で準用する同法18条本文により承諾に代えることができる同条本文の差
押えをしたこと及び清算金を供託したことを証する情報を含む。）又は第
三者に対抗することができる裁判があったことを証する情報

② 登録免許税

　課税規定がないので無税である。

3：11：3　仮登記の抹消 （建登令別表二十三，不登令別表七十）

　仮登記の登記名義人は，その抹消を単独で申請することができる。また，
仮登記の登記上の利害関係人 （不登法110条後段） も単独で申請することがで
きるが，この場合は，添付情報b及びcが必要である。

① 添付情報

　a　登記原因を証する情報 （イ）

　b　仮登記の登記名義人の承諾を証する登記名義人が作成した情報又は登
　　記名義人に対抗することができる裁判があったことを証する情報 （ロ）

　c　登記上の利害関係を有する第三者がいるときは，第三者の承諾を証す
　　る第三者が作成した情報又は第三者に対抗することができる裁判があっ
　　たことを証する情報 （ハ）

② 登録免許税

　抵当権に関する仮登記の抹消登記の登録免許税は，建設機械1個につい
て1,000円である （登税法別表第一・八㈡ト）。

3：12　建設機械の強制執行に関する登記

　既登記の建設機械に対する強制執行に関しては，建抵法26条2項により，
自動車に対する強制執行 （民執規則2節4款） が準用されているので （同規則98
条），強制執行は，強制競売の方法による （同規則86条）。執行裁判所は，「建
設機械の登記の地」を管轄する地方裁判所 （専属管轄） である （同規則98条，
87条）。

3:12:1　強制競売開始決定による差押えの登記

　既登記の建設機械に対する強制競売の開始決定がされたときは，裁判所書記官は，直ちに差押えの登記を嘱託しなければならない（民執法48条1項）。

① 申請情報

　a　登記の目的　差押え

　b　登記原因及びその日付　年月日何地方裁判所強制競売開始決定

② 添付情報

　強制競売開始決定正本

③ 差押えの登記の登録免許税は，規定がないから納付しない。船舶の場合は，債権金額の1000分の4である（登税法別表第一・二(五)）。

3:12:2　強制競売による売却の登記

① 差し押さえられた建設機械の強制競売による売却許可決定が確定し，買受人がその代金を納付した時に所有権を取得する（民執法79条）。

　原則として，売却により，

　a　建設機械の上にある先取特権（建抵法15条）及び抵当権は消滅する（民執法59条1項）。

　b　担保権者，差押債権者又は仮差押債権者に対抗できない建設機械の権利（所有権若しくは抵当権又はこれらに関する仮登記された権利）は，効力を失う（同条2項）。

　c　差押え，仮差押えの執行及び対抗できない仮処分の執行も効力を失う（同条3項）。

② 執行裁判所の裁判所書記官は，買受人の代金の納付があったときは，嘱託情報と併せて売却許可決定があったことを証する情報を提供して，次の登記を嘱託しなければならない（民執法82条）。

　a　買受人の取得した建設機械の所有権の移転登記

　b　売却により消滅した権利又は失効した権利の取得若しくは仮処分に係る登記の抹消

　c　差押え又は仮差押えの登記の抹消

③ 登録免許税は，建設機械1個につき登記の抹消（b又はc）の登録免許
税1,000円を納付する（登税法別表第一・八㈡ヘ）。所有権の移転登記（a）
については，規定がないので納付する必要はない。

④ 強制競売の申立ての取下げ又は開始決定の取消しの場合は，裁判所書記
官がその差押えの登記の抹消を嘱託しなければならない（民執法54条）。こ
の場合も，建設機械1個について1,000円の登録免許税を納付する（登税
法別表第一・八㈡ヘ）。

3:12:3 担保権の実行としての競売

既登記の建設機械を目的とする担保権（抵当権及び一般の先取特権）の実
行としての競売については，民執規則177条により自動車の競売の規定（同
規則176条）が準用され，民執法181条から184条まで及び同規則第2章第
2節第4款（ただし，88条及び97条において準用する62条を除く。）等が準
用される。

3:12:3:1 差押えの登記

競売の開始決定（民執規則89条）により建設機械の差押えが宣言された場
合，裁判所書記官は，嘱託書に競売開始決定の正本を添付して差押えの登記
を嘱託する（民執法48条1項）。

差押えの登記の登録免許税は，規定がないから，納付する必要はない。

3:12:3:2 売却の登記（3:12:2）

差し押さえられた建設機械の競売による売却許可決定が確定し，その代金
を納付して，買受人は建設機械を取得する（民執法79条）。

① 建設機械の売却により，建設機械を目的とする抵当権及び一般の先取特
権は消滅し，消滅する担保権の権利者，差押え債権者，仮差押え債権者に
対抗できない建設機械に係る権利（所有権，抵当権又はこれらに関する仮
登記された権利）は効力を失い，差押え，仮差押えの執行及び対抗できな
い仮処分の執行も効力を失う（民執法59条）。

② 執行裁判所の裁判所書記官は，買受人の代金の納付があったときは，嘱
託情報と併せて売却許可決定の正本を添付して，次のとおり嘱託する（民

執法 82 条 1 項)。

 a 買受人の取得した建設機械の所有権の移転登記

 b 売却により消滅した権利又は売却により失効した権利の取得若しくは仮処分に係る登記の抹消

 c 差押え又は仮差押えの登記の抹消

③ 登録免許税は，登記の抹消のみについて建設機械1個について1,000円（登税法別表第一・八㈡ト）を納付すれば足りる。

④ 競売の申立ての取下げ又は開始決定の取消しがあったときは，裁判所書記官は，差押えの登記の抹消を嘱託しなければならない。不動産の競売の場合と同じである（民執法54条1項）。

 この場合の差押えの登記の抹消については，建設機械1個について1,000円の登録免許税を納付する（登税法別表第一・八㈡ト）。

3:13 仮差押え及び仮処分

3:13:1 仮差押えの登記

 既登記の建設機械に対して仮差押命令があった場合，保全執行裁判所の裁判所書記官は，仮差押えの執行としての仮差押えの登記を嘱託する（民保規則39条・35条，38条，民保法47条3項）。

① 添付情報

 登記原因証明情報として，仮差押命令の正本を嘱託書に添付する。

② 登録免許税

 規定がないから納付する必要はない。

3:13:2 仮差押えの登記の抹消

 仮差押えの申立ての取下げ又は仮差押命令の取消しがあった場合，裁判所書記官は，仮差押えの登記の抹消を嘱託しなければならない（民保規則39条・38条・民執法54条1項）。

① 添付情報

 仮差押え取消決定正本

② 登録免許税

登録免許税は，建設機械1個について1,000円である（登税法別表第一・八㈡ト）。

3：13：3 処分禁止の仮処分の登記

既登記の建設機械の所有権及び抵当権の処分制限の第三者対抗要件は，その登記であるから（建抵法7条1項），「不動産に関する権利以外の権利」である建設機械の所有権又は抵当権について登記（仮登記を除く。）の請求権を保全する処分禁止の仮処分の執行については，民保法54条により，同法53条が準用される。

① 所有権に関する登記又は抵当権の設定，変更の登記以外の登記の登記請求権保全の処分禁止の登記

所有権に関する登記又は抵当権に関する登記でその設定，変更更正の登記以外の登記の請求権を保全する処分禁止の仮処分の執行は，処分禁止の登記をする方法により（民保法53条1項），その登記は，裁判所書記官の嘱託による（同条3項，47条3項）。嘱託手続は，不動産の場合と同じである。

登録免許税は，納付する必要はない。

② 抵当権の設定又は変更の登記請求権の保全の場合の処分禁止の登記と保全仮登記

建設機械の抵当権（根抵当権を含む。）の設定又は変更登記（仮登記を除く。）の登記請求権を保全するための処分禁止の仮処分の執行は，処分禁止の登記とその抵当権の設定又は変更の保全仮登記により（民保法53条2項），登記は，裁判所書記官が嘱託する（同条3項，47条3項）。嘱託手続は，不動産の場合と同じである。

a 申請情報（例）

- 登記の目的　処分禁止の仮処分
　　　　　　　抵当権設定の保全仮登記
- 登記原因　　年月日何地方裁判所仮処分命令
- 登記事項　　（設定契約の内容）

b　添付情報

　　仮処分命令正本

c　登録免許税は，納付する必要はない。

③　処分禁止の登記のみがされた場合の登記請求権による登記については，不動産の場合と同じである。

④　処分禁止の登記と保全仮登記がされた場合の登記請求権による登記及び保全仮登記の更正については，不動産の場合と同じである。

3：13：4　処分禁止の登記に後れる登記の抹消 （建登令別表二十四，不登令別表七十一）

仮処分の債権者が単独で申請するものに限る。

①　添付情報

　　処分禁止の登記に後れる登記の抹消通知（民保法 59 条 1 項）をしたことを証する情報

②　登録免許税

　　建設機械 1 個について 1,000 円である （登税法別表第一・八(二)ト）。

3：14　信託に関する登記 （建登令別表十八～二十，不登令別表六十五～六十七）

3：14：1　信託の登記 （建登令別表十八，不登令別表六十五）

信託の登記の申請は，信託に係る権利の移転又は保存若しくは設定登記の申請と同時に （一の申請で） しなければならない （不登法 98 条 1 項）。信託の登記は，受託者が単独で申請することができる （同条 2 項）。

3：14：1：1　申請情報の内容 （建登令 7 条）

a　申請人の表示 （建登令 7 条 1 号）

b　申請人が法人であるときは，その代表者の氏名 （同条 2 号）

c　代理人によって申請するときは，代理人の表示並びに代理人が法人であるときは代表者の氏名 （同条 3 号）

d　他人に代わって登記を申請するとき （民法 423 条等） は，申請人が代位

者である旨，他人の表示並びに代位原因（建登令7条4号）

e　登記の目的（同条5号）

f　所有権の保存登記以外の登記を申請するときは，登記原因及びその日付（同条6号）

g　表題部の登記事項（建抵令4条1項1号イ～ニの事項，同令8条1項の打刻記号）（建登令7条7号）

3:14:1:2　添付情報

添付情報cは，「信託目録に記載すべき情報」を提供するとしているが，書面申請により申請する場合，申請人は，建登規則別記第9号様式による用紙に信託目録に記載すべき情報を記載した書面を提出しなければならず（不登規則176条2項），登記所に提供された書面は，信託目録とみなされ，信託目録つづり込み帳につづり込まれる（建登規則27条2項，4項）。同別記第9号様式による用紙の記載すべき欄に余白がないときは，同別記第11号様式の予備欄用紙を使用する（建登規則29条）。

なお，信託目録の記載の変更は，建登規則別記第10号様式の変更欄の用紙にされる（同規則28条1項）が，信託の変更登記の申請にあたっては，書面申請による場合であっても，同別記第10号様式による用紙に変更事項を記載して提出する必要はない。

a　信託法3条3号に掲げる方法によってされた信託については，同法4条3項1号の公正証書等（公正証書については，その謄本）又は同項2号の書面若しくは電磁的記録及び同号の通知をしたことを証する情報（イ）

b　a以外の信託については，登記原因を証する情報（ロ）

c　信託目録に記載すべき情報（ハ）

3:14:1:3　登録免許税

抵当権の信託の登記の登録免許税は，債権金額又は極度金額の1000分の1.5である（建登規則34条，登税法別表第一・八(二)ホ）。

3：14：2　受託者の変更による権利の移転登記（建登令別表十九，不登令別表六十六）

受託者の任務が終了し，新受託者が就任したときは，信託に関する権利義務を承継したものとみなされ（信託法75条1項），信託財産の所有権は，新受託者に移転したものとみなされるから，前受託者から新受託者への所有権の移転登記を申請しなければならない。この場合に受託者の任務の終了事由が，死亡，法人の合併以外の理由による解散，破産手続開始の決定，後見人開始又は保坂開始の審判等の場合は，新受託者による単独申請となり（不登法100条1項），辞任及び解任の場合は，前受託者と新受託者の共同申請となる（同法60条）。

① 申請情報

　a　登記の目的　所有権移転

　b　登記原因　（例）年月日受託者辞任による変更

② 添付情報

　　新受託者が単独で申請する場合（不登法100条1項）は，受託者の任務が終了したことを証する市町村長，登記官その他の公務員が職務上作成した情報及び新たに受託者が選任されたことを証する情報

③ 登録免許税

　　非課税である（登税法7条1項3号）。

④ 職権による登記

　　登記官は，受託者の変更による権利の移転登記をするときは，職権で信託の変更登記をしなければならない（不登法101条）。

3：14：3　信託財産に属する建設機械についてする権利の変更登記（建登令別表十九の二，不登令別表六十六の二）

① 添付情報

　a　受益者の指定等に関する定め（不登法97条1項2号）がある信託の信託財産に属する建設機械について権利の変更登記を申請する場合に申請人が受益者であるときは，その定めに係る条件又は方法により指定され，

又は定められた受益者であることを証する情報（イ）

b　受益証券発行信託（信託法 185 条 3 項）の信託財産に属する建設機械について権利の変更登記を申請する場合に申請人が受益者であるときは，次の情報（ロ）

(1)　受益者が受益証券が発行されている受益権の受益者であるときは，受益権に係る受益証券

(2)　受益者が振替受益権（社債，株式等の振替に関する法律 127 条の 2 第 1 項）の受益者であるときは，受益者が交付を受けた書面（同法 127 条の 27 第 3 項）又は加入者等による振替口座簿に記載され，又は記録されている事項を記載した書面若しくは提供を受けた情報（同法 277 条）

(3)　受益者が受益証券を発行しない受益権の受益者（信託法 185 条 2 項）であるときは，受益権原簿記載事項を記載した書面又は電磁的記録（同法 187 条 1 項）

c　信託の併合又は分割による権利の変更登記を申請するときは，次の情報（ハ）

(1)　信託の併合（信託法 2 条 10 項）又は分割（同条 11 項）をしても従前の信託又は分割信託（同法 155 条 1 項 6 号）若しくは承継信託（同号）の信託財産責任負担債務（同法 2 条 9 項）に係る債権を有する債権者を害するおそれのないことが明らかであるときは，これを証する情報

(2)　(1)の場合以外の場合は，受託者による公告及び催告（同法 152 条 2 項，156 条 2 項又は 160 条 2 項），公告を官報のほか時事に関する事項を掲載する日刊新聞紙（同法 152 条 3 項 1 号，156 条 3 項 1 号，160 条 3 項 1 号）又は電子公告（同法 152 条 3 項 2 号）によってした法人である受託者については，これらの方法による公告をしたこと並びに異議を述べた債権者がいるときは，債権者に対し弁済し若しくは相当の担保を提供し，若しくは債権者に弁済を受けさせることを目的として相当の財産を信託したこと，又は信託の併合若しくは分割をしても債権者を害するおそれがないことを証する情報

② 登録免許税

非課税である（登税法7条1項3号）。

3:14:4　自己信託契約公正証書（信託法3条3号）等によってされた信託による権利の変更登記（建登令別表十九の三，不登令別表六十六の三）

① 添付情報

信託法4条3項1号の公正証書等（公正証書については，その謄本）又は同項2号の書面若しくは電磁的記録及び同号の通知をしたことを証する情報

③ 登録免許税

非課税である（登税法7条1項3号）。

3:14:5　一部の受託者の任務終了による権利の変更登記（建登令別表二十，不登令別表六十七）

信託財産に属する建設機械についてする一部の受託者の任務の終了による権利の変更の登記で不登法100条2項により他の受託者が単独で申請するものに限る。

① 添付情報

不登法100条1項の事由により一部の受託者の任務が終了したことを証する市町村長，登記官その他の公務員が職務上作成した情報

② 登録免許税

非課税である（登税法7条1項3号）。

3:15　建設機械の滅失登記及び登記用紙の閉鎖等

3:15:1　建設機械の滅失登記

建設機械が解体等により滅失したときは，所有権の登記名義人は，遅滞なく，滅失登記を申請しなければならない（建登令12条1項）。

① 申請情報

a　登記の目的　「建設機械滅失」等

b　登記原因　「年月日解体」等

② 　添付情報

　　a 　建設機械台帳（3：2：3：4）における滅失の記載を証する情報（建登令
　　　別表二イ）

　　b 　建設機械の登記について第三者の権利に関する登記（抵当権等の登
　　　記）があるときは，その登記名義人の承諾を証する情報（承諾者の印鑑
　　　証明書付）又は第三者に対抗することができる裁判があったことを証す
　　　る情報（同令別表二ロ）。

③ 　登録免許税は，建設機械1個につき千円である（登税法別表第一・八㈡ヘ）。

3：15：2　登記用紙の閉鎖

3：15：2：1　建設機械の滅失登記をしたとき

　登記官は，建設機械の滅失の登記をしたときは，その建設機械の登記用紙
を閉鎖しなければならない（建登令12条2項）。

① 　登記官は，登記用紙を閉鎖するときは，表題部に閉鎖の事由及びその年
　　月日を記載し，これに登記官印を押印し，かつ，「建設機械の表示」（建登
　　令6条各号）を朱抹し（建登規則8条），その登記用紙を閉鎖しなければなら
　　ない（建登令5条）。

② 　滅失した建設機械が他の建設機械と共に抵当権の目的であったときは，
　　登記官は不登規則110条の手続をしなければならない（建登規則35条）。

③ 　登記官は，登記用紙を閉鎖したときは，遅滞なく，その旨を国土交通大
　　臣に通知しなければならない（建登令15条）。

3：15：2：2　登記用紙の閉鎖（建抵法8条）

　建設機械抵当に関する登記制度は，抵当制度としての機能及び登記制度と
しての公示機能を確保するため，既登記の建設機械について一定期間内に抵
当権（根抵当権を含む。以下同じ。）の登記がされないとき，すなわち「所
有権の保存登記後30日以内に抵当権設定の登記がされないとき，又は抵当
権の登記が全部抹消された後30日以内に新たな抵当権設定の登記がされな
いとき」は，所有権の登記以外の登記があるときを除き，その建設機械の登
記用紙を閉鎖するとしている（建抵法8条）。

　したがって，建設機械の所有権の保存登記がされた後 30 日経過後に初め
てした抵当権の設定登記の申請又は建設機械について抵当権の登記が全部抹
消された後 30 日の経過後にされた抵当権の設定登記の申請は，却下される
（建登令 16 条・不登令 20 条 8 号）。ただし，抵当権の登記がされていなくても，
所有権の登記以外の登記（処分制限の登記）がされているときは，登記用紙
は閉鎖されないから（建抵法 8 条ただし書），その登記の申請は却下されない。

　なお，期間の起算点は，所有権の保存登記がされた日若しくは抵当権の登
記が全部抹消された日の翌日であり（民法 140 条），期間はその末日の終了を
もって満了する（同法 141 条）。

3：15：3　登記簿の謄本の交付等（建登令 13 条）

① 　登記簿又は閉鎖登記簿の謄本又は抄本の交付の請求について（建登令 13
　　条 1 項）

　a 　登記簿の謄本等の交付の請求方法等について（建登規則 31 条 1 項）

　b 　登記簿の謄本の作成方法等について（同規則 32 条，33 条）

② 　登記簿の閲覧の請求について（建登令 13 条 2 項）

③ 　①及び②の手数料及び納付方法について（建登令 13 条 3 項・不登法 119 条 3
　　項，4 項））

④ 　①の登記簿又は閉鎖登記簿の謄本又は抄本は，民法，民執法その他の法
　　令の適用については，登記事項証明書とみなす（建登令 13 条 4 項）。

3：15：4　登記簿の附属書類の閲覧について（建登令 14 条）

　何人も，利害関係がある部分に限り，登記簿の附属書類の閲覧を請求する
ことができる（建登令 14 条 1 項）。

① 　電磁的記録を閲覧に供するための表示方法は，電磁的記録に記録された
　　情報の内容を書面に出力して表示する方法である（建登規則 31 条 7 項）。

② 　①の請求については，手数料の算定基準及び納付方法を定める不登法
　　119 条 3 項及び 4 項を準用する。

3：15：5　国土交通大臣への通知（建登令 15 条）

　登記官は，次の場合は，その旨を国土交通大臣に通知しなければならない

（建登令15条）。所有権の保存登記の有無は，国土交通大臣が備える建設機械台帳（3：2：3：4）の記載事項とされている（建抵令11条1項5号）ことによるものである。

  a　所有権の保存登記をしたとき

  b　登記用紙を閉鎖したとき

  c　閉鎖された登記用紙に回復の登記をしたとき

3：16　官庁又は公署が関与する登記 （建登令別表二十五，不登令別表七十三）

国又は地方公共団体が登記権利者となる権利に関する登記（不登法116条1項の規定により官庁又は公署が嘱託するものに限る。）

① 添付情報

  a　登記原因を証する情報（イ）

  b　登記義務者の承諾を証する登記義務者が作成した情報（ロ）

② 登記識別情報

　登記官は，官公署が登記権利者のためにした登記の嘱託に基づいて登記を完了したときは，速やかに，登記識別情報をその官公署に通知しなければならない。通知を受けた官公署は，遅滞なくこれを登記権利者に通知しなければならない。

3：17　準用規定

建登令16条は，不登法及び不登令を準用している。

① 準用する不登法67条は，登記官が権利に関する登記に錯誤又は遺漏があることを発見した場合の規定であるが，建登規則36条が不登法67条中の「権利に関する登記」を「登記」と読み替えていることから，不登法67条は，権利に関する登記以外の登記について登記の更正をする場合にも適用される。

② 準用する不登法2条8号の順位事項は，順位番号及び同順位の2以上の

権利に関する登記をする場合にその登記を識別するために順位番号に付す符号を指す（建登規則19条，2条4項）

③　建登令16条2項は，担保附社債信託法119条ノ3を準用している。これにより，担保附社債信託の登記については，建登令の信託に関する規定（本条1項で準用するものを含む。）は適用されない。

4　農業用動産抵当に関する登記

4：1　農業用動産抵当制度の概要

　農業用動産抵当制度は，中小農水産業（水産動植物の採捕若しくは養殖又は薪炭生産の業務も農業とみなされる（農業動産信用法（以下「農信法」という。）1条2項））の経営資金の調達を容易にするために創設された動産抵当制度の一つである。

　農業用動産については，所有権の登記がされないので（注1），抵当権の設定登記をするときに，農業用動産の登記簿の表題部に表示に関する事項を記録し，登記官の職権によって，所有者部に所有者の表示としてその氏名又は名称及び住所（注2）が登記される（農業用動産抵当登記令（以下「農登令」という。）12条）。その概要は，次のとおりである。

　なお，昭和43年の農業動産信用法施行令の改正等に伴い「農業用動産の抵当権の登記事務の取扱いについて」民事局長通達（昭44.3.1民事甲388号）が発出されている。

（注1）　不登法3条及び船舶登記令3条は，登記することができる権利等に関する規
　　　　　定をしているが，農業用動産に関する権利のうち登記することができるのは抵
　　　　　当権のみであるから（農信法13条），農登令は，同様の規定は設けていない。
（注2）　所有者や申請人の「氏名又は名称及び住所」は「……の表示」と略記する。

4：1：1　抵当権（又は根抵当権）の目的となる農業用動産

　抵当権（又は根抵当権）（以下，原則として，「抵当権」と称する。）の目的とするために登記ができる農業用動産とは，「農業」すなわち，「耕作，養畜又ハ養蚕ノ業務及之ニ附随スル業務」（農信法1条1項）並びに「水産動植物ノ採捕若ハ養殖又ハ薪炭生産ノ業務及之ニ附随スル業務」（同条2項）の「経営ノ用ニ供スル動産」で政令で定めるものであって（農信法2条1項，2

項），農業動産信用法施行令（以下「農信令」という。）１条１号から９号までに掲げられたもの（以下「農業用動産」という。）である。

4：1：2　抵当権の被担保債務（債務者）

　農業用動産の抵当権の被担保債務は，「農業（農信法１条が定める業務）ヲ為ス者又ハ農業協同組合，其ノ他勅命ヲ以テ定ムル法人ガ其ノ所属スル農業協同組合，信用組合又ハ勅令ヲ以テ定ムル法人」（農事組合法人，漁業協同組合，農信令４条）が，その所属する農業協同組合，信用組合又は政令で定める法人に対して負担する債務に限る（農信法12条１項）。

4：1：3　抵当権を設定できる者

　農業用動産の抵当権の設定者は，農業用動産の所有者であり，債務者である必要はない。債務者のために物上保証人として，その所有する農業用動産に抵当権を設定することも可能である。

4：1：4　抵当権者となることができる者

　農業用動産の抵当権を取得できる者は，被担保債務の債権者に限り，被担保債権の債務者の所属する次の法人である。

　なお，ｂ，ｃの法人は，農信法の先取特権も取得することができる（農信令２条１項）。

　ａ　農業協同組合，信用組合（農信法３条）

　ｂ　農業協同組合法10条１項２号の事業を行う農業協同組合連合会（農信令２条１項１号）

　ｃ　水産業協同組合法11条第１項３号の事業を行う漁業協同組合及び同法87条１項３号の事業を行う漁業協同組合連合会（同項２号）

　ｄ　株式会社日本政策金融公庫，沖縄振興開発金融公庫，農林中央金庫，銀行，信用金庫，農業信用基金協会，漁業信用基金協会（同条２項）

4：1：5　抵当権の被担保債権の質権者

　農信法３条の法人（4：1：4の法人）が同条の法人でない者のために，抵当権の被担保債権に質権（債権質）を設定することができる。この場合，質権の効力が抵当権に及ぶことの抵当権変更の付記登記をすることは差し支え

ない（注）。この抵当権については，農信法に特別の定めがあるもののほか，
不動産の抵当権に関する規定が準用されている（農信法12条2項）。

（注） 農信法3条の法人が農業用動産の抵当権を有している場合に，同条の法人でな
い者のために，その抵当権付債権に質権を設定すること及び質権を設定した場合
に，抵当権の登記にその旨の付記登記することは，いずれも差し支えない（昭
24．7．27民事甲1710号民事局長通達）。

4：1：6　農業用動産の抵当権

農業用動産の抵当権については，原則として，不動産の抵当権に関する規
定が準用され（ただし，抵当権消滅請求の規定（民法379条〜386条）を除く。
農信法12条2項（**注1**）），その得喪変更については，登記をしなければ善意
の第三者に対抗できない。ただし，登記をしなくても悪意の第三者には対抗
できること（農信法13条1項）及び登記をしても第三者の即時取得，すなわ
ち抵当権の存在を過失なくして所有権を取得した第三者は，抵当権のない所
有権を取得すること（同条2項）は，不動産の抵当権と異なる。動産は，不
動産に比べて登記の公示力が弱いためであるが，登記の対抗力の重大な制限
となっているといえる。**（注2）**。

また，抵当権を設定した農業用動産の所有者が，これを第三者に譲渡し，
又は他の債務の担保に供する場合は，第三者に抵当権の存在を告知すべき義
務を罰則をもって強制する（農信法14条，19条）ほか，抵当権の目的である
農業用動産を他に譲渡し，又は担保に供したとき及び第三者が執行（差押え，
仮差押え，仮処分等）をしたときは，所有者は遅滞なく，その旨を抵当権者
に告知すべきものとしている（同法15条）。

そして，農業用動産の抵当権の被担保債権の範囲については民法375条が，
その効力の及ぶ目的物の範囲については民法370条が準用される（同法12条2項）。

農業用動産は，根抵当権を設定することもできるが，この場合の根抵当権
の効力，設定等は，不動産を目的とする根抵当権とすべて同じである。

（注1）　旧滌除（現・抵当権消滅請求）の規定は，抵当権者の地位を不安定するため，採用しなかった。工場財団（工抵法16条1項）のほか各種の財団抵当法も採用していない。

（注2）　農業用動産抵当権の抵当物件を任意売却によって換価することができる旨の特約は有効である（最一小判昭37.1.18民集16-1-36）。

4：1：7　農業用動産の先取特権

① 　農業用動産の先取特権を目的として法律上当然に発生，成立する先取特権は，民法の一般の先取特権及び動産の先取特権のほか，農業協同組合，信用組合その他政令で定める法人（農信令2条1項各号の法人）が農業（農信法1条）をする者に対し，次の行為をするのに必要な資金の貸付をするときに，債権の元本及び利息について債務者の特定動産の上に先取特権を有する（同法4条1項，2項）。

a　農業用動産又は農業生産物の保存

b　農業用動産の購入

c　種苗又は肥料の購入

d　蚕種又は桑葉の購入

e　薪炭原木の購入

f　農信令3条1項により定める水産養殖用の種苗又は飼料の購入をするために必要な資金の貸付をしたとき又は同法人が農事実行組合，農業協同組合その他政令で定める法人（農信令4条各号）に対し，農業用動産の保存若しくは購入のために必要な資金の貸付をしたとき

② 　①の先取特権と他の先取特権との優先順位に関しては，農業用動産の保存資金の先取特権は動産保存の先取特権（民法330条1項2号）と，農業用動産の購入資金の先取特権は動産売買の先取特権（同項3号）とみなされ（農信法11条），先取特権と農業用動産の抵当権が競合する場合は，抵当権は民法330条1項の第1順位の不動産賃貸等の先取特権と同順位とされているから

（農信法16条），抵当権は，農信法4条の先取特権に優先することになる。

③　農業用動産については，一般の先取特権も農信法による先取特権もすべて登記をすることができないので，農業用動産の所有権が譲渡等により第三者に移転し，先取特権の被担保債権の債務者でなくなったときは，先取特権は消滅する。

4:1:8　農業用動産等の保存資金貸付の先取特権と抵当権との優先順位

農業用動産等の保存資金貸付の先取特権（農信法4条1項1号）は，農業用動産の保存又はその物に関する権利の保存，追認若しくは実行のために，農業協同組合等（同法4条）が貸し付けた債権について，農業用動産又は農業生産物の上に存在する先取特権である（同法5条）。この保存資金貸付先取特権の優劣順位は，次のとおりである。

保存資金貸付先取特権が，他の特別の先取特権，質権又は抵当権と競合した場合は，第2順位の優先権を有する（民法330条1項。以下「第2順位担保権」という。）。したがって，農業用動産抵当権（農信法16条）及び建設機械抵当権（建抵法15条。以下これらの担保権を「第1順位担保権」という。）には劣後するが，第3順位の優先権を有する動産売買の先取特権等（民法321条～324条）及び農信法4条1項2号から6号までの先取特権（農信法11条）（以下「第3順位担保権」という。）には優先する。ただし，次の場合は，この限りでない。

a　第1順位担保権を有する者が，その債権取得の時に，第2順位担保権者又は第3順位担保権者がいることを知っていたときは，第2順位担保権又は第3順位担保権が第1順位担保権に優先する（民法330条2項前段，334条，農信法16条，建抵法15条）。

b　第1順位担保権が成立した後，その動産を保存したときの第2順位担保権は，第1順位担保権に優先する（民法330条2項後段，334条，農信法16条，建抵法15条）。

c　第2順位担保権が競合したときは，後に保存したものが，前に保存したものに優先する（民法330条1項本文後段）。

4:1:9 農業動産信用法の課題

　農信法は，昭和43年に農信令の大幅改正が行われ，農業用動産の範囲の整備拡大と農業用動産の抵当権を取得できる法人が追加された。しかし，抵当制度としては，なお検討を要する問題をかかえている（宮崎7）。

① 　農業用動産の抵当権は，登記をしなければ善意の第三者に対抗できないが，悪意の第三者には登記がなくても対抗することができ，民法の抵当権より対抗力が強化されている反面，登記後でも即時取得の規定の適用を妨げないため，登記の対抗力に重大な制限が課されている（4:1:6）。

　　農信法14条及び15条は，農業用動産の所有者に譲受人等に対する告知義務を課し，抵当権の効力の確保を図っているが，さらに登記の効力を補強する方法として，建設機械の記号の打刻・検認制度（建抵法3条，4条）にならい，農業用動産自体に刻印を施す制度が提唱されている。

② 　現在の畜産経営においては，採卵鶏，ブロイラー，肥育豚等，いずれも経営自体としては，常時一定の頭羽数を確保していても，個々の家畜についてみれば，飼育替えを繰り返しているのが常態で，家畜を個体としてとらえて抵当権の対象とすることは，極めて困難であり，また，大頭羽数の飼育が進みつつある実態にも即さないといえる。

　　一物一権の現行物権法の原則からは，措置し難い問題ではあるが「家畜群抵当」は，一つの検討課題であろう。

③ 　各種財団抵当制度のように，農業用動産を農業経営に属する不動産等と併せて「農場財団」を組成し，一括抵当権の目的とする制度も考えられる。

　　農業用動産は多数存在し，不動産も何棟何筆も存在している。もしも農業経営に供している農業用動不動産のすべてを担保に提供しようとすると，登記事務は極めて複雑になる。登記事務の簡便化をはかり，かつ，農業経営に属する資産を有機的に一休としてとらえ，担保価値を個々の資産の担保価額の総計以上に確保しようとするのが「農場財団」構想である。(注)

(注) 　公益財団法人小岩井農業財団などは存在するが，目的・内容が異なる。

4：2　農業用動産の登記手続

　農業用動産に関する登記としては，抵当権（又は根抵当権）に関する登記（仮登記を含む。）についての予告登記，農業用動産若しくはその所有者の表示又はその変更登記，登記記録の滅失回復の登記，抹消登記の回復登記があるが，その手続は，農登令及び農業用動産抵当登記規則（以下「農登規則」という。）による（農信法13条3項）。

　なお，登記の申請においては，登録免許税額を申請情報の内容としなければならないが（農登規則39条），登録免許税は，抵当権に関する登記についてのみ課税し（登税法別表第一・八㈠），そのほかの登記については課税されない。

4：2：1　登記記録の編成

　登記所に農業用動産抵当登記簿を備え（農登令3条），1個の農業用動産に1登記記録を備え，表題部，所有者部及び権利部に区分して作成する（同令4条，農登規則2条）。

① 　農業用動産の登記記録の表題部は，農業用動産の種類，所在等の農業用動産を特定するための事項が記載される部分であり，農登令8条1項各号又は2項各号の登記事項を記録する（農登規則2条1項）。

② 　所有者部は甲区とし，農業用動産の「所有者の表示」についての登記事項並びにこれらの登記事項を記録した順序を示す番号（以下「表示番号」という。）を記録する（農登規則2条2項）。

③ 　権利部は乙区とし，抵当権の設定，移転，変更，処分の制限又は消滅の登記の登記事項及びこれらの登記事項を記録した順序を示す番号（以下「順位番号」という。）を記録し，同順位にある2以上の抵当権の設定，移転，変更，処分の制限又は消滅の登記をするときは，順位番号に登記を識別するための符号を付する（農登規則2条3項）。

④ 　登記記録には，農業用動産ごとに初めて抵当権の登記をし，又は不登記規則32条1項による移送を受けた順序を示す番号（以下「登記番号」と

いう。）を記録する（農登規則2条4項）。

⑤　登記官は，農業用動産の登記記録に「動産番号」を記録することができる（農登規則2条5項）。

⑥　登記事項証明書は，農登規則別記第一号ないし第三号様式（農登規則38条1項，2項）により，登記事項要約書は，同規則別記第四号及び第五号様式（農登規則40条による別記第十一号様式（不登規則198条1項）及び第十二号様式（同条2項）の読替え）による。

4:2:2　管轄登記所

①　農業用動産の抵当権の登記及びこれに付随する農業用動産又はその所有者の表示変更の登記の管轄登記所は，抵当権の目的である農業用動産の所在地（漁船（農信令1条9号）については，主な根拠地）を管轄する法務局若しくは地方法務局又はその支局若しくは出張所である（農登令2条1項）。

　　所在地が数個の登記所の管轄区域にまたがる場合は，申請により法務大臣又は法務局長若しくは地方法務局長が指定した登記所が管轄登記所となる（同条2項）。

②　農業用動産の所在地が2以上の登記所の管轄区域にまたがる場合は，法務省令で定めるところにより，法務大臣又は法務局若しくは地方法務局の長が農業用動産の抵当権に関する登記の事務をつかさどる登記所を指定する（農登令2条2項，不登法6条2項）。例えば，2以上の登記所の管轄区域にまたがる畜舎で飼育されている牛，馬等の登記をする場合などである。

③　②の場合，指定されるまでの間は，登記の申請は，そのうちの1の登記所にすることができる（農登令2条3項，不登法6条3項）。

4:2:3　農業用動産の表題部に関する職権登記

　　農業用動産については，不動産登記の表題登記（不登法2条20号）に相当する種類の登記はなく，農業用動産の所有者が抵当権者とともに抵当権の設定登記の申請をしたときに，初めて登記簿に記録される。

　　このため登記官は，農業用動産について初めて抵当権の設定登記をする場合は，職権で農業用動産の表題部の登記事項及び所有者の表示を登記しなけ

ればならない（農登令12条）。

　登記官は，本条により農業用動産の表示について登記をするときは，表題部に申請の受付年月日を記録しなければならない（農登規則29条）。また，所有者の表示を登記するときは，所有者部の表示欄に申請の受付年月日を記録し，表示番号を記録しなければならない（同規則34条）。

① 漁船以外の表題部の登記事項

　　抵当権を設定することができる農業用動産のうち，漁船以外の表題部の登記事項は，次のとおりである（農登令8条1項）。なお，種豚以外の豚，羊，鶏及びあひる（農信令1条10号）は，農業用動産の抵当権の登記の対象外である（同条柱書）。

　a　農業用動産の種類（農登令8条1項1号）

　　　農業用動産信用法施行令（以下「農信令」という。）1条1号から8号までに掲げられている農業用動産のうち，いずれに該当するかを特定するものである。

　b　所在（同項2号）

　　　牛，馬及び種豚以外の農業用動産については，農業用動産の常置の場所，牛，馬及び種豚については畜舎の所在する場所である（農登規則30条）。

　c　農業用機械の種類等（同項3号）

　　　農業用機械（農信令1条1号〜7号）については，その「構造又は型式名」（イ）及び「製作者の氏名又は名称，製造の年月，記号，番号その他同種類の他の物と区別するに足るべき特質あるときは，その特質」（ロ）を記載する。**（注1）**

　d　牛，馬及び種豚の性別等（同項4号）**（注2）**

② 漁船の表題部の登記事項

　　次のとおりである（農登令8条2項）。**（注3）**

　a　船名（農登令8条2項1号）

　b　動力漁船又は無動力漁船の別（同項2号）**（注4）**

c　主たる根拠地（同項3号）**（注5）**

d　長さ，幅及び深さ（同項4号）**（注6）**

e　総トン数（同項5号）

f　推進機関があるときは，その種類（同項6号）

g　推進器があるときは，その種類及び数（同項7号）

h　帆船の帆装（同項8号）

i　進水の年月（同項9号）

（注1）　型式名は，例えば「BSM16H」「SSP 四五型」のように，構造，性能等に関する基本的設計を一にする一群の機械の型（型式）を表示するために，その機械の製作者によって定められた記号を記載する（昭44.3.4民事甲388号民事局長通達）。

（注2）　旧農登令8条は，種豚についても用途を記録するとしていたが，実務上は省略して差し支えないとしていた（昭43.5.4民事甲388号民事局長通達）。そこで，本号は，種豚の用途を登記事項としなかった。

　　　　　なお，4号ニの「法務省令で定める特徴」については，農登規則31条で具体的に定めている。

（注3）　旧農登令9条は，船籍票の交付年月も登記事項としていた。船籍票とは，小型船舶の船籍及び総トン数の測度に関する政令（昭28政令259号（現・小型漁船の総トン数の測度に関する政令））に基づき交付されていたものであるが，平成13年の政令改正により，船籍票の交付制度は廃止されたため，農登令は登記事項としていない。

（注4）　旧農登令9条は「船種」としていたが，具体的にどのような事項を指すか用語上明確でなく（船舶登記令は，汽船又は帆船の別が船舶の種類として登記事項となる旨を明確に規定している。），実際には，動力漁船又は無動力漁船の別が登記されていたことから，この点を明らかにした。

（注5）　旧農登令9条は「船籍港又ハ定係場所」としていたが，農業用動産の対象となる総トン数20トン未満の漁船については船籍港はない（昭36.2.20民事甲

451号民事局長回答）ため,「船籍港」は登記事項としていなかった。また,
総トン数1トン未満の無動力船を除く漁船は,漁船法上の登録をしていること
から,漁船法の用例にならって「定係場所」という表現を「主たる（主な）根
拠地」に改めている。

(注6) 旧農登令9条は「尺度」を登記事項としていたが,最近の法令において「尺
度」の用語を用いているものはなく,同義の用語として「船舶の長さ,幅及び
深さ」を用いるのが一般的なことから,表現を改めている。

4:2:4　抵当権の対抗力

　農業用動産の抵当権の得喪又は変更を善意の第三者に対抗するためには,
登記を必要とするが（農信法13条1項）,悪意の第三者に対しては,登記がな
くても対抗できる。登記がなければ第三者一般に対抗できないとされている
民法等の抵当権より対抗力が強化されているといえ,農業用動産抵当の特質
に由来するものといえる。

　しかし,この2項は登記の後においても,即時取得の規定（民法192条～
194条）の適用を認めており,登記の対抗力に重大な制限を課している。

　これは,①農業用動産の抵当権が設定された後でも,その農業用動産を譲
渡したり,質入れしたりすることを禁じておらず,②動産に関する物権変動
は,原則として,占有を移転することが要件となっており（農業用動産の抵
当権は例外）,動産を占有する者がその動産に関する物権を取得していると
推定され,③動産は移動が容易であること等のため,抵当権の目的物となっ
ている農業用動産も自由に譲渡されることになり,動産取引であることから,
譲受人も一般的には登記記録を調査して取引するということをしない。

　したがって,抵当権の存在を知らないで取引をした第三者に不測の損害を
与えかねないので,無権利者である農業用動産の占有者から公然・平穏・善
意・無過失にその農業用動産の所有権又は質権を取得した者がいる場合は,
農業用動産の抵当権は消滅することにしたのである。

　このことは,登記の対抗力を著しく弱め,過失なくして抵当権の登記があ

ることを知らなかった後発の譲渡担保権者に対してすら，抵当権者は，その登記がある抵当権をもって対抗できない結果となる。しかし，これは，抵当権の目的である農業用動産自体に抵当権の存在を表示する何らかの方法が工夫されない限り，やむを得ない措置であるといえよう。

もっとも，この点については，抵当権の目的物である農業用動産の所有者に対し，農業用動産を譲渡し，又は他の債務の担保に提供しようとするときは，相手方に対し，抵当権が存在していることを告知すべき義務を課して債権者の保護をはかっている（農信法14条）。

ちなみに建設機械抵当法には「打刻」の制度（同法3条，4条）が設けられている（3：2）。

4：2：5　抵当権に関する罰則

農業用動産の抵当権に関する罰則は，目的物損傷隠匿の罪（農信法18条），抵当権侵害の罪（同法19条）及びこれらの罪が親告罪である旨（同法20条）を定めている。いずれも農業経営資金貸付の「先取特権」に関するものではない。

農業用動産の抵当権は，動産の質権の場合と異なり，その目的物は債務者の占有下にあり，また，抵当権設定後でもその動産の譲渡・質入れ等の処分は禁止されておらず，しかも抵当権者は，目的物の善意の取得者又は質権者に対しては，登記後でも対抗できないため，これを悪用すれば，抵当権を侵害することは容易である（4：2：4）。そこで，農信法は，罰則を設けたのである。

4:2:5:1　目的物損傷隠匿の罪

① 抵当権者に損害を加える目的で抵当権の目的である農業用動産を損傷し，又は隠匿した者は，1年以下の懲役又は1,000円以下の罰金に処する（注）。

これらの行為をした者は，債務者，抵当権の設定者又は第三者のいずれであっても，本条の罰則の対象となる。「損傷」は，刑法261条にいわゆる「損壊し，又は傷害」に当たり，「損壊」は動物以外の物について，「傷

害」は動物についての概念で，いずれも物質的に損傷することは必要ではない。例えば，農業用動産について，飲食器に放尿する（大審判明 42.4.16刑録 15-425），池に飼育している鯉を流出させる（大審判明 44.2.27 刑録 17-197）などのほか農業機械の動力部分に水を入れて使用不能にしたり，家畜に興奮剤を投与する行為も損傷に当たる（宮崎 62）。

　なお，「隠匿」は，目的物発見に妨害を加える行為で損傷の一態様といえる。

　本条の罪は，親告罪（刑法 264 条）である（農信法 20 条）。

②　農業用動産の所有者の意思に反して，抵当権の目的である農業用動産を損傷した者に対しては，刑法の規定が適用される。器物損壊又は傷害の罪（刑法 261 条）である。

③　罰則の問題ではないが，債務者が目的物を損傷した場合，債務者は，期限の利益を主張できなくなる（民法 137 条 2 号）。

　　(注)　刑法，暴力行為等処罰に関する法律及び経済関係罰則の整備に関する法律の罪以外の罪（条例の罪を除く。）についての罰金は，その額が 2 万円に満たないときは 2 万円とし，その額が 1 万円に満たないときは 1 万円とする（罰金等臨時措置法 2 条）。

4:2:5:2　抵当権侵害の罪

　抵当権の目的である農業用動産の所有者が，抵当権者に損害を加える目的で動産を譲渡し，質入れをし，その他抵当権を侵害する行為をすることは，抵当権侵害の罪（農信法 19 条）に当たり，1 年以下の懲役又は 1 万円以下（罰金等臨時措置法 2 条 1 項）の罰金に処する。

　抵当権の目的である農業用動産の所有者が，その動産を譲渡し，又は質入れをする場合に，譲受人又は質権者に抵当権の存在を告知しなかったときは，抵当権者は，これらの者に抵当権をもって対抗できないから，このことは，抵当権の侵害行為である。しかし，「抵当権者に損害を加える目的」を有す

ることが，本条の罪の構成要件であるから，過失による無告知は，本条の罪
とならない。

　本条は，動産所有者の代表者又は代理人が，本人のために抵当権侵害行為
をしたときにも適用がある（同条2項）。親告罪である（農信法20条）。

4：3　抵当権の設定登記

4：3：1　職権による表題登記及び所有者の登記

　農業用動産については，不動産登記の表題登記（不登法2条20号）に相当
する種類の登記はなく，農業用動産の所有者が抵当権者とともに抵当権の設
定登記の申請をしたときに，初めて登記簿に記録される。

①　農業用動産について初めて抵当権の設定登記をする場合は，職権で農業
　用動産の表題部の登記事項及び所有者の表示を登記しなければならない
　（農登令12条）。

②　登記官が農業用動産の表示（農登令8条）について登記をするときは，表
　題部に申請の受付年月日を記録しなければならない（農登規則29条）。

③　所有者の表示を登記するときは，所有者部に申請の受付年月日を記録し
　て，表示番号を記録しなければならない（農登規則34条）。

4：3：2　申請人

　抵当権の設定登記においては，農業用動産の所有者を登記義務者とみなす
（農登令11条）。申請は，抵当権者と抵当権設定者との共同申請による（農登令
18条・不登法60条）。

　すなわち，抵当権の設定登記については，農業用動産の所有者を登記義務
者とみなすこと（旧農登令10条）。また，この場合は，農登令18条で準用す
る不登法22条本文（登記義務者の登記識別情報の提供義務）は，適用しな
い旨を定めている。

①　農業用動産の抵当権の設定登記は，権利に関する登記であるから，一般
　通則である登記権利者及び登記義務者による共同申請の原則が適用される
　（農登令18条・不登法60条）。しかし，農業用動産については，所有権の登記

がされないため，所有者であっても所有権の登記名義人とはならず「登記
義務者」の定義（不登法2条13号）には該当しない。そこで，農登令（11
条）は，農業用動産の所有者を登記義務者とみなし，農業用動産の抵当権
の設定登記の共同申請を可能としているのである。

② 　所有権の登記がされない以上，農業用動産の所有者が所有権の登記名義
人として登記識別情報の通知を受けることはないので，農業用動産の抵当
権の設定登記の申請においては，登記義務者の登記識別情報の提供（不登
法22条）は必要でないとしている。

4 : 3 : 3　申請情報の内容

農登令18条で準用する不登法18条は「登記の申請は，不動産を識別する
ために必要な事項，申請人の氏名又は名称，登記の目的その他の登記の申請
に必要な事項として政令で定める情報（申請情報）を登記所に提供してしな
ければならない」としている。これを受けて，農登令9条及び同令別表一は，
農業用動産の登記の申請における申請情報の内容を定めている。

① 　登記の目的（農登令9条5号，不登令3条5号）

「抵当権設定」と記載する。

② 　登記原因及びその日付（農登令9条6号，不登令3条6号）

抵当権の設定登記の登記原因及びその日付の記載については，不動産の
場合と同様である。抵当権の設定契約とその成立年月日のほか，被担保債
権の発生原因である金銭消費貸借契約等とその成立年月日を記載する。

③ 　債権額その他の登記事項

a 　債権額，債務者の氏名又は名称，所有権以外の権利を目的とするとき
は，その目的となる権利，2以上の不動産に関する権利を目的とすると
きは，その2以上の不動産及びその権利等（農登令別表一申請情報イ，不登
法83条1項各号）

b 　利息の定め，損害賠償額の定め，債権に付した条件，抵当権設定行為
の別段の定め（農登令別表一申請情報ロ・不登法88条1項1号〜4号）

④ 　債務者の表示（農登令別表一申請情報イ・不登法83条1項2号）

⑤　申請人の表示（農登令9条1号）

　　申請人として，登記権利者（抵当権者）と登記義務者（抵当権設定者）を表示する。抵当権者となり得る者は限定されている（4:1:4）。

　　農業用動産については，所有権に関する登記がされず，登記簿の所有者部欄に所有者の表示に関する事項が記録されるが，不登法25条7号の準用については，同号の「登記義務者」の表示が所有者の表示を意味するものと解すべきである（精義2436）。

⑥　申請人が法人であるときは，法人の代表者の氏名（農登令9条2号）

⑦　代理人によって登記を申請するときは，代理人の表示（農登令9条3号）

⑧　申請人又は代理人の電話番号その他の連絡先（不登規則34条1項1号）

⑨　農業用動産が共有のときは，各共有者の共有持分（不登令3条9号）

⑩　添付情報の表示（不登規則34条1項6号）

⑪　申請年月日及び登記所の表示（不登規則34条1項7号，8号）

⑫　課税標準の金額及び登録免許税額（不登規則189条1項，農登規則39条・登税法別表第一・八㈠イ）（注）

　　農業用動産の抵当権の設定登記の登録免許税は，課税標準である債権額の1000分の3である。

⑬　農業用動産の表示（農登令9条7号・8条1項各号又は2項各号，4:2:3①）

⑭　漁船の表示（農登令9条7号・8条2項各号，4:2:3②）

　（注）　登記の申請に当たって登録免許税を納付する場合は，登録免許税額（一定の場合には，登録免許税額及び課税標準の金額）も申請情報の内容としなければならないこととされている（農登規則39条）。

4:3:4　添付情報

　農業用動産の抵当権の設定登記の申請情報と併せて提供すべき添付情報は，次のとおりである（農登令10条各号）。

①　申請人が法人であるとき（「法務省令で定める場合」を除く。（注1））

は，次に掲げる情報（農登令 10 条 1 号）

a　会社法人等番号（商業登記法 7 条（他の法令において準用する場合を含む。）に規定する会社法人等番号をいう。）を有する法人にあっては，法人の会社法人等番号（イ）

b　a に規定する法人以外の法人にあっては，法人の代表者の資格を証する情報（ロ）

② 代理人によって登記を申請するとき（「法務省令で定める場合」を除く。**（注 1 ）**）は，代理人の権限を証する情報（農登令 10 条 2 号）

③ 民法 423 条その他の法令の規定により他人に代わって登記を申請するときは，代位原因を証する情報（農登令 10 条 3 号）

④ 登記原因を証する情報（不登法 61 条，農登令別表一添付情報イ，不登令 7 条 1 項 5 号ロ）

　抵当権設定を証する契約書等である。

　なお，農業用動産については，所有権の登記はされないので，登記義務者の所有権に関する登記識別情報は存在しないが，農登令 18 条は，不登法 23 条を準用しているので，事前通知を要すると解する余地はあるが，消極に解すべきである（精義 2432）。

⑤ 登記原因について第三者の許可等を要するときの許可等を証する情報（不登令 7 条 1 項 5 号ハ）

　例えば，未成年者又は準禁治産者がその所有にかかる農業用動産について抵当権の設定契約をするには，その法定代理人又は保佐人の同意を必要とするように（民法 5 条 1 項本文，13 条），登記原因である農業用動産の抵当権の設定契約について第三者の許可，同意又は承諾を必要とする場合は，その許可等を証する情報を提供する。

⑥ 農業用動産の所有者を証する情報（農登令別表一添付情報ロ）

　抵当権の目的である農業用動産が抵当権設定者の所有に属することを証する情報を提供する。この情報としては，市町村長の作成にかかるもののほか，農業協同組合（その農業用動産の抵当権者である場合を除く。），農

業共済組合又は家畜登録機関等が作成したもので差し支えない（昭44.
3.4民事甲388号民事局長通達）。この証明書は，既登記の農業用動産を目的
とする抵当権の設定登記を申請する場合も必要である。

⑦　抵当権設定者の作成後3月以内の印鑑証明書（不登令16条2項，3項，不
　登規則48条1項1号）

（注1）　①②において「法務省令で定める場合」とあるのは，それぞれ不登規則36
　　　　条1項又は2項に規定する場合と同様である（農登規則40条で読み替えて準
　　　　用する不登規則36条1項，2項）。
（注2）　①から⑦までのほか，添付情報については，農登令18条において不登令7
　　　　条から9条までの規定のうち関係する部分（不登令7条1項5号，3項3号，
　　　　8条1項4号，6号及び7号の一部，8号，9号並びに9条）を準用している。

4：4　抵当権に関するその他の登記

　抵当権の設定登記以外の抵当権に関するその他の登記の申請手続については，不動産（土地，建物）の目的とする抵当権の場合と同じである。

4：4：1　共同抵当登記（農登令別表一申請情報イ・不登法83条1項4号）

　同一の債権の担保として数個の農業用動産（不動産等の他の目的物件を含む。）について抵当権が設定された場合（民法392条1項），登記の目的，登記原因及びその日付が同一であるときは（農登令18条・不登令4条ただし書），一の申請情報で申請できる。

①　申請情報

　　登記原因及びその日付又は設定者を異にするときは，各農業用動産の表示の末尾にそれぞれの登記原因及びその日付又は設定者（登記義務者）を記載する。

　　ただし，「共同担保目録のとおり」とすることで足りる。（注）

　　農業用動産が共有のとき（昭31.2.21民事甲341号（一3）民事局長回答）及

び抵当権者が複数人のとき（不登法59条4号）は，各持分を記載する。

② 添付情報

　共同担保目録（不登法83条2項，不登規則166条，167条）

③ 登録免許税

　課税標準である債権金額の1000分の3である（農登規則39条，登税法別表第一・八㈠イ）。

> **（注）** 根抵当権の場合は，共同抵当である旨の登記が必要である（不登令別表五十六ハ，民法398条の16）。

4：4：2　抵当権の追加設定登記（農登令別表一申請情報ハ，不登令別表五十五申請情報ハ）

　農業用動産について抵当権の設定登記をした後，同一の債権の担保として他の農業用動産についての抵当権の設定登記をするときである。

① 申請情報

　前の登記に係る次の事項を記載する。

a　表題部の登記事項（農登令8条1項各号又は2項1号ないし5号）

b　順位事項

c　共同担保目録の記号及び目録番号（農登規則23条）

② 添付情報

a　登記原因を証する情報（イ）

b　農業用動産の所有者を証する情報（ロ）

③ 登録免許税

　1件について1,500円である（登税法13条2項）。

4：4：3　抵当権の移転登記（農登令別表三，四，不登令別表二十二，五十七）

① 農業用動産を目的とする抵当権についても，その随伴性により債権の移転に伴って原則として移転し（債権の一部譲渡の場合は，抵当権の一部が移転し準共有の関係になる。），また，民法501条及び502条も適用される

から，被担保債権の全部又は一部の代位弁済によって，抵当権の全部又は一部が法律上当然に代位弁済者に移転し，さらに，農業用動産を目的とする共同抵当権についても，民法392条及び393条が準用されるので（農信法12条2項），後順位の抵当権者の代位によって移転することもあり得るし，抵当権者について一般承継が生じた場合にも，その被担保債権のみならず，抵当権が移転することもあり得る。

②　問題は，農業用動産に抵当権を設定する場合の被担保債権の債権者は限定されているので（農信法3条），被担保債権の譲渡等により，その被担保債権及び抵当権を取得できる者も，設定を受けることができる債権者に限られるかどうかである。

　　農信法12条1項は，「農業ヲ為ス者又ハ農業協同組合，其ノ他勅令ヲ以テ定ムル法人」が「其ノ所属スル農業協同組合，信用組合又ハ勅令ヲ以テ定ムル法人ニ対シテ負担スル債務ヲ担保スル場合ニ限リ」，農業用動産を目的として抵当権を設定することができるとしているから，少なくとも抵当権設定の場合は，抵当権者となり得る者は，債務者（農業をする者又は農業協同組合その他政令で定められる法人）が所属する「農業協同組合，信用組合又は政令で定める法人」に限られることになる。

③　同法3条は，「農業用動産ノ抵当権ヲ取得スルコトヲ得ル者ハ農業協同組合，信用組合及勅令ヲ以テ定ムル法人ニ限ル」としており，この場合の「取得」には，抵当権設定による取得のみならず，被担保債権の譲渡等による被担保債権の取得（移転）に随伴する抵当権の移転による取得及び一般承継による取得も包含されるから，被担保債権の譲渡等による抵当権の移転を受けて抵当権を取得し得る者も，同法3条の「農業協同組合，信用組合及勅令ヲ以テ定ムル法人」に限ると解さざるを得ない。

　　そしてこの場合は，被担保債権の債務者が農業協同組合，信用組合その他政令で定める法人に所属していなくても差し支えない。また，抵当権を取得できる法人以外の者に被担保債権が移転したら，抵当権は随伴することなく，消滅すると解すべきであるとする見解（精義2434）があるが賛成

しかねる。(注)

(注)　農信法 12 条 1 項は，抵当権を設定する場合に抵当権者となり得る者を限定し
たにすぎないものと解すべきで，これらの者が有効に取得した抵当権は，被担保
債権の譲渡又は代位弁済等により，何人にでも移転することができ，抵当権の移
転を受け得る者は，同法 3 条の担保権者に限定されないとしないと抵当権として
の実行が期し難いものとなってしまう（宮崎 54）。

4:4:3:1　相続又は法人の合併による抵当権の移転登記（農登令別表三，不登令別表二十二）

① 添付情報

相続又は法人の合併を証する市町村長，登記官その他の公務員が職務上
作成した情報又はこれに代わるべき情報及びその他の登記原因を証する情
報

② 登録免許税

移転する債権金額を課税標準として，その 1000 分の 1.5 である（農登規
則 39 条，登税法別表第一・八㈠ロ）。

4:4:3:2　抵当権の一部移転登記（農登令別表四，不登令別表五十七）

債権の一部について譲渡又は代位弁済があった場合の抵当権の移転登記で
ある。債権譲渡の対抗要件として譲渡人から債務者への通知又は承諾が必要
である（民法 467 条）。

① 申請情報

譲渡又は代位弁済の目的である債権の額

② 添付情報

登記原因を証する情報

③ 登録免許税

移転する債権金額を課税標準とし，その 1000 分の 1.5 である（農登規則
39 条，登税法別表第一・八㈠ロ）

4:4:4　抵当権の処分登記（農登令別表五，不登令別表五十八）

民法376条1項により抵当権を他の債権の担保（転抵当）とし，又は抵当権若しくはその順位を譲渡し，若しくは放棄する場合の登記である。（**注1**）

① 申請情報

a　不登法83条1項各号の登記事項。同項4号の登記事項で，他の登記所の管轄区域内に所在地がある農業用動産に関するものがあるときは，農業用動産についての農登令8条1項各号又は2項1号から5号までの事項を含む。（イ）

b　不登法88条1項1号から4号までの登記事項（ロ）

c　1又は2以上の農業用動産について抵当権の設定登記をした後，同一の債権の担保として他の1又は2以上の農業用動産について抵当権の処分登記を申請するときは，前の登記に係る次に掲げる事項（申請を受ける登記所に前の登記に係る共同担保目録がある場合には，共同担保目録の記号及び目録番号（農登規則23条））（ハ）

⑴　農登令8条1項各号又は2項1号から5号までの事項

⑵　順位事項

② 添付情報

a　登記原因を証する情報（イ）

b　前登記事項証明書（ロ）

③ 登録免許税

いずれの場合も原抵当権の登記に付記してされるので，申請件数1件について1,000円である（登税法別表第一・八㈠ヘ）。（**注2**）

④ 登記官は，登記した担保権について順位の譲渡又は放棄による変更登記をするときは，担保権の登記の順位番号の次に変更登記の順位番号を括弧を付して記録しなければならない（不登規則163条）。

（**注1**）　抵当権者は，その抵当権を他の債権の担保とすることは差し支えなく，また，抵当権の被担保債権に質権を設定した場合は，その抵当権に質権の効力が及ぶ

が，抵当権のみを質権の目的とすることはできない（昭30.3.8民事甲434号民事局長回答）。

（注2）　船舶の登記は1隻について，建設機械の登記は1個について，それぞれ1,000円であるが，農業用動産の登記については，1個（台）1,000円という規定例はない。

4：4：5　抵当権の順位変更

抵当権の順位の変更登記をするときは，関係する抵当権者全員の合意を必要とし，かつ，その旨の登記をしなければ効力を生じない（民法374条，不登法89条，不登令8条1項6号）。

① 申請情報

変更後又は更正後の登記事項（抵当権の順位）

② 添付情報

a 登記識別情報（不登令8条1項6号）

b 登記原因を証する情報（不登法61条）

c 登記上の利害関係を有する第三者がいるときは，第三者の承諾を証する第三者が作成した情報又は第三者に対抗することができる裁判があったことを証する情報（不登令7条1項5号ハ）

③ 登録免許税

抵当権の件数1件について1,000円である（登税法別表第一・八㈠ニ）。

④ 登記手続

登記官は，担保権の順位の変更登記をするときは，順位の変更があった担保権の登記の順位番号の次に変更登記の順位番号を括弧を付して記録しなければならない（不登規則164条）。

4：4：6　共同抵当における代位の付記登記（農登令別表六，不登令別表五十九）

債権者が同一の債権の担保として数個の農業用動産について抵当権を有する場合に，甲農業用動産の代価のみを配当すべきときは，抵当権者は，その代価から債権の全部の弁済を受けることができる（民法392条2項前段）。この

場合，次順位の抵当権者は，弁済を受ける抵当権者が前項（同条1項）の規定に従い，他の不動産の代価から弁済を受けるべき金額を限度として，その抵当権者に代位して抵当権を行使することができる（同条2項後段）。

① 申請情報

    a　先順位の抵当権者が弁済を受けた農業用動産についての農登令8条1項各号又は2項1号から5号までの事項，農業用動産の代価及び弁済を受けた額（イ）

    b　抵当権の登記事項（不登法83条1項各号），他の登記所の管轄区域内に所在地がある農業用動産に関するものがあるときは，表題部の登記事項（農登令8条1項各号又は2項1号から5号まで）（ロ）

    c　抵当権の登記事項（不登法88条1項1号から4号まで）（ハ）

② 添付情報

    登記原因を証する情報

③ 登録免許税

    申請件数1件について1,000円である（登税法別表第一・八㈠ヘ）。

④ 登記手続

    代位によって抵当権を行使する者は，その抵当権の登記に代位を付記することができる（民法393条）。付記登記の順位は，主登記の順位により，同一の主登記に係る付記登記の順位は，その前後による（不登法4条2項）。

4：4：7　抵当権の変更更正登記（農登令別表十二，不登令別表二十五）

登記した抵当権の登記事項に変更を生じたとき，登記事項を追加すべきとき又は登記事項を廃止すべきときは，それぞれ抵当権の変更登記をする。また，登記事項に錯誤又は遺漏があるときは，抵当権の更正登記をする。

なお，農登令別表十二の登記には，同令別表八から十までの登記は含まれない。農業用動産については所有権の登記がされないため，表題部及び所有者部に記載される事項についての変更更正登記は，抵当権に関する登記の変更更正登記として一般に観念されている。そこで，表題部の登記事項についての変更更正登記等，同令別表八から十までの登記が抵当権に関する登記の

変更更正登記に含まれるものであることを明らかにするために，これらが除外される旨を明示している。

① 申請情報

　　変更後又は更正後の登記事項

② 添付情報

　a　登記原因を証する情報（イ）

　b　付記登記によってする抵当権の変更更正登記を申請する場合において，登記上の利害関係を有する第三者がいるときは，第三者の承諾を証する第三者が作成した情報又は第三者に対抗することができる裁判があったことを証する情報（ロ）

③ 登録免許税

　　申請件数1件について1,000円である（登税法別表第一・八㈠ヘ）。

4:4:8　抵当権の登記の抹消（農登令別表十六；不登令別表二十六）

　農業用動産を目的とする抵当権は，被担保債権全部の弁済により消滅し，また，抵当権の目的である農業用動産が滅失した場合は，滅失の登記を申請するのではなく，抵当権は目的を失って消滅し，それぞれ抵当権者及び抵当権設定者が共同で抹消登記を申請することになる。この場合の登記原因は，「目的物の滅失」である。

　そのほか，強制執行又は担保権の実行としての競売による売却によって抵当権が消滅した場合は，債務者，抵当権設定者又は買受人は，単独で抵当権の登記の抹消を申請することができる（農登令15条）。

　権利に関する登記は，共同申請が原則であるが，担保権の実行としての競売による売却によって抵当権が消滅した場合に，登記義務者である抵当権者との共同申請を強いることが酷である場合もあることを考慮したものである。

① 申請情報の内容

　a　登記の目的　何番抵当権抹消

　b　原因　年月日弁済又は農業用動産滅失

② 添付情報

a　農登令15条により債務者，抵当権設定者又は買受人が単独で申請するときは，同条の事由によって抵当権が消滅したことを証する情報（イ）

b　不登法69条により登記権利者が単独で申請するときは，人の死亡又は法人の解散を証する市町村長，登記官その他の公務員が職務上作成した情報（ロ）

c　不登法70条2項により登記権利者が単独で申請するときは，非訟法106条1項の除権決定があったことを証する情報（ハ）

d　不登法70条3項前段により登記権利者が単独で抵当権に関する登記の抹消を申請するときは，次の情報（ニ）
(1)　債権証書並びに被担保債権及び最後の2年分の利息その他の定期金（債務不履行により生じた損害を含む。）の完全な弁済があったことを証する情報
(2)　登記義務者の所在が知れないことを証する情報

e　不登法70条3項後段により登記権利者が単独で抵当権に関する登記の抹消を申請するときは，次の情報（ホ）
(1)　被担保債権の弁済期を証する情報
(2)　(1)の弁済期から20年を経過した後に被担保債権，その利息及び債務不履行により生じた損害の全額に相当する金銭が供託されたことを証する情報
(3)　登記義務者の所在が知れないことを証する情報

f　aからeまでにの申請以外の場合は，登記原因を証する情報（ヘ）

g　登記上の利害関係を有する第三者があるときは，第三者の承諾を証する第三者が作成した情報又は第三者に対抗することができる裁判があったことを証する情報（ト）

③　登録免許税
　申請件数1件について1,000円である（登税法別表第一・八㈠ト）。

4：4：9　抹消された抵当権の回復登記（農登令別表十七，不登令別表二十七）

抹消された登記の回復は，登記上の利害関係を有する第三者がいる場合は，第三者の承諾があるときに限り，申請することができる（不登法72条）。

① 申請情報

回復する登記の登記事項

② 添付情報

a 登記原因を証する情報（イ）

b 登記上の利害関係がある第三者がいるときは，第三者の承諾を証する第三者が作成した情報又は第三者に対抗することができる裁判があったことを証する情報（ロ）

③ 登録免許税

申請件数1件について1,000円である（登税法別表第一・八㈠ヘ）。

④ 登記手続

登記官は，抹消された登記の回復をするときは，回復の登記をした後，抹消に係る登記と同一の登記をしなければならない（不登規則155条）。

4：5　根抵当権の設定登記（農登令別表二，不登令別表五十六）

農業用動産を目的とする根抵当権に関しては，不動産を目的とする根抵当権に関する民法（379条〜386条までを除く。）その他の法律が準用されるので（農信法12条2項），登記の申請手続は，不動産を目的とする根抵当権と同様である。

4：5：1　申請人

農業用動産を目的とする根抵当権の設定登記は，根抵当権者が登記権利者として，根抵当権設定者（農業用動産の所有者）が登記義務者として，その共同申請による（4：3：2）。

4：5：2　申請情報の内容

根抵当権の設定の登記の申請情報に記載すべき事項は，次のとおりである（4：3：3，農登令9条，別表二申請情報イ〜ニ）。

① 申請人の表示（農登令9条1号）

　申請人として，登記権利者（抵当権者）と登記義務者（抵当権設定者）を表示する。農業用動産については，所有権に関する登記がされず，登記簿の甲区欄に所有者の表示は記載がされるが，不登法25条7号の準用については，同号の「登記義務者」を所有者の表示を意味するものと解すべきである。農業用動産が共有であるときは，各共有者の持分を記載する。

② 申請人が法人であるときは，法人の代表者の氏名（農登令9条2号）

③ 代理人によって登記を申請するときは，代理人の表示（農登令9条3号）

④ 民法423条その他の法令により他人に代わって登記を申請するときは，申請人が代位者である旨，当該他人の表示並びに代位原因（農登令9条4号）

⑤ 登記の目的（農登令9条5号，不登令3条5号）

　「根抵当権設定」と記載する。

⑥ 登記原因及びその日付（農登令9条6号，不登令3条6号）

　設定契約と成立の日付のほか，被担保債権の発生原因である債権契約とその契約の成立の日を記載する。

⑦ 債務者の表示（不登法83条1項2号）

⑧ 担保すべき債権の範囲及び極度額等（不登法88条2項1号）

⑨ 根抵当権の効力の及ぶ範囲の別段の定め（不登法88条2項2号）

⑩ 元本の確定期日（不登法88条2項3号）

⑪ 弁済を受ける別段の定め（不登法88条2項4号）

⑫ 共同根抵当の登記（民法398条の16）の場合はその旨（農登令別表二申請情報ハ）

⑬ 根抵当権の追加設定をするときは，前の登記に係る次の事項（農登令別表二申請情報ニ）

　a 表題部の登記事項（農登令8条1項各号又は2項1号～5号）(1)

　b 順位事項(2)

　c 申請を受ける登記所に共同担保目録があるときは，共同担保目録の記号及び目録番号（農登規則23条）(3)

⑭ 添付情報の表示（不登規則34条1項6号）

⑮　申請年月日及び登記所の表示（不登規則 34 条 1 項 7 号，8 号）

⑯　課税標準の金額及び登録免許税額（農登規則 39 条）

　　根抵当権の設定の登記の登録免許税は，極度額を課税標準として，その 1000 分の 3 であるから（登税法別表第一・八㈠イ），この課税標準と税額を記載する。

⑰　農業用動産の表示（農登令 9 条 7 号・8 条 1 項各号又は 2 項各号）

4：5：3　添付情報

　　農業用動産の根抵当権の設定登記の申請情報と併せて提供すべき添付情報は，次のとおりである（農登令 10 条各号）。

①　申請人が法人であるとき（法務省令で定める場合を除く。）は，次に掲げる情報（農登令 10 条 1 号）

　a　会社法人等番号（商業法 7 条（他の法令において準用する場合を含む。）に規定する会社法人等番号をいう。）を有する法人にあっては，法人の会社法人等番号（イ）

　b　a に規定する法人以外の法人にあっては，法人の代表者の資格を証する情報（ロ）

②　代理人によって登記を申請するとき（法務省令で定める場合を除く。）は，代理人の権限を証する情報（農登令 10 条 2 号）

③　民法 423 条その他の法令の規定により他人に代わって登記を申請するときは，代位原因を証する情報（農登令 10 条 3 号）

④　登記原因を証する情報（不登法 61 条，農登令別表二添付情報イ，不登令 7 条 1 項 5 号ロ）

　　根抵当権設定を証する契約書等である。

⑤　農業用動産の所有者を証する情報（農登令別表二添付情報ロ）

　　根抵当権の目的である農業用動産が根抵当権設定者（登記義務者）の所有に属することを証するに足りる情報を添付する。この情報としては，市町村長の証明に係るもののほか，農業協同組合（根抵当権者である場合を除く。），農業共済組合又は家畜登録機関の作成に係るもので差し支えない

（昭 44．3．4 民事甲 388 号民事局長通達）。

⑥　根抵当権設定者の作成後 3 月以内の印鑑証明書（不登令 16 条 2 項，3 項）

⑦　登記原因について第三者の許可等を要するときは，許可等を証する書面
　（不登令 7 条 1 項 5 号ハ）

⑧　前登記事項証明書（農登令別表二添付情報ハ）

　　1 の農業用動産についての根抵当権の設定登記又は 2 以上の農業用動産についての根抵当権の設定登記（民法 398 条の 16 の登記をしたものに限る。）をした後，同一の債権の担保として他の 1 又は 2 以上の農業用動産について根抵当権の設定登記及び同条の登記を申請する場合において，前の登記にその登記の事務が他の登記所の管轄に属する農業用動産に関するものがあるときは，前の登記に関する登記事項証明書

4：6　根抵当権に関するその他の登記

　農業用動産を目的とする根抵当権に関しては，不動産を目的とする根抵当権に関する民法その他の法律の規定（民法 379 条～ 386 条を除く。）が準用されるので（農信法 12 条 2 項），不動産を目的とする根抵当権に関する民法の規定が準用される。そして，これらの規定の準用による農業用動産の根抵当権についての登記の申請手続は，不動産を目的とする根抵当権と同様である。

4：6：1　根抵当権の処分登記（農登令別表五，不登令別表五十八）

　民法 376 条 1 項により根抵当権を他の債権のための担保とし，又は根抵当権を譲渡し，若しくは放棄する場合の登記である。ただし，元本確定前には，根抵当権の処分をすることはできない。その根抵当権を他の債権の担保とすることはできる（民法 398 条の 11 第 1 項）。

①　申請情報

　a　不登法 83 条 1 項各号（1 号を除く。）の登記事項（同項 4 号の登記事項で，他の登記所の管轄区域内に所在地がある農業用不動産に関するものがあるときは，その農業用不動産についての農登令 8 条 1 項各号又は 2 項 1 号ないし 5 号の事項を含む。）（イ）

　　b　不登法 88 条 2 項各号の登記事項（ニ）

　　c　共同根抵当の登記（民法 398 条の 16）については，その旨（ホ）

　　d　1 又は 2 以上の農業用動産についての根抵当権の設定登記（共同根抵
　　　　当の登記（民法 398 条の 16）をしたものに限る。）をした後，同一の債権
　　　　の担保として他の 1 又は 2 以上の農業用動産についての根抵当権の処分
　　　　登記及び同条の登記を申請するときは，前の登記に係る次の事項（ヘ）

　　　(1)　農登令 8 条 1 項各号又は 2 項 1 号ないし 5 号の事項

　　　(2)　順位事項

　　　(3)　申請を受ける登記所に共同担保目録があるときは，共同目録の記号
　　　　　及び目録番号（農登規則 23 条）

②　添付情報

　　a　登記原因を証する情報（イ）

　　b　①dの場合に，前の登記に他の登記所の管轄区域内に所在地がある農業
　　　　用動産に関するものがあるときは，前の登記に関する登記事項証明書（ロ）

③　登録免許税

　　　極度金額を課税標準とし，その 1000 分の 1.5 の税率を乗じて算出した
　　額を登録免許税とする（農登規則 39 条，登税法別表第一・八㈠ロ）。

4：6：2　共同根抵当における代位の付記登記（農登令別表六，不登令別表五十九，4：4：6）

　　債権者甲が同一の債権の担保として数個の農業用動産について根抵当権を
有する場合に，そのうちの 1 個の農業用動産の代価のみを配当すべきときは，
甲は，代価から債権の全部の弁済を受けることができる。この場合，次順位
の根抵当権者乙は，甲が他の農業用不動産の代価から弁済を受けるべき金額
を限度として，甲に代位して抵当権を行使することができ（民法 392 条 2 項），
乙は，その根抵当権登記に代位を付記することができる（同法 393 条）。

　　この代位登記の規定（同条）は，その設定と同時に同一の債権の担保とし
て数個の農業用動産について根抵当権が設定された旨の登記をしたときに限
り適用する（同法 398 条の 16）。

① 申請情報

   a 先順位の根抵当権者（甲）が弁済を受けた農業用動産についての表題部の登記事項（農登令8条1項各号又は2項1号～5号），農業用動産の代価及び弁済を受けた額（イ）

   b 担保権の登記事項（不登法83条1項各号（1号を除く。））の登記事項。同項4号の登記事項で，他の登記所の管轄区域内に所在地がある農業用動産に関するものがあるときは，その農業用動産についての表題部の登記事項（農登令8条1項各号又は2項1号～5号）（ロ）

   c 根抵当権の登記事項（不登法88条2項各号）（ニ）

② 添付情報

   登記原因を証する情報

③ 登録免許税

   原根抵当権の登記に付記されるので，申請件数1件について1,000円である（登税法別表第一・八㈠ヘ）。

④ 登記事項

   不登法59条各号の事項のほか，先順位の根抵当権者が弁済を受けた農業用動産に関する権利，代価及び弁済を受けた額（不登法91条）。

4：6：3　根抵当権の分割譲渡（農登令別表七，不登令別表六十）

   元本の確定前，根抵当権者は，根抵当権設定者の承諾を得て，根抵当権を譲り渡すことができる（民法398条の12第1項）。

   また，根抵当権者は，根抵当権を2個の根抵当権に分割して，その一方を譲り渡すことができる。この場合，根抵当権を目的とする権利は，譲り渡した根抵当権について消滅する（同条2項）。この譲渡をするには，根抵当権を目的とする権利を有する者の承諾を得なければならない（同条3項）。

   なお，元本の確定前，根抵当権者は，根抵当権設定者の承諾を得て，根抵当権の一部譲渡（譲渡人が譲受人と根抵当権を共有するため，これを分割しないで譲り渡すことをいう。）をすることができる（同法398条の13）。

① 申請情報

a　根抵当権の設定登記申請の受付年月日及び受付番号並びに登記原因及びその日付（イ）

b　分割前の根抵当権の債務者の表示及び担保すべき債権の範囲（ロ）

c　分割後の各根抵当権の極度額（ハ）

d　分割前の根抵当権の効力の及ぶ範囲についての別段の定め（民法370条ただし書）又は元本の確定すべき期日の定めが登記されているときは，その定め（ニ）

e　分割前の根抵当権に関する共同担保目録があるときは，その記号及び目録番号（農登規則24条）（ホ）

② 添付情報

a　登記原因を証する情報

b　利害関係人の承諾情報

③ 登録免許税

一部譲渡又は分割後の共有者数で極度額を除した金額を課税標準として，1000分の1.5の税率を乗じて算出した額である（農登規則39条，登税法別表第一・八㈠ハ）。

④ 登記手続

登記は，不登規則165条により主登記によってする。

4：6：4　根抵当権の元本確定

不動産を目的とする根抵当権については，元本の確定前の根抵当権については随伴性が否定され，被担保債権の譲渡があっても根抵当権の移転は生じないし，被担保債権の代位弁済があっても根抵当権の移転は生じない（民法398条の7第1項）。また，債権者の更改があっても根抵当権は新債権者に移転しない（同法398条の7第4項）。このことは，農業用動産の根抵当権についても同じであって特に問題はない。ただし，次のような問題がある。

① 元本確定前の根抵当権

元本確定前の根抵当権については，根抵当権のみの全部（3：10：4）又は根抵当権を分割（3：10：5）して，その1個を被担保債権と分離して譲

渡することができ（民法398条の12），また，根抵当権の一部を譲渡して譲
受人と根抵当権を共有することもでき（同法398条の13），根抵当権の共有
者の共有持分の譲渡もできる（同法398条の14第2項）。

② 元本確定後の根抵当権

　元本確定後の根抵当権については，被担保債権の全部又は一部について
譲渡又は代位弁済があった場合は，根抵当権の全部又は一部が原則として
随伴性により債権の譲受人又は代位弁済者に移転するし，民法392条2項
による共同担保の根抵当権については，後順位担保権者に根抵当権が移転
することがある。

　また，元本確定後の根抵当権の被担保債権の譲渡又は代位弁済若しくは
後順位担保権者の代位による根抵当権の移転に関しては，農業用動産の根
抵当権についても，普通抵当権の場合と同じく，その根抵当権を取得する
者は限定されると解すべきであり，元本確定前の根抵当権の全部若しくは
分割しての譲渡又は根抵当権の一部若しくは共有持分の譲渡による根抵当
権の全部又は一部の移転についても同様に解すべきである（精義2439）。

4:6:4:1　元本確定請求による元本確定の登記（農登令別表十三, 不登令別表六十一）

　根抵当権者は，いつでも担保すべき元本の確定を請求することができる
（民法398条の19第2項）。根抵当権の登記名義人は単独で（不登法93条）元本
確定の登記を申請することができる。

① 添付情報

　元本確定請求（民法398条の19第2項）をしたことを証する情報

② 登録免許税

　申請件数1件について1,000円である（登税法別表第一・八㈠ヘ）。

4:6:4:2　競売手続開始等による元本確定の登記（農登令別表十四, 不登令別表六十二）

　根抵当権者が抵当物件に対する競売手続開始又は滞納処分による差押えが
あったときから2週間を経過したときは，元本は確定する（民法398条の20
第1項3号）。

登記名義人が単独で（不登法 93 条）申請するものに限る。

① 添付情報

競り売り公告（民執規則 115 条（同規則 178 条 3 項で準用する場合を含む。）又は国徴法 55 条（同条の例による場合を含む。）による通知を受けたことを証する情報

② 登録免許税

申請件数 1 件について 1,000 円である（登税法別表第一・八㈠ヘ）。

4：6：4：3 破産手続開始決定による元本確定の登記（農登令別表十五，不登令別表六十三）

債務者又は根抵当権設定者が破産手続開始決定を受けたときは，元本は確定する（民法 398 条の 20 第 1 項 4 号）。

登記名義人が単独で（不登法 93 条）申請するものに限る。

① 添付情報

債務者又は根抵当権設定者について破産手続開始の決定があったことを証する情報

② 登録免許税

申請件数 1 件について 1,000 円である（登税法別表第一・八㈠ヘ）。

4：6：5 根抵当権の抹消登記（農登令別表十六，不登令別表二十六）

① 添付情報

a 登記原因を証する情報（ホ）

b 登記上の利害関係を有する第三者がいるときは，第三者の承諾を証する第三者が作成した情報又は第三者に対抗することができる裁判があったことを証する情報（ヘ）

② 登録免許税

申請件数 1 件について 1,000 円である（登税法別表第一・八㈠ト）。

4：7 抵当権に関する信託の登記

改正信託法（平 18.12.15 法 108 号）は，抵当権等の設定による信託が可能で

あることを明確にし（3条），担保権を信託財産とする信託についての規定を整備したことを受けて，農業用動産の抵当権に関しても，抵当権が信託の対象となることを踏まえた所要の整備を行い，「信託に関する登記」（14条）と同様の規定が設けられた（農登令別表十七の二ないし十七の六）。**(注)**

(注) 船登令別表二十四ないし二十六及び建登令別表十八ないし二十と同様である。
ただし，船登令及び建登令は「権利」の移転・変更の登記についてであるが，農登令は「抵当権」の移転・変更の登記に限定している。

4:7:1　信託の登記（農登令別表十七の二，不登令別表六十五）

信託の登記の申請は，信託に係る権利の移転又は保存若しくは設定登記の申請と同時に（一の申請で）しなければならない（不登法98条1項）。信託の登記は，受託者が単独で申請することができる（同条2項）。

4:7:1:1　申請情報の内容（農登令9条）

a　申請人の表示（農登令9条1号）

b　申請人が法人であるときは，その代表者の氏名（同条2号）

c　代理人によつて申請するときは，代理人の表示並びに代理人が法人であるときは代表者の氏名（同条3号）

d　他人に代わつて登記を申請するとき（民法423条等）は，申請人が代位者である旨，他人の表示並びに代位原因（農登令9条4号）

e　登記の目的（同条5号）

f　登記原因及びその日付（同条6号）

g　表題部の登記事項（同条7号・8条1項，2項）

4:7:1:2　添付情報

a　信託法3条3号の方法によつてされた信託については，同法4条3項1号の公正証書等（公正証書については，その謄本）又は同項2号の書面若しくは電磁的記録及び同号の通知をしたことを証する情報（イ）

b　a以外の信託については，登記原因を証する情報（ロ）

c　信託目録に記録すべき情報（ハ）

4:7:1:3　登録免許税

抵当権の信託に関する登記の登録免許税は，債権金額又は極度金額の
1000分の1.5である（農登規則39条，登税法別表第一・八㈠ホ）。

4:7:2　受託者の変更による抵当権の移転登記（農登令別表十七の三；不登令別表六十六）

新たに選任された受託者が単独で申請するもの（不登法100条1項）に限る。

① 添付情報

不登法100条1項に規定する事由により受託者の任務が終了したことを
証する市町村長，登記官その他の公務員が職務上作成した情報及び新たに
受託者が選任されたことを証する情報

② 登録免許税

非課税である（登税法7条1項3号）。

③ 職権による登記

登記官は，受託者の変更による権利の移転登記をするときは，職権で信
託の変更登記をしなければならない（不登法101条）。

4:7:3　抵当権の変更登記（農登令別表十七の四；不登令別表六十六の二）

信託財産に属する農業用動産についてする抵当権の変更登記（ただし，農
登令別表十七の五及び十七の六の登記を除く。）である。

① 添付情報

a　受益者の指定等に関する定め（不登法97条1項2号）がある信託の信託
財産に属する農業用動産について抵当権の変更登記を申請する場合に，
申請人が受益者であるときは，その定めに係る条件又は方法により指定
され，又は定められた受益者であることを証する情報（イ）

b　受益証券発行信託（信託法185条3項）の信託財産に属する農業用動産
について抵当権の変更登記を申請する場合において，申請人が受益者で
あるときは次の情報（ロ）

(1)　受益者が受益証券が発行されている受益権の受益者であるときは，

受益権に係る受益証券

(2) 受益者が振替受益権（社債，株式等の振替に関する法律127条の2第1項）の受益者であるときは，受益者が交付を受けた書面（同法127条の2第3項）又は加入者等による振替口座簿に記載され，又は記録されている事項を記載した書面若しくは提供を受けた情報（同法277条）

(3) 受益者が受益証券を発行しない受益権の受益者（信託法185条2項）であるときは，受益権原簿記載事項を記載した書面又は電磁的記録（同法187条1項）

c 信託の併合又は分割による抵当権の変更登記を申請するときは次の情報（ハ）

(1) 信託の併合（信託法2条10項）又は分割（同条11項）をしても従前の信託又は分割信託（同法155条1項6号）若しくは承継信託（同号）の信託財産責任負担債務（同法2条9項）に係る債権を有する債権者を害するおそれのないことが明らかであるときは，これを証する情報

(2) (1)の場合以外の場合は，受託者による公告及び催告（信託法152条2項，156条2項又は160条2項），公告を官報のほか時事に関する事項を掲載する日刊新聞紙（同法152条3項，156条3項，160条3項）又は電子公告（同法152条3項2号）によってした法人である受託者については，これらの方法による公告をしたこと並びに異議を述べた債権者がいるときは，債権者に対し弁済し，若しくは相当の担保を提供し若しくは債権者に弁済を受けさせることを目的として相当の財産を信託したこと，又は信託の併合若しくは分割をしても債権者を害するおそれがないことを証する情報

② 登録免許税

非課税である（登税法7条1項3号）。

4:7:4 自己信託契約公正証書（信託法3条3号）等によってされた信託による抵当権の変更登記（農登令別表十七の五）

① 添付情報

信託法４条３項１号の公正証書等（公正証書については，その謄本）又
は同項２号の書面若しくは電磁的記録及び同号の通知をしたことを証する
情報

② 登録免許税

非課税である（登税法７条１項３号）。

4：7：5　一部の受託者の任務終了による抵当権の変更登記（農登令別表十七の六）

信託財産に属する農業用動産についてする一部の受託者の任務の終了によ
る抵当権の変更登記で，不登法100条２項により他の受託者が単独で申請す
るものに限る。

① 添付情報

不登法第100条１項の事由により一部の受託者の任務が終了したことを
証する市町村長，登記官その他の公務員が職務上作成した情報

② 登録免許税

非課税である（登税法７条１項３号）。

4：8　農業用動産又は所有者の表示の変更更正登記

農業用動産については，所有権の登記がされないから，初めて抵当権（又
は根抵当権）の設定登記をしたときに，登記記録の表題部に農業用動産の表
示に関する事項が記録され，また，所有者部に所有者の表示が登記官の職権
によって記録される（農登令12条，4：3：1）。

農業用動産の表題部に変更（動産の所在又は構造の変更等）を生じたとき
又は表示事項に錯誤若しくは遺漏があるときは，所有者と抵当権者（又は根
抵当権者）は，共同で表題部の変更更正の登記を申請しなければならない
（不登法60条）。

これらの表題部の変更更正登記の申請は，土地（不登法37条），建物（同法
51条）及び建設機械（建登令11条）のように義務づけられていない。

なお，農業用動産が滅失した場合は，滅失の登記ではなく，登記原因を

「目的物の滅失」として抵当権の登記の抹消を申請する。

4：8：1　所在地の変更更正登記（農登令別表八；不登令別表十四）

　農業用動産の所在地の変更により農業用動産の所在地を管轄する登記所が甲登記所から乙登記所に変更した場合の所在地（農登令8条1項2号）又は主な根拠地（同条2項3号）の変更登記の申請は，甲登記所にしなければならない。この申請に基づく登記事務は，甲登記所がつかさどる（農登令14条）。農登令2条1項に規定する管轄登記所の例外である。

① 　申請情報の内容

　　a　登記の目的　農業用動産所在変更

　　b　原因　年月日所在変更

　　c　変更後の事項　所在地　○市○町○丁目○番○号

② 　添付情報

　　市町村長，登記官その他の公務員が職務上作成した情報（イ）

③ 　登録免許税

　　課税規定がないから納付する必要はない。

④ 　登記手続

　　甲登記所の登記官は，所在地の変更登記をしたときは，乙登記所に農業用動産の登記記録及び登記簿の附属書類又はその謄本を移送しなければならない（農登規則33条）。

4：8：2　農業用動産の表題部の変更更正登記（農登令別表八；不登令別表十四）

　農業用動産については，所有権に関する登記はされないから，その表示変更登記は抵当権に関する登記とみなし，不登法60条を準用して（昭10.7.12法曹会決議），抵当権（又は根抵当権）の登記名義人を登記権利者とし，甲区に記録された所有者を登記義務者として，その共同申請によることになる。

　なお，農業用動産が滅失した場合は，滅失登記を申請するのではなく，全部の抵当権の登記の抹消登記を申請する。この場合の登記原因は「目的物の滅失」である。

4:8:2:1　申請人

　農業用動産の表題部の変更更正登記の申請人については，法令上明確ではない。農登令（18条）は，不登法（60条，64条1項）を準用しているが，農業用動産の表示に関する登記の申請人についての規定はない。

　抵当権者（又は根抵当権者）が複数いるときは，その全員が登記権利者として申請人となるが，そのうちの一人が登記権利者として申請して差し支えない。ただし，この場合は，他の抵当権者は登記上の利害関係人として，その承諾証明情報を添付することになる（精義2441）。

4:8:2:2　申請情報の内容

　農登令9条により，次のとおり記載する。

① 　登記の目的（農登令9条5号）

　「農業用動産表題部の変更（又は更正）」と記載し，次に，登記の目的の一部として変更更正後の事項を別記する。

② 　登記原因及びその日付（農登令9条6号）

　登記原因として，表題部の変更が生じた原因，例えば，所在場所の変更については「所在移転」，漁船に新たに機関を備え付けたときは「機関備付け」等と記載し変更した日を記載する。更正登記の場合は，登記原因は「錯誤」又は「遺漏」と記載する。日付は記載しない。

③ 　変更更正後の登記事項（農登令別表八）

④ 　申請人の表示（農登令9条1号，2号）

　登記権利者である抵当権者（抵当権者が数人いるときは，その全員（ただし，保存行為としてそのうちの一人が申請するときはその一人））と登記義務者である所有者（甲区事項欄の現在の所有者）を記載する。

⑤ 　代理人によって申請するときは代理人の表示並びに代理人が法人であるときは代表者の氏名（農登令9条3号）

⑥ 　添付情報の表示（不登規則34条1項6号）

⑦ 　申請年月日及び登記所の表示（不登規則34条1項7号，8号）

⑧ 　登録免許税額

　　登録免許税は，申請件数１件につき1,000円である（登税法別表第一・八
㈠ヘ）。

⑨　農業用動産の表示（農登令９条７号・８条１項各号，２項各号）

4:8:2:3　添付情報

①　変更更正を証する情報（農登令別表ハイ，ロ）

　　市町村長，登記官その他の公務員が職務上作成した情報及び登記上の利
害関係者の承諾を証する情報を添付する。

②　登記義務者の印鑑証明書（不登令16条）

　　農業用動産の表題部の変更（又は更正）の登記については，その所有者
である抵当権設定者（又は根抵当権設定者）が登記義務者として申請すべ
きであるから，作成後３月以内の印鑑証明書を添付する。

③　登記上の利害関係人の承諾を証する情報（農登令18条・不登令19条）

　　農業用動産の表題部の変更更正登記について，次の登記上の利害関係人
の承諾情報又はこれに対抗できる裁判の謄本を添付する。

　　これは，不動産登記と異なり，農業用動産の表題部の登記事項に変更又
は更正の事由があることについて登記官に職権調査の権限が認められてい
ないため，登記名義人の承諾を証する情報等を提供させて，当該者の利益
に反する不実の登記を防止するためである。

　　承諾情報には，承諾書に押印した印鑑証明書を添付する。法人の代表者
が承諾するときは，代表資格を証する情報も添付する。

　a　申請人となる抵当権の登記名義人以外に抵当権の登記がされている場
　　合は，その抵当権者

　b　抵当権についてその処分の登記を受けた者（転抵当権者）

　c　抵当権付債権の質権者

　d　抵当権付債権の差押えによる抵当権の差押債権者

④　代理人によって申請する場合の代理権限を証する情報（不登令７条１項２
号）。

4:8:2:4　登記手続

　登記官は，農業用動産の表示の変更更正登記をするときは，表題部に申請の受付年月日，登記原因及び変更更正後の登記事項を記録し，変更更正前の登記事項を抹消する記号を記録しなければならない（農登規則 32 条）。

4:8:2:5　管轄転属による表題部の変更登記

① 　農業用動産の所在の管轄地が甲登記所から乙登記所に移転した場合は，農業用動産の所在の変更登記を変更前の甲登記所に申請しなければならない（農登令 14 条）。

② 　この場合の表題部の変更登記の申請は，甲登記所に対して，抵当権者（又は根抵当権者）と抵当権設定者（又は根抵当権設定者）（所有者）が共同でする。

③ 　甲登記所がその登記をしたときは，登記記録及び登記簿の附属書類又はその謄本を乙登記所に移送しなければならない（農登規則 33 条）。

4:8:3　所有者の表示の変更更正登記（農登令別表九；不登令別表二十三）

① 　登記官は，初めて抵当権の設定登記をする場合は，職権で農登令 8 条 1 項各号又は 2 項各号の事項並びに所有者の表示を登記しなければならない（農登令 12 条）。

② 　農業用動産の登記簿に記録されている所有者は，所有権の登記名義人ではないから，所有者の表示の変更等であっても農登令 18 条で準用する不登法 64 条 1 項の適用はなく，本来は抵当権に関する登記として共同申請によるべきものと解される（宮崎 55）。

③ 　しかし，公的な証明情報又はこれに準ずる証明情報を提供した場合は，所有者の単独申請を認めても差し支えないことから，船登令 31 条と同様に共同申請の原則を維持しつつ，所有者の表示に変更又は錯誤若しくは遺漏があったことを証する市町村長，登記官その他の公務員が職務上作成した情報（公務員が職務上作成した情報がない場合は，これに代わるべき情報）（農登令別表九添付情報）を提供した場合は，例外的に単独申請を認めている（農登令 13 条）。**(注)**

（注）　書不（9092），精義（2444）及び宮崎（55）は，「抵当権に関する登記として，抵当権者が登記権利者，設定者が登記義務者として申請しなければならない。」としていた。ただし，書不（9126）は，農登令13条により，所有者による単独申請を認めている。

　　なお，抵当権（又は根抵当権）の登記名義人の表示変更の登記は，抵当権者（又は根抵当権者）の（本店の）所在地又は名称に変更を生じた場合にされるが，この場合の登記は，登記名義人である抵当権者（又は根抵当権者）が単独で申請することができる（農登令18条・不登法64条1項）。

4:8:3:1　申請情報の内容

① 　登記の目的（農登令9条5号）

　　「所有者の表示の変更更正」と記載し，次に変更更正後の事項を記載する。

② 　登記原因及びその日付（農登令9条6号）

　　住所（又は本店の所在地）移転又は氏名（又は名称）変更と記載し，その日付として変更の生じた日を記載する。なお，更正の場合は，登記原因として「錯誤」又は「遺漏」と記載し，その日付の記載は必要でない。

③ 　申請人の表示（農登令9条1号）

　　所有者による単独申請である（農登令13条）。

④ 　添付情報の表示（不登規則34条1項6号）

⑤ 　申請年月日及び登記所の表示（不登規則34条1項7号，8号）

⑥ 　代理人の表示（農登令9条3号，不登令16条各項）

⑦ 　登録免許税額

　　課税規定がないから納付する必要はない。

⑧ 　農業用動産の表示（農登令9条7号・8条1項，2項）

4:8:3:2　添付情報

① 　変更を証する情報（農登令別表九）

　　所有者の表示について変更又は錯誤若しくは遺漏があったことを証する
　市町村長，登記官その他の公務員が作成した情報又はこれに代わるべき情
　報
②　代理権限を証する情報（不登令7条1項2号）

4:8:3:3　登記手続

　登記官は「所有者の表示」の変更更正登記をするときは，所有者部に申請
の受付年月日及び受付番号，登記原因並びに変更更正後の登記事項を記録し，
かつ，変更更正後の所有者の表示を記録し，かつ，変更更正前の登記事項を
抹消する記号を記録しなければならない（農登規則35条2項）。

4:8:4　登記名義人の表示の変更更正登記（農登令別表十一，不登令別表二十三）

　所有者以外（抵当権者）の登記名義人の表示の変更更正登記である。抵当
権（又は根抵当権）の登記名義人の表示変更の登記は，抵当権者（又は根抵
当権者）の本店の所在地又は名称に変更を生じた場合にされるが，この場合
の登記は，登記名義人である抵当権者（又は根抵当権者）が単独で申請する
ことができる（農登令18条・不登法64条1項）。

①　申請情報
　a　登記の目的　何番抵当権登記名義人表示変更
　b　原因　年月日名称変更
　c　変更後の名称　○○農業協同組合
②　添付情報
　　登記名義人の表示に変更又は錯誤若しくは遺漏があったことを証する市
　町村長，登記官その他の公務員が職務上作成した情報（公務員が職務上作
　成した情報がない場合にあっては，これに代わるべき情報）
③　登録免許税
　　課税規定がないから納付する必要はない。

4:8:5　所有者の変更による変更登記（農登令別表十；不登令別表三十）

　抵当権の目的である農業用動産を譲渡するときは，譲受人に対して抵当権

が存在する旨を告知しなければならない（農信法14条1項）。

4:8:5:1　申請人

　農業用動産の所有者が変更した場合の変更登記は，登記権利者としての抵当権者（又は根抵当権者）と登記義務者としての抵当権設定者（又は根抵当権設定者）（甲区の所有者部に記録されている所有者）との共同で，新所有者の承諾情報を添付して申請する。(注)

　抵当権者が数人いる場合は，全員が登記権利者として申請人となるが，そのうちの一人が申請人となる場合は，他の抵当権者は登記上の利害関係人として，その者の承諾情報を添付する。

　相続による所有者の変更の場合は，抵当権者（又は根抵当権者）と相続人の共同申請による。

　(注)　所有者の表示変更の場合のみならず「所有権の移転によって所有者が変更した場合も」所有者は単独で申請することができるとする記述があるが（書不9092），誤解である。農登令13条は「所有者の氏名若しくは名称又は住所についての変更の登記又は更正の登記は，当該所有者が単独で申請することができる。」としているのである。ただし，書不（9117）は，登記された農業用動産の所有者が売買等により変更したケース場合について，権利者として抵当権の登記名義人，義務者として抵当権の設定者（従前の所有者）としている。

4:8:5:2　申請情報の内容

　申請情報の内容は，次のとおりである（農登令9条・不登法59条）

① 登記の目的（農登令9条5号）

　「所有者変更」と記載し，その登記の目的の一部として変更後の事項を別記する。

② 登記原因及びその日付（農登令9条6号）

　登記原因として，所有権移転の原因である売買（又は相続）等と記載し，その日付として所有権移転の生じた日を記載する。

③　申請人の表示（農登令9条1号）

　　登記権利者として抵当権（又は根抵当権）の登記名義人（抵当権者又は根抵当権者が数人存するときは，その全員，ただし，保存行為としてその一人から申請するときはその一人）を，登記義務者として抵当権設定者（又は根抵当権設定者）（甲区所有者部欄に記録されている所有者）をそれぞれ表示する。

④　代理人によって申請する場合の代理人の表示（農登令9条3号）

⑤　添付情報の表示（不登規則34条1項6号）

⑥　申請年月日及び登記所の表示（不登規則34条1項7号，8号）

⑦　登録免許税

　　課税規定がないから納付する必要はない。

⑧　農業用動産の表示（農登令9条7号・8条1項各号又は2項各号，4：2：3①）

4:8:5:3　添付情報

　　農業用動産の所有者の変更更正登記の申請情報と併せて提供すべき情報は，次のとおりである（農登令10条各号）。

①　申請人が法人であるとき（法務省令で定める場合を除く。）は，次に掲げる情報（農登令10条1号）

　a　会社法人等番号（商登法7条（他の法令において準用する場合を含む。）に規定する会社法人等番号をいう。）を有する法人にあっては，法人の会社法人等番号（イ）

　b　aに規定する法人以外の法人にあっては，法人の代表者の資格を証する情報（ロ）

②　代理人によって登記を申請するとき（法務省令で定める場合を除く。）は，代理人の権限を証する情報（農登令10条2号）

③　民法423条その他の法令の規定により他人に代わって登記を申請するときは，代位原因を証する情報（農登令10条3号）

④　登記原因を証する情報（農登令別表十イ，不登令7条1項5号ロ）

　　所有権の移転を証する情報（売買契約書又は相続を証する戸籍謄本等）

を添付する。

⑤　新所有者の承諾情報（農登令別表十ロ）

　　所有権の移転による所有者の変更登記の申請情報には，新所有者の承諾情報を添付する。相続による所有者の変更の場合は，相続人が申請人となるので，承諾情報を添付する必要はない。

⑥　新所有者の印鑑証明書（不登令16条2項）

⑦　登記上の利害関係人の承諾を証する情報（農登令18条・不登法66条，不登令別表二十五ロ）

　　所有者の変更登記を申請する場合は，登記の真正を担保する趣旨から，登記上の利害関係人の承諾を証する情報を添付する。申請人となる抵当権者の抵当権以外の抵当権がある場合のその抵当権者又は抵当権につき処分の登記を受けた者，抵当権付債権の質権者若しくは差押債権者も登記上の利害関係人となる。

4:8:5:4　登記手続

　　登記官は「所有者」の変更登記をするときは，所有者部に登記の目的，申請の受付年月日及び受付番号，登記原因並びに変更後の所有者の表示を記録し，かつ，変更前の所有者の表示並びに表示番号を抹消する記号を記録しなければならない（農登規則35条1項）。

4:8:5:5　抵当権存在の告知義務(1)

　　抵当権の目的である農業用動産の所有者がこれを他人に譲渡しようとするときは，その譲受人に対して，次の事項（農信令5条1項）を告知しなければならない（農信法14条1項）。抵当権の目的である農業用動産を他の債務の担保に供しようとするときも同様である（同条2項）。この告知により，譲受人は，その動産上に抵当権のが在在することを知り，悪意の第三者になるので抵当権の対抗力が強められる。

　　a　農業用動産が抵当権の目的であること

　　b　抵当権者の名称及び事務所

　　c　債務の金額，利率，償還方法，発生の時期及び弁済期

　　d　農業用動産の所有者が債務者でないとき（物上保証人の場合）は，債

　　　務者の氏名又は名称及び住所又は事務所（本店の所在地）

4:8:5:6　抵当権存在の告知義務(2)

　抵当権の目的である農業用動産の所有者がこれを他人に譲渡し，又は他の
債務の担保に供した場合は，遅滞なく，4:8:5:5 a～dの事項を告知を
した旨を抵当権者に告知しなければならない。また，抵当権の目的である農
業用動産について第三者が差押えをした場合は，所有者は遅滞なく，その旨
を抵当権者に告知しなければならない（農信法15条）。抵当権の効力を有効に
確保するための措置である。

4:8:6　抵当権の登記の抹消（農登令別表十六）

4:8:6:1　申請人

　強制執行又は担保権の実行としての競売による売却によって抵当権が消滅
した場合は，債務者，抵当権設定者又は買受人は，単独で抵当権の登記の抹
消を申請することができる（農登令15条）。

　権利に関する登記は，共同申請によるのが原則であるが，担保権の実行と
しての競売による売却によって抵当権が消滅した場合に，登記義務者である
抵当権者との共同申請を強いることが酷なこともあることを考慮したもので
ある。

　なお，農業用動産について担保権が実行された場合，裁判所から抵当権の
登記の抹消の嘱託はされない（民執法82条，民執規則97条）。

4:8:6:2　添付情報

　不登令別表二十六の項に相当する。ただし，同項中の先取特権，質権及び
抵当証券に関する部分は除いている。

①　農登令15条により債務者，抵当権設定者又は買受人が単独で申請する
　　ときは，同条に規定する事由によって抵当権が消滅したことを証する情報
　　（イ）

②　不登法69条により登記権利者が単独で申請するときは，人の死亡又は
　　法人の解散を証する市町村長，登記官その他の公務員が職務上作成した情

報（ロ）

③　不登法70条2項により登記権利者が単独で申請するときは，除権決定
（非訟法106条1項）があったことを証する情報（ハ）

④　不登法70条3項前段により登記権利者が単独で抵当権に関する登記の
抹消を申請するときは次の情報（ニ）

　　a　債権証書並びに被担保債権及び最後の2年分の利息その他の定期金
（債務不履行により生じた損害を含む。）の完全な弁済があったことを証
する情報

　　b　登記義務者の所在が知れないことを証する情報

⑤　不登法70条3項後段により登記権利者が単独で抵当権に関する登記の
抹消を申請するときは次の情報（ホ）

　　a　被担保債権の弁済期を証する情報

　　b　aの弁済期から20年を経過した後に被担保債権，その利息及び債務
不履行により生じた損害の全額に相当する金銭が供託されたことを証す
る情報

　　c　登記義務者の所在が知れないことを証する情報

⑥　①から⑤までの申請以外の場合は，登記原因を証する情報（ヘ）
　　動産滅失によるときは，解体業者等が作成した証明書を添付する。

⑦　登記上の利害関係を有する第三者がいるときは，第三者の承諾を証する
第三者が作成した情報又は第三者に対抗することができる裁判があったこ
とを証する情報（ト）

4:8:6:3　登録免許税

申請件数1件について1,000円である（登税法別表第一・八㈠ト）。

4:8:7　抹消された登記の回復（農登令別表十七，不登令別表二十七）

抹消された抵当権に関する登記の回復の登記である。

①　申請情報

　　回復する登記の登記事項

②　添付情報

　a　登記原因を証する情報（イ）

　b　登記上の利害関係を有する第三者がいるときは，第三者の承諾を証する第三者が作成した情報又は第三者に対抗することができる裁判があったことを証する情報（ロ）

③　登録免許税

　申請件数1件について1,000円である（登税法別表第一・八㈠ヘ）。

4：8：8　処分禁止の登記に後れる登記の抹消（農登令別表二十，不登令別表七十一）

　仮処分の債権者が単独で申請するものに限る。

　農業用動産については，抵当権の登記しかなく，「保全仮登記とともにした」処分禁止の登記に後れる登記を抹消できる場合はない（民保法58条4項）から，不登令別表七十二に相当する項は置いていない。

①　添付情報

　処分禁止の登記に後れる登記の抹消通知（民保法59条1項）をしたことを証する情報

②　登録免許税

　申請件数1件について1,000円である（登税法別表第一・八㈠ト）。

4：9　仮登記

4：9：1　仮登記（農登令別表十八，不登令別表六十八）

　仮登記の登記義務者の承諾がある場合における仮登記権利者の単独申請による仮登記である（不登法107条1項）。**(注)**

①　添付情報

　a　登記原因を証する情報（イ）

　b　仮登記の登記義務者の承諾を証する登記義務者が作成した情報（ロ）

　c　仮登記を命ずる処分がある場合に仮登記の登記権利者が単独で申請する仮登記の場合は，仮登記を命ずる処分の決定書正本（不登令7条1項5号ロ⑵）による。

② 登録免許税

申請件数1件について1,000円である（登税法別表第一・八㈠ヘ）。

（注） 仮登記に基づく本登記については，建設機械（建登令別表二十二）などと異なり，所有権に関する仮登記は存在しないので，規定を置いていない。

4：9：2　仮登記の抹消（農登令別表十九，不登令別表七十）

　仮登記の登記名義人は，その抹消を単独で申請することができる。また，仮登記の登記上の利害関係人（不登法110条後段）も単独で申請することができるが，この場合は添付情報b及びcが必要である。

① 添付情報

　a　登記原因を証する情報（イ）

　b　仮登記の登記名義人の承諾を証する登記名義人が作成した情報又は登記名義人に対抗することができる裁判があったことを証する情報（ロ）

　c　登記上の利害関係を有する第三者がいるときは，第三者の承諾を証する第三者が作成した情報又は第三者に対抗することができる裁判があったことを証する情報（ハ）

② 登録免許税

申請件数1件について1,000円である（登税法別表第一・八㈠ヘ）。

4：10　嘱託登記

　農登令18条は，官庁又は公署の嘱託による登記等について定めた不登法116条等を準用していない。

　農業用動産の抵当権を取得できる者（抵当権者）は，被担保債権の債務者の所属する農業協同組合等のほか，農信令2条1項及び2項で定める法人に限られており（農信法12条1項），抵当権の譲り受けることができる者も同令2条1項及び2項に定める法人に限ると解されるから，官庁又は公署が登記権利者となることは考えられない。

　また，抵当権を設定できる者は限定されていないが，官庁又は公署が債務者の物上保証人となることは想定し難く，登記義務者となることは考えられない。さらに，農業用動産は所有権の登記がされないため，抵当権の実行等により農業用動産の所有権を取得した者のために所有権の移転登記を嘱託することもない。

　そのため，農登令18条は，官庁又は公署の嘱託による登記（不登法116条）及びそのためにした登記の登記識別情報の通知（同法117条）等を準用していない。

　しかし，農業用動産の登記についても登記された抵当権の被担保債権に対して差押えの登記が嘱託されることはあり得るので（民執法150条），「申請」，「申請人」及び「申請情報」には，それぞれ嘱託，嘱託者及び嘱託情報を含むとする農登令19条の規定を設けている。

各登記の申請・添付情報一覧

	不登令	船登令㈠	船登令㈡	建登令	農登令
申請情報	3条	12条	26条	7条	9条
添付情報	7条	13条	27条	8条	10条
権利移転（相続等）	二十二	一		一	
表示変更更正	十四	二（更正）		二	八
名義人変更更正	二十三	三	（八）九	三	九，十一
権利変更更正	二十五	四		四	
権利抹消	二十六	五	十四（抵当）	五	十六（抵当）
抹消登記回復	二十七	六	十五（抵当）	六	十七
所有権保存	二十八，九	七		七	
所有権移転	三十	八		八	十
処分制限	三十一，二	九			
賃借権設定	三十八	十二			
賃借物転貸	三十九	十三			
賃借権移転	四十	十四			
抵当権設定	五十五	十五	一	九	一
根抵当権設定	五十六	十六	二	十	二
抵当権移転（相続等）			三		三
抵当権移転（一部）	五十七	十七	四	十一	四
抵当権変更更正			十		十二
抵当権処分	五十八	十八	五	十二	五
共同抵当代位登記	五十九	十九	六	十三	六
根抵当権分割譲渡	六十	二十	七	十四	七
元本確定（確定請求）	六十一	二十一	十一	十五	十三
元本確定（期間経過）	六十二	二十二	十二	十六	十四
元本確定（破産開始）	六十三	二十三	十三	十七	十五
信託登記	六十五	二十四	十六	十八	十七の二
権利移転（受託者）	六十六	二十五	十七	十九	十七の三
権利変更（物件）	六十六の二	二十五の二	十七の二	十九の二	十七の四
権利変更（信託権利）	六十六の三	二十五の三	十七の三	十九の三	十七の五
権利変更（任務終了）	六十七	二十六	十八	二十	十七の六
仮登記	六十八	二十七	十九	二十一	十八
本登記	六十九	二十八		二十二	
仮登記抹消	七十	二十九	二十	二十三	十九
後れる登記抹消(1)	七十一	三十	二十一	二十四	二十
後れる登記抹消(2)	七十二	三十一			
官公署が権利者	七十三	三十二	二十二	二十五	
船変更更正		三十三			

【主要条文索引】(太字の見出しは重要事項)

●建設機械登記規則

●農業動産信用法

【判例索引】

【先例索引】

【事項索引】(太字の見出しは重要事項)

各種動産抵当に関する登記
―船舶・建設機械・農業用動産―

2020 年 4 月 22 日　初版発行

著　者	五　十　嵐			徹
発 行 者	和　　田			裕

発行所　日 本 加 除 出 版 株 式 会 社

本　　　社　郵便番号 171 - 8516
　　　　　　東京都豊島区南長崎 3 丁目 16 番 6 号
　　　　　　Ｔ Ｅ Ｌ　（03）3953 - 5757（代表）
　　　　　　　　　　　　（03）3952 - 5759（編集）
　　　　　　Ｆ Ａ Ｘ　（03）3953 - 5772
　　　　　　Ｕ Ｒ Ｌ　www.kajo.co.jp

営 業 部　郵便番号 171 - 8516
　　　　　　東京都豊島区南長崎 3 丁目 16 番 6 号
　　　　　　Ｔ Ｅ Ｌ　（03）3953 - 5642
　　　　　　Ｆ Ａ Ｘ　（03）3953 - 2061

組版・印刷　㈱亨有堂印刷所　／　製本　牧製本印刷㈱